现阶段我国普通高中教育功能研究

李 静○著

中国社会科学出版社

图书在版编目(CIP)数据

现阶段我国普通高中教育功能研究/李静著. —北京：中国社会科学出版社，2017.6

ISBN 978-7-5203-0552-5

Ⅰ.①现… Ⅱ.①李… Ⅲ.①高中—中学教育—教育职能—研究—中国 Ⅳ.①G63

中国版本图书馆 CIP 数据核字(2017)第 134092 号

出 版 人	赵剑英
责任编辑	熊 瑞
责任校对	韩海超
责任印制	戴 宽

出 版	中国社会科学出版社
社 址	北京鼓楼西大街甲 158 号
邮 编	100720
网 址	http://www.csspw.cn
发 行 部	010-84083685
门 市 部	010-84029450
经 销	新华书店及其他书店

印刷装订	北京君升印刷有限公司
版 次	2017 年 6 月第 1 版
印 次	2017 年 6 月第 1 次印刷

开 本	710×1000 1/16
印 张	16
插 页	2
字 数	233 千字
定 价	78.00 元

目　录

前　　言

　　普通高中教育作为连接九年义务教育和高中后教育的纽带，在整个教育体系中起着承上启下的重要作用，其发展状况也是展现一个国家综合经济实力和教育发展水平的重要标志。目前，普通高中教育的普及得到了极大的发展，同时高等教育也进入到了大众化教育的进程中。那么，普通高中教育功能究竟应如何定位及学校应如何发展，是一个非常值得关注的课题。

　　近年来，由于普通高中在校生规模呈上升趋势，学校平均规模在迅速地扩张，国家对创新型后备人才的殷切希望等一系列问题也接踵而至，我国普通高中教育目前正面临着因社会和自身的双重转型而引发的各种困难。一方面，升学率成为衡量教育发展的重要指标。几乎所有的学校都将办学目标指向升学，忽略了学生健全人格和个性等各方面的发展。一些普通高中越来越追求规模化办学，在性质定位、办学目标、培养模式、课程设置和学生发展等内涵建设诸多方面，缺乏创新和突破。另一方面，政策引领滞后，制约学校教育的发展。纵观近20年来我国教育政策，战略重点一直放在"普及九年义务教育"，"大力发展职业教育"，"提高高等教育质量"等方面，而在众多教育政策中对于普通高中的教育却没有得到相应程度的重视。基于此，本书以现阶段我国普通高中教育功能存在的问题为研究焦点，分析并解决现阶段我国普通高中教育深层次发展的困惑。

首先，本书以结构功能主义、人本主义和教育病理学作为理论分析框架，深入探究并构建了普通高中教育功能的理论基础。并从内外两方面分析了影响普通高中教育功能实现的因素。同时，回顾了中外普通高中的历史发展与现实定位，分析了普通高中教育功能的演变过程及其社会制约性。

其次，从新时期我国普通高中发展的办学定位、课程结构和高考改革三个方面明晰了普通高中教育功能的应然选择：升学——作为个体终身学习与教育的枢纽；就业——为个体的职业生存与职业发展服务；育人——为个体个性发展与合格公民素养养成服务。进而得出了现阶段我国普通高中教育的主要功能，即体现"育人"的价值取向，回归教育的本质和原点。

再次，本书深入分析了现阶段我国普通高中教育功能存在的主要问题及成因，认为既有国家制度、经济体系、社会保障、办学体制等深层次原因，也有教育行政管理体制、高考模式等直接原因；既受文化传统、社会评价等外部因素影响，也受教育理念落后、学校管理水平低、资源配置不足等内部因素制约。

最后，在上述理论探讨的基础上，本书达成了对我国普通高中教育功能策略的研究。普通高中教育办学目标的科学定位为：既是基础教育的高级阶段，又是高等教育的准备阶段，是国民教育的重要组成部分。普通高中的教育承担着升学、就业和育人的选择定位，走多样化、特色化发展之路是实现普通高中发展战略转型最为可取的方式和途径。当然，普通高中教育功能的释放和多样化发展包含着多方面的内容，教育模式、课程改革是其主体，同时也包含着考试、招生、评价、用人制度改革等各个方面。普通高中教育的发展需要多方面的共同努力，这是一项系统工程。本书所提出的普通高中教育功能的达成策略，为现阶段我国普通高中的发展提供了可资借鉴的政策思路。

导　　论

一　研究的缘起和价值

（一）研究缘起

普通高中教育可以说是世界上所有国家、民族和地区学校教育的重要阶段，它处于学校教育制度的枢纽位置。普通高中教育作为连接九年义务教育和高等教育的纽带，在国民教育体系中起着承上启下的特殊作用，直接关系到一个国家国民教育的质量和国民素质问题，其发展状况也是一个国家综合经济实力和教育发展水平的重要标志。一方面，高中学历正在成为整个社会就业的基本学历，高中生的质量就是我国劳动大军的质量；另一方面，高中是拔尖人才的起飞基地，直接影响着我国未来科技人员队伍乃至整个社会经济文化发展所需要的各类领军人才的质量。伴随着全球化及信息技术的迅速发展，世界各国都将高中教育作为教育发展的重点，普通高中教育在提高整个民族素质和提升国家竞争力方面有着极为重要的作用。在我国高中教育普及工作得到大发展和高等教育进入大众化的进程中，普通高中教育应承载的功能是什么，这是一个急需解决的理论和实践问题。

世界各国已经普遍认识到，普通高中教育的发展不仅对高中教育本身的发展至关重要，而且对整个教育体系的调整和改革也十分关键。

普通高中教育作为义务教育与高等教育的衔接点，其发展功能、规模、速度和水平等，直接影响着九年义务教育的巩固和高等教育的健康协调发展。应当清楚地看到，学生高中毕业，无论升学或就业，其思想道德素质、科学文化素质和身心素质如何，不仅仅是学生个人的事情，也不仅仅是学生家庭和学校的事情，而是反映出国民教育体系的健康和谐度，甚至影响以致决定国家的综合国力与人力的国际竞争力。正因如此，美国政府高度重视高中教育发展，甚至将高中教育的发展与国家机密联系在一起。美国高中教育强调要使高中毕业生做好上大学或就业的准备，保持美国的经济竞争力。

根据中国国情，普通高中教育的发展关乎我国社会主义人才培养的总格局与和谐社会建设的重要使命。特别是在全面建设小康社会、和谐社会的今天，中国政府正在努力建设世界最大的学习型社会，这进一步凸显了普通高中教育的社会功能和影响面。教育既能改变和决定一个人未来的命运，也对一个国家未来的发展有着深远的影响。作为国民教育体系之重要基础和中间环节的普通高中教育，其教育功能发展（发挥）的调整和优化，对于促进普通高中的自身发展，以及进一步深化教育体制改革也具有举足轻重的战略作用。

从党的"十七大"提出"加快普及高中阶段教育"，到党的十八大提出"立德树人的教育根本任务"，可以看出，当前我国普通高中教育的地位和作用更加重要，加快普通高中发展的任务更加紧迫。考察我国现行的普通高中教育，从精英培养转向大众教育，已是一个基本特征。作为面向大众的普通高中教育，应面向全体学生，关注学生基本素质和基本能力；尊重学生主体地位，发展学生个性与兴趣；提供丰富的学习内容和机会，满足学生的教育需求与个体差异；重视学生选择能力、生活能力和生涯规划能力、终身学习能力等 21 世纪关键能力培养；强调多元发展，促进全体学生的发展等，作为其基本功能和价值取向。这些价值取向归结到一点，就是强调"人是教育的核心"，呼唤普通高中回归教育的本质。然而，我国普通高中教育依然停留在精英教育时代，还沿袭以往的"就业和升学"双重教育功能，对于新时期普通高中的教育功能尚不明确，教育改革也存在一系列深层次发展等问题，这些都是研究我国普通高中教育功能需要深入思考的方面。

此外，笔者多年来一直从事普通高中的教育教学工作，经常到辽宁省内普通高中进行调研，因此，对省内普通高中目前的教育教学情况十分熟悉。同时，近年来又为省教育厅草拟过辽宁省普通高中学生学业水平考试实施意见及考试大纲、辽宁省新一轮高考改革实施方案等文件，此外，还参加过省示范高中复检等工作，使笔者初步具备了深入研究普通高中教育功能这一问题的能力与独特优势。多年的教育教学实践经历使笔者认识到：在普通高中教育得到极大发展的今天，重新审视普通高中教育的功能定位，探索适应我国国情需要，适应全球化、信息科技急速发展的普通高中教育，应成为今后我国教育发展与人力资源开发所面临的最紧迫的任务，这也是引发笔者浓厚的研究该问题兴趣的缘由。

笔者希望通过对现阶段我国普通高中教育功能的研究，从宏观的角度讲，科学定位我国普通高中教育的办学目标，探索办学模式，优化课程体系与结构，力求普通高中培养模式的多样化和特色化。从微观的角度讲，其一，满足普通高中内涵建设提升和发展的需求。当前，由于激烈的升学竞争和各种复杂的原因，普通高中学校几乎都将升学作为办学目标的唯一指向，学生健全人格和个性等方面的发展没有得到充分重视，只是一味地追求分数的高低。同时，普通高中教育的同质化现象比较严重，学校办学特色不明显，无法满足国家和时代发展对人才的多样化需求，转变由片面追求升学率而导致的普通高中"千校一面"的情形势在必行。其二，满足学生个性发展的需求。我国普通高中教育一直以来受双重功能论的影响，仅从"社会本位"的角度关注它的社会功能，强调按照同样的标准和教育模式，对所有学生实施统一的教育，缺乏"个体本位"的功能，忽视学生个体的认知发展规律及其个性的发展。普通高中单一的办学模式，已经与学生的发展和社会需求的变化不相适应，多样化办学模式已成为普通高中教育改革发展的应然趋势。其三，满足学校完善"指导"功能的需求。普通高中学生正值青春期，在成长过程中会面临来自社会、经济、家庭等多方面的烦恼，学生急需来自学校和教师的指导。而目前在学生指导方面，学校"指导功能"缺失，几乎所有的普通高中都没有提供专业的、主动的职业指导、升学指导、生活指导和有效的学生日常行为规范的指导等，无法面对大众化阶段普通高中学生的异质化和多元选择的需求。因此，"学校指导"作为学校育人功能的直接体现，是普通高中必备的基本职能。

（二）研究价值

近年来，随着我国普通高中教育改革实践如火如荼地开展，相关的理论探索也在开展之中。国内外学者的研究选题更多的是全国或区域高中阶段教育办学体制改革研究、办学模式研究、教育发展的国际比较研究等方向，但关于我国普通高中教育功能方面的研究十分欠缺。基于此，笔者开展了现阶段我国普通高中教育功能的研究，期待通过本书填补我国在这方面的学术空白。此外，本书还将对普通高中教育改革与发展具有一定的理论引领和实践指导价值。

1. 理论价值

本书有助于丰富和发展普通高中教育功能的理论框架。目前，我国关于普通高中教育功能的理论研究十分薄弱。虽然国外在这方面的研究走在我们前面，但国外的研究由于国情不同而使其应用性大打折扣。本书以结构功能主义、人本主义和教育病理学为理论基础，对我国普通高中教育功能进行研究，构建其发展的理论分析框架。

本书有助于充实普通高中教育功能方面的研究成果。众多研究者探讨了普通高中教育发展的基本问题和基本解决方案。但是，关于我国普通高中教育功能的研究相对较少，尤其是突出育人功能在普通高中教育中的"主体"地位。另外，本书还明确提出并分析了普通高中教育功能存在的主要问题及成因，这在教育理论上具有开创性意义，对普通高中教育功能的矫正和优化提供了新的视域和思路。

2. 实践价值

本书能够为基础教育实践提供策略指导。通过对普通高中教育功能的研究与分析，提出了现阶段我国普通高中教育功能的达成策略，并详细地阐述了普通高中科学的办学目标及办学模式和培养模式，这为普通高中的改革与发展提供了重要启示，有利于学校具体的实施和操作。

本书能够为政府部门提供决策参考。本书在对我国普通高中教育功能问题深入分析的基础上提出了顶层设计，以实现普通高中教育功能的政策建议，这有助于教育行政部门结合本地区实际，提出科学、合理的政策指导意见，以实现本地区普通高中教育的进一步发展。

二　研究综述

（一）国外研究

处在高中年龄阶段的青少年是国家和民族的未来和希望，他们能否得到很好的教育与培养直接关系到一个国家和地区的发展与国际竞争力。因此，高中教育是一个国家、民族和地区教育与培养其未来一代十分重要的环节，几乎世界各国政府和地区都十分重视高中教育。

1. 关于普通高中教育性质的研究

西方学者很早就开展了关于普通高中教育功能与作用的研究。早在 1787 年，美国的宪法里就融入了"人生而平等"、"人人都享有受教育的权利"等这些民主进步的思想。这些思想使得当今美国的高中教育是具有普通性质、以公立为主流的大众化教育。2001 年 10 月，在美国"高中高年级学生年"会议中，伍德·威尔逊为本次年会提出了"放远我们的目光，绝不让一个高中生掉队"这样响亮的口号，并在《高中高年级学生年——国家的使命》的报告中写道："在农业文明时代，中学后教育对大多数人来说是黄粱一梦；到了工业文明时代，也只体现了少数人的天赋特权；而到了太空时代，中学后教育对许多人都很平常；但在今天，对任何人都将成为常识。"① 这无疑明确提出面向 21 世纪的美国高中的教育功能，其内核即为今后的继续学习作准备，为今后的生活作准备，培养健全的人格。在日本，学者牧野笃认为："日本高中有两种特别显著的功能，一方面将学生分为进入大学继续学习的精英人才和接受'终身职业能力开发'的学生两种类型群体；另一方面又具有'终身职业能力开发'的职能。"② 藤田英典在《高中教育的普及化与选拔原理》一文也指出："日本高中教育在由大众化向普及化过渡的过程中，性质也发生了一定的变化。这种变化是由'大众准备教育'的实现向'大众准备教育'的维持、提高的转变，这种转变不是超越，而是两者并存。"③ 在这些学者的倡导下，1991 年 4 月，日本中央教育审议会在发表的《关于应对新时代的教育诸制度的改革》咨询报告中明确指出："现阶段的高中已经不再是具有选拔和甄别性质的中等教育机构，而是所有完成义务教育的人都可以继续接受教育的国民性教育机构。"④ 也就是说，在日本，人们对于高中作为"大众化国民教育机构"的性质已达成共识。同样，在英国，教育大臣戴维·布伦基特以"建基于成功"为题于 2000 年发表演说，提出改变教育精英化的取向，主张让每一位儿童成功。其中，布伦基特尤其提到 13—19 岁教育，他指出："这个阶段面临从学生到成人的过渡，无论是教育还是人生成长都是至关重要的阶段，政府应通过青年支持服务计划来指导这一阶段学生的生活、学习和就业。"⑤ 这些理念的提出体现了高中阶段的教育就是要推动全体公民文化素

---

① 胡庆芳：《当今美国高中教育解读》（一），《北京教育》2002 年第 6 期。
② ［日］牧野笃等：《当代日本中等教育》，山西教育出版社 1999 年版，第 179 页。
③ ［日］藤田英典：《高中教育的普及化与选拔原理》，《月刊高中教育》1978 年第 1 期。
④ 张德伟：《略论后期中等教育的性质、地位、功能和作用——一个国际与比较教育的视野》，《外国教育研究》2004 年第 3 期。
⑤ Department for Education and Skills, *Participation in education, training and employment by* 16 – 18 *year olds in England*, ［2007 – 05 – 11］, http：//www. dfes. gov. uk.

养的发展，进而推动全民族高素质的生成。可见，国外把普通高中
教育定位于"国民性中等教育机构"，其实质是促进实现人之"中
成"的教育。

2. 关于普通高中教育目标的研究

纵观国外普通高中的教育目标研究，随着时代的变化其内涵也在
不断地改进和发展。1918 年，英格利斯（A. Inglis）在其著述的《中
等教育原理》（Principles of Secondary Education）一书中就提出了美国
中等教育的目标：第一，社会公民目标（Social Civic aim），使学生成
为社会中的一个合格公民；第二，经济职业目标（Economic-Vocational
aim），使学生成为未来社会的一个良好的生产者；第三，个人修养目
标（Individualistic-Avocational aim），使学生的个性得到充分而全面的
发展。① 在这大半个世纪的时间里，随着社会政治、经济诸多方面的
变化，美国不断地探寻着中学教育目标的方向。2001 年 10 月，伍德
罗・威尔逊全国联谊基金会对该年的高中学生提出了美国高中教育在
21 世纪的四大培养目标：（1）培养学生善学、好学的优秀品质，培养
学生批判性思考的习惯，面对问题能有乐此不疲解决的情怀，从而为
中学后教育的知识储备、能力和情感的培养等方面做好充分准备；
（2）发掘学生各方面潜力，把学生培养成为全面发展的人；（3）引导
学生掌握先进而实用的技术，培养他们在今后的工作和实际生活中具
备运用技术的能力；（4）让所有的学生都能对政府和民主价值有个人
的理解，都拥有丰富的、包括美国和全世界的历史知识，都具有鉴赏
文学和艺术魅力的能力，成为一个生活有品位、现代的文明人。② 从
这份报告中我们不难发现，21 世纪美国高中的教育目标依然是在寻求
"升学、就业和全人"这三个维度的统一。在日本，1971 年伊藤和卫
在日本中央教育审计会《关于今后学校教育的综合扩充及整备的基本

---

① 胡庆芳：《绝不让一个高中生掉队》，《全球教育展望》2002 年第 31 卷第 3 期。
② Woodrow Wilson, "Raising Our Sights: No High School Left Behind", www. commissionon the sen-
ior year. org/Report/re-port. btml/, Oct. 16, 2001.

政策措施》报告中强调重视基础知识和基本能力的教育，坚持教育机会均等原则，同时"发展学生丰富的个性"，"最大限度地发挥个人的可能性，克服划一性和形式化"。① "临教审"在 80 年代末的报告中指出，目前，由于学生的个性、学习能力和积极性等方面呈现出多样化的发展状况，从终身学习和人本主义等理念出发，提出了促进"中等教育的多样化"，"建立灵活的中等教育结构"的主张。② 2002 年，中央教育审议会《关于应对新时代教育诸制度的改革》提出了 21 世纪的教育目标：培养自强自立，实现自身价值的人；培养身心和体质都健康的人；培养具有创造力的人；培养拥有公共规范意识的人；培养生存于国际社会有教养的人。③ 这些教育目标的提出，对高中教育的发展走向具有重要指导意义。当前，很多学者认为普通高中教育在完成其升学和就业的基本功能外，为学生终身学习和发展打好基础、谋求学生个性的全面发展应成为其追求的内在价值。更加关注教育的"育人"功能，已成为时下很多国家和地区高中教育的最终目标和追求。

3. 关于普通高中教育多元化发展的研究

随着经济的发展，国家要提升国际竞争力，必须要提升高中阶段的教育水平，实现多样化的教育服务。因此世界各国都在不断追求高中学校类型的多样化和课程结构的多元化。在当今美国的中学系统中，其主要的办学模式是综合中学。1959 年，美国著名的教育家科南特（James B. Conant）在其出版的《今日美国中学》（The American High School Today）一书中阐述道：综合中学是最具有美国社会特点的学校，它是"集全体青少年于同一屋檐下受教育"的中等教育机构，可以说综合中学的产生，是"美国教育民主化"的标志，也是"铸就美

---

① ［日］伊藤和卫：《公共教育的制度》，东京教育开发研究所 1988 年版，第 92—93 页。
② 临时教育审议会：《关于教育改革的第四次咨询报告》，《文部时报》1987 年 8 月 7 日，1987 年 8 月号临时增刊。
③ ［日］中央教育审议会：《关于对应新时代教育诸制度的改革》，1991：14 – 17。

利坚民族灵魂的熔炉"①。至此，从 20 世纪 40 年代起，美国学术型中学都逐渐被改造成了综合中学。综合中学通过设置不同的课程，满足学生个性化发展的需求。以综合中学为代表的美国高中教育承担着升学、就业和通识教育的三项任务。具体地讲，一是让所有学生接受通识教育；二是让大多数学生接受职业技术教育，毕业以后直接进入就业市场；三是让一部分具有深造前途的学生做好升入大学的准备。同一时期，在德国的一些教育学家的著作中也提到了建立"综合中学"的思想，如 G. 皮希特的《德国教育的灾难》（1964）、R. 达伦多夫的《教育是公民的权利》（1965）、F. 埃丁的《教育与政策》和 H. G. 霍夫曼的《西德学校教育的危机》等②，他们都从不同角度建议改革三轨制学校体系，即完全中学、中间学校和职业学校，允许青少年进入更适合发挥其才能和潜力的学校，并认为"综合中学"是最适合解决这些问题的学校类型。③ 20 世纪 80 年代，英国高中教育也开始不断地强调基础、追求优异的改革，不仅注重知识教学，更注重多元智力开发和全面能力的培养，试图通过设立综合中学来实现"共同课程"的理想，并走向"综合课程"④。目前，世界各国高中教育的学校主要的类型有普通型、职业技术型和综合型，但各国根据不同的分类标准，结合自身特点命名为不同的高中名称。由于学校类型的多元化，势必带来课程结构的多样化设置。课程设置和培养目标的调整，主要为适应学生不同个体发展的差异性，以及社会对多种人才的需要，引入了职业教育课程，以此来改变传统的、仅为升学做准备的单一课程局面。芬兰对于普通高中教育发展的研究发现，随着国家经济发展水平的提高，教育规模扩大，普通高中教育呈多样化发展趋势：第一，普通高中教育内容越来越广泛，综合性的知识设计较广泛。分科教学越来越少，知识间的联系越来越多。第二，普通高中教育中所运用的教学方法，更

---

① James B. Conant, *The American High Schools Today*, 1959：236.
② 李其龙：《德国高中发展的理论与实践》，《全球教育展望》2006 年第 6 期。
③ 袁振国：《中国普通高中教育发展战略研究》，教育科学出版社 2011 年版，第 90 页。
④ 王凯：《英国高中教育的历史演变及其价值核心》，《全球教育展望》2006 年第 2 期。

加注重研究性、合作性、多样性。① 芬兰普通高中教育一直处于世界的前列，其发展趋势可能也是大多数国家普通高中发展的趋势。

可见，国外发达国家普通高中的教育功能已经不再局限于向高等教育院校输送人才，或是只聚焦于学生测验成绩的单一目标指向，而是日益凸显出其国民性、大众性的教育性质。注重升学、就业和育人的科学教育功能定位，强调学校类型多元化以及课程结构多样化的办学模式等，这都将成为当前世界高中教育的发展趋势。

（二）国内研究

当前我国教育研究领域关于普通高中教育功能的相关研究观点主要集中在如下几个方面。

1. 普通高中由精英到大众的性质定位

从普通高中的历史发展来看，各国高中教育发展都存在着从精英培养向大众化发展阶段。霍益萍教授在《中国高中阶段教育发展报告2012》中提出，目前我国与英美发达国家相比，普通高中的普及率还有一定差距。但是，从整个发展进程和未来发展趋势看，我国普通高中已经完成了从精英阶段到大众阶段的过渡。普通高中教育的政策已经显示出了从精英阶段转向大众阶段的特征，即普通高中教育政策强调素质教育、强调提高全体学生的综合素质、强调教育的普及与公平。② 廖军和李志勇在《从精英到大众：我国普通高中教育定位之思考》一文中也指出，教育部 2001 年颁布的《基础教育课程改革纲要（试行）》和 2003 年颁布的《普通高中课程方案（实验）》再次强调，"普通高中教育是在九年义务教育基础上进一步提高国民素养、面向大众的基础教育的高级阶段。普通高中教育要为学生的终身学习和终身发展奠定基础"③。这种描述直接明确了现阶段我国普通高中教育的性质

① Sahlberg, P, *Secondary Education in OECD Countries*, European Training Foundation, 2007.
② 霍益萍、朱益明：《中国高中阶段教育发展报告 2012》，华东师范大学出版社 2013 年版，第 64—65 页。
③ 廖军、李志勇：《从精英到大众：我国普通高中教育定位之思考》，《教育科学研究》2011 年第 2 期。

定位，即已由精英教育走向大众教育，到了普及化的时代。因此，我们必须应重新审视我国普通高中教育的性质、功能及办学模式，并对三者进行重新定位。陈如平也用数据对我国普通高中教育的性质作了定位，2010 年我国高中阶段教育毛入学率是 82.5%，根据近年来高中阶段教育毛入学率增长速度推算，我国普通高中教育正快速步入普及化阶段，普通高中教育普及化将成为不争的事实。因此，普通高中必须大力推进教育的内涵式发展，不断创新人才培养模式，办出特色教育。① 北京大学闫凤娇教授认为，普通高中教育的发展过程是一个大众化程度不断提高的过程。② 可见，随着我国高中教育的普及，国民教育规模的不断扩张，普通高中教育变成大众服务的国民教育，并且关注终身教育观念的培养。我国普通高中教育已结束过去的精英化教育时代，转变为培养基本公民素养的大众型教育。

2. 普通高中兼顾升学、就业和公民培养三大功能

普通高中教育作为连接九年义务教育和高中后教育的纽带，其发展状况作为一项重要的标志，来衡量一个国家综合经济实力和智力资源。卢立涛在《全球视野下高中教育的性质、定位和功能》一文中指出，中国的基础教育尤其是普通高中教育长期以来受"精英主义"和"应试主义"等思想的影响，始终致力于为高等教育院校输送人才，忽视了其本应担负的劳动力培养的基础作用。致使中国劳动力素质偏低，科技创新能力不高，尽管中国在世界上人口最多、劳动力资源也最丰富，但却一直受其影响，经济发展和国际竞争力难以提升。随着全球化及信息科技的迅速发展，世界各国都将普通高中教育作为规划教育发展的重要议题，提出要关注升学、就业和全人的教育功能定位，强调把学校类型的多元化建设与课程结构的多样化发展作为现阶段教育的发展趋势定位。③ 徐爱杰在《论我国高中教育的功能定位》一文中也提出："对高中阶段

① 陈如平：《中国普通高中教育发展报告》，教育科学出版社 2013 年版，第 4—5 页。
② 闫凤娇：《2012 普通高中定位之辩》，《中国教育报》2013 年 1 月 2 日。
③ 卢立涛：《全球视野下高中教育的性质、定位和功能》，《外国教育研究》2007 年第 4 期。

学校进行规划与建设的首要前提就是要正确认识其教育的功能定位。高中教育走向普及，意味着它是一种适龄人口都可以接受的教育，是大众化的、基础性的教育，它的性质和功能与精英性质的高中教育有着本质的区别。以单纯的升学功能或就业功能为主的高中教育已不适合当今社会发展的需求，高中教育应更加突出学生基本素质的培养，突出基础教育的公民培育功能。"① 华东师范大学教授霍益萍在《试论我国普通高中转型发展中的几个根本问题》中认为，高中阶段是学生开始显现和发展其个性和才能的时期，也是学生定位今后生活目标与方向的关键期。高中生在毕业后，有的选择直接就业而离开了正规的学校教育，有的选择在职业技术学校接受短期的培训，有的则选择在学术之路上继续研究深造。面对如此不同的选择，普通高中教育既是终止性教育，又是准备性教育，因此要兼顾教育的基础性和学生的个性发展。目前，我国普通高中在面对根本性质转变时亟须解决三个问题，即普通高中的性质应定位为基础教育加分流准备教育，普通高中的教育平等主要表现为尊重差异和多样化，高中学生方向指导缺失将严重影响普通高中的发展。② 杭州师范大学教育科学研究院院长张华教授认为："我国普通高中教育是基础教育的高级的、最后阶段的教育，以培养每个高中生自由而全面的个性成长为根本目的。普通高中学习结束后，能否考上理想的大学，还是进入社会投入工作都是学生面临的主要选择。因此，普通高中的教育必须具有开放性，为学生的升学、就业或生活作准备。"③ 由于普通高中教育逐步大众化普及化，普通高中应逐步淡化"升学"的功能定位，兼顾"就业"，并突显"育人"功能的价值取向，将是我国普通高中发展的必然走向。

3. 普通高中教育应多样化、特色化发展

进入 21 世纪，广大人民群众对高层次、高质量的普通高中教育的

①　徐爱杰：《论我国高中教育的功能定位》，《教育理论与实践》2012 年第 7 期。
②　霍益萍：《试论我国普通高中转型发展中的几个根本问题》，《教育理论与实践》2009 年第 3 期。
③　张华：《论我国普通高中教育的性质与价值定位》，《教育研究》2013 年第 9 期。

需求日益增长，推动普通高中多样化发展已成为历史的必然。我国国内许多专家开始意识到普通高中多样化、特色化发展的重要性，开始从事这方面的研究。杨建超认为，新时期随着我国社会的快速发展，个人对教育的需求逐渐显现出多元化的样态，原有的高中教育结构已经不能满足学生发展的需求，走多样化发展之路已势在必行。① 陶西平先生在《推动普通高中多样化发展》一文中指出，我国普通高中在推进课程改革背景下和高考制度改革过程中，多样化发展是对传统的单纯以应试为目的的办学体制和培养模式的挑战，多样化发展也是现实条件下落实普通高中课程改革和促进高考改革的有益探索。② 康翠萍则认为，我国普通高中教育发展中存在很多问题，其中普通高中教育定位问题是一个根本性问题。普通高中教育是分科性的还是通识性的，是综合式的还是单科式的，都需要我们进行重新定位与理性思考。从我国实施素质教育的途径来看，高中阶段是从小学到大学的重要通道，在高中阶段实施文理综合式的通识教育，不仅是由高中教育的目的所决定的，而且也是面对新的社会改革与发展需要的一种现实选择。③ 于是专家们提出实现多样化发展的思考。王伦信在《关于普通高中大众化发展阶段的任务与办学模式的思考》一文中提出：普通高中教育的大众化发展阶段的任务与模式是适当发展综合性高中，丰富高中阶段的办学模式，通过课程和教学管理制度改革促进普通高中的综合化发展。完善现有综合高中的个性试探、分流选择的功能，提升高考的多样性和灵活性，引导学生进行适应性选择发展。④ 刘复兴、刘丽群提出："在新时代背景下，我们必须重新认识普通高中的枢纽地位，强调普通高中在培养'全人'及'创新人才'中的独特价值。

---

① 杨建超、孙玉丽：《高中教育的历史演进及启示》，《河北师范大学学报》2014 年第 5 期。
② 陶西平：《推动普通高中多样化发展》，《基础教育论坛》2012 年第 4 期。
③ 康翠萍：《理性定位：我国高中阶段教育目标与内容的现实选择》，《教育科学研究》2011 年第 2 期。
④ 王伦信：《关于普通高中大众化发展阶段的任务与办学模式的思考》，《教育理论与实践》2009 年第 4 期。

在此基础上，通过创新招生考试制度、人才培养体制以及课程选择制度，科学、有序地推进普通高中向多样化、特色化方向发展。在当前形势下，第一，鼓励有条件的普通高中开设职业课程，改变普通高中一直以来单一'升学'的培养目标；第二，建立普通高中的学术性课程与职业高中的职业课程之间互选互认的校际间双向融通机制；第三，加强区域统筹，在师资、课程资源等方面实现区域内普通高中和职业高中的合作与共享。"① 康万栋在《关于普通高中多样化特色化发展的思考》一文中提出："普通高中多样化发展是一个区域的全局性概念，包括办学体制、办学形式和人才培养模式的多样化；特色化发展是一种学校发展战略，学校要想实现特色化发展必须经历一个动态的发展过程，即从没有特色到有特色再到特色学校。普通高中应定位于'基础 + 选择'，这是多样化特色化发展的前提。"② 可见，普通高中教育多样化、特色化发展无论是规模发展还是内涵发展都是历史的需要。这一过程中实现了从教育目标到培养目标的深化；思想观念从以往追求的整体划一到当下追求的多样化改变；进而从注重整体到注重个体的能力释放。

4. 普通高中应注重学生个性化发展

重视学生个性化发展作为现代教育的一个重要标志，是当代世界各国普通高中教育改革的共同特点和发展趋势。傅维利教授在光明日报发表的《新教育目的观如何确定》一文中，对我国当前新教育目的重新阐述为："教育应培养学生在德智体美等方面适度、全面、协调的发展，充分发展个人的优势、潜能和兴趣、爱好，成为合格的社会主义建设者和接班人。"可见，新教育目的明确客观地指出学生的个性化必须在其全面发展基础上适度发展；个人发展需求必须与社会需

---

① 刘复兴、刘丽群：《明确定位、多样发展、体制创新——我国普通高中教育发展的战略选择》，《教育科学研究》2013 年第 4 期。

② 康万栋：《关于普通高中多样化特色化发展的思考》，《天津师范大学学报》（基础教育版）2013 年第 7 期。

求保持协调一致。① 李佺宁也认为，人的全面发展的根本内涵和集中体现便是人的个性发展。全面发展的人，应是有个性的人，没有人的个性发展，就没有真正意义上的全面发展。所以，真正的"全面发展"所追求的应是个性的卓越。只有充分发展人的个性，才能更好地促进和实现人的全面发展。② 石中英教授在《关于现阶段普通高中教育性质的再认识》一文中指出，随着市场经济的不断完善，社会对初级劳动者的要求也越来越高，所需劳动力应该具有自主意识、个性意识和创新意识，因此，现阶段普通高中教育提出的个性化和多样化，恰恰是对传统意义上基础教育的丰富和发展。③ 刘立群认为，普通高中教育要让学生都能受到应有的、最适合自身发展的教育，最大限度发挥其优势智能和兴趣志向，充分地挖掘个体潜能，为不同类型人才的发展和脱颖而出创造条件。④ 由此可见，我国普通高中的教育功能逐渐趋向实用和为个人的未来就业服务，培养目标在强调学生基本素养发展的同时，越来越关注学生的个性与特长发展，不单单注重社会本位的发展，也要关注个体本位的发展，也就是说，在满足社会需求的基础上凸显个人价值的发展。

（三）国内外相关研究评述

不可否认，国内外已有的关于普通高中教育功能问题的研究，不论是研究观点的呈现还是研究方法的使用都为针对这一问题的后续研究提供了较为坚实的研究基础，是后来的研究者进行继续研究不可跨越的一个平台，具有重要的理论与实践价值。

首先，国外研究中很多学者认识到普通高中教育已由精英化教育转向大众化、普及化教育，把普通高中教育性质定位于"国民性中等教育机构"，其实质是促进实现人之"中成"的教育。专家们认为，

---

① 傅维利：《新教育目的观如何确定》，《光明日报》2015年9月8日。
② 李佺宁：《发展学生个性的意义与策略》，《教育与教学研究》2011年第11期。
③ 石中英：《关于现阶段普通高中教育性质的再认识》，《教育研究》2014年第10期。
④ 刘立群：《特色化：我国普通高中教育的基本走向》，《湖南师范大学教育科学学报》2012年第6期。

普通高中教育在完成其升学和就业的双重功能基础上，更加注重学生个性全面发展的内在价值，为其终身发展打好基础，更加关注教育的"育人"功能。由此，力求为今后的继续学习做准备的升学功能、为未来的生活做准备的就业功能和为未来培养健康而全面发展的人的育人功能，就成为时下很多国家和地区高中教育的追求。学者们认为，注重这三种功能的协调统一，以及强调学校类型的多元办学模式化、课程结构的多样化，已成为当前世界高中教育的发展趋势。[①] 这些研究都为我国普通高中教育功能的准确定位提供了可借鉴的经验。但是，我国普通高中教育的发展受到国内经济政治制度的制约，与国外发达国家普通高中的发展不完全相同，因此，还需依据我国国情研究适合自身发展的教育功能。

其次，国内学者关于普通高中教育功能的研究与其他方面的教育研究成果相比，关于普通高中教育功能的理论研究在研究数量与研究质量方面都还存在一定的缺欠。尤其是在我国，长期以来受国家教育政策的影响，研究者们对义务教育、高等教育乃至职业教育都赋予了极大的关注。相比之下，普通高中教育的研究相对滞后，已有的关于普通高中教育功能的研究成果中，虽然一些教育专家提出了普通高中兼顾升学、就业和公民培养三大功能，普通高中教育应多样化、特色化发展，注重学生个性化发展等思想，但尚缺乏系统性的研究。

再次，在对国内外关于普通高中教育功能的已有研究成果进行系统分析的基础上，笔者认为，已有研究还存在以下几方面的缺欠：第一，已有研究关于现阶段普通高中教育功能深层次的研究关注较少，尤其是关于普通高中教育的育人功能探讨的还不够深入。育人功能与升学、就业功能三者的关系没有清晰的论证。人们关于普通高中教育功能的理解与认识还停留在升学教育与知识教育层面，具有较大的狭隘性。第二，人们对于当前我国普通高中教育过程中存在的主要问题及其成因，缺乏系统而深入的探讨和剖析。第三，已有研究缺乏从广

---

① 卢立涛：《全球视野下高中教育的性质、定位和功能》，《外国教育研究》2007 年第 4 期。

衷的社会政治、经济、文化的宏观背景和改革需求出发来思考普通高中教育的发展和改革问题。人们习惯于将普通高中教育视为一种过渡性教育，片面地强调和关注它的工具价值属性，而忽视了其在创新型人才培养过程中所应发挥的重要功能。第四，关于新形势下，我国普通高中教育改革的具体实施路径等实践性问题研究的远远不够。

综上所述，笔者认为国内外研究者关于普通高中教育功能问题的研究尚存在很多缺欠，很多研究还没有跳出常识性质的概念框架、思维惯性。这也表明，关于普通高中教育功能问题的已有研究还很肤浅，已有研究存在的缺欠与不足，也为我们关于此问题的进一步求索留下了广阔的研究空间。

三　研究概念界定

（一）普通高中

我国高中是九年义务教育结束后更高层级的教育机构，上接初中，下启大学，一般为三年制，包括普通高中、职业高中、中等专业学校和技工学校等，属于中等教育的范畴。普通高中即是"普通的"、"高中阶段的教育"，是区别于职业高中、中等专业学校、中等技术学校等以职业技术教育为主要目的的高中阶段教育。[①] 普通高中教育是在九年义务教育基础上进一步提高国民素养、面向大众的基础教育的高级阶段，普通高中教育为学生的终身学习和终身发展奠定基础。

（二）教育功能

功能在《辞海》的解释中包含三层含义：其一，指事物的能力；其二，指功效和作用；其三，指物质系统所具有的作用、能力和功效等。而我们通常所认为的功能是指一个事物系统所具备的对周围其他事物发生作用的能力或根本属性，是事物存在的重要特征，主要由物质结构决定。[②]

---

① 石中英：《关于现阶段普通高中教育性质的再认识》，《教育研究》2014 年第 10 期。
② 王莉、樊刚峰：《论教育功能、教育价值与教育目的》，《忻州师范学院学报》2006 年第 12 期。

所谓教育功能，简言之，指教育活动的功效和职能。就是教育在人与自然、人与人相互作用的过程中表现出的价值，即教育在其内部各要素的相互作用和与外部的各种关系中所表现出的特性和能力。其含义是比较广泛的，教育活动所引起的各种变化，以及其产生的结果和影响都可以称为教育功能。教育功能的影响不仅表现在教育系统内部，也表现在对其外部系统的影响，这其中既有直接影响，也有间接影响。[①] 据此，我们把教育功能分为教育的本体功能和教育的社会功能。教育的本体功能是教育自身直接具有的功能，或者说是教育的职能，包括人的培养（实现个体的社会化和个体的个性化）、社会遗传（人类精神文明的传递和继承）、科学筛选（经验和人才的选择）。教育的社会功能，即教育通过充分调动和履行自身职能而对社会产生的一种功效，可以说，教育的社会功能是教育本体功能的衍生、派生和转化，是教育的派生功能，包括教育的人口功能、教育的经济功能、教育的政治功能、教育的文化功能、教育的科技功能等。

（三）普通高中教育功能

普通高中的教育功能指的就是普通高中教育的功效和职能，它既有自身固有的本体功能，也承载着一定的社会功能。普通高中的基本职能是为学生的终身发展奠定基础。长期以来，人们一致认为普通高中具有升学和就业的双重功能，这对普通高中教育功能的定位有很大片面性。双重功能论重视了普通高中教育的社会需求，而忽视了人的发展的本体需求；重视了普通高中教育对社会的工具功能，而忽视了普通高中教育育人的本质功能。新的教育理念认为，普通高中教育不仅要关注人的社会性，还要关注人的自然性和个性。[②] 本书认为，普通高中教育的本质功能就是育人，是为学生的终身学习和终身发展奠定基础。

---

① 傅维利：《教育功能论》，辽宁教育出版社 1990 年版，第 1 页。
② 刘红宇：《关于我国普通高中教育定位之思考》，《消费导刊》2010 年第 1 期。

四　研究的内容与方法

（一）研究的主要内容

本书通过对普通高中教育功能的理论阐释，以及国内外普通高中教育功能的历史演变，提出现阶段我国普通高中教育功能的应然选择。同时，针对目前我国普通高中教育功能存在的主要问题及其成因进行详细分析，重新定位我国普通高中的教育功能。此外，针对我国普通高中教育功能存在的主要问题，指出学校发展的现实路径等核心问题，构建基于就业、升学和育人的普通高中教育实践体系。本书主要围绕以下几个方面的核心内容展开。

其一，普通高中教育功能的基本理论阐述。

本部分的内容主要围绕普通高中教育功能进行相关概念辨析和理论梳理，结构功能主义理论、人本主义理论和教育病理学分别在不同方面构成了本书的理论基础。在此基础上，明确研究对象和范围，并为后续研究提供一个系统的普通高中教育功能理论分析框架。

其二，我国普通高中教育功能的应然样态分析。

本部分将基于我国普通高中发展的历史与现状，分析普通高中教育功能从社会到个体，从精英教育到大众教育，从正向功能到负向功能共同关注等方面的演变。同时结合国外普通高中教育功能的演变及现实定位给我们的启示，进而提出我国普通高中发展的价值取向及其功能定位：把升学作为个体终身学习与教育的枢纽；就业为个体的职业生存与职业发展服务；育人则为个体个性发展与合格公民素养养成服务；其中育人是普通高中教育最本质的功能。

其三，我国普通高中教育功能存在的主要问题及其成因。

本部分主要分析现阶段我国普通高中教育功能存在的问题及成因，如过分注重它的社会功能，缺乏基于学生个性发展与个体价值层面的关注，缺乏个性培养的功能，导致普通高中教育中学生主体的丧失，严重影响了学生个性特长和综合素质的发展等，为本书的策略达成提供实践依据。

其四，现阶段我国普通高中教育功能的达成策略。

在理论研究和实践分析的基础上，本部分提出我国普通高中教育功能的达成策略。这部分重点是构思我国普通高中办学目标、办学模式、课程体系的重构，以及考试、评价、招生、用人制度的改革等具体发展方向，以期为我国普通高中教育的改革与发展提供必要的理论与实践支持。

（二）研究的方法与思路

1. 研究思路

首先，本书以结构功能主义和人本主义理论基础为依托，对普通高中教育功能的若干基本理论问题作深入分析。在此基础上，分析我国普通高中教育功能的发展情况，对其进行明确定位。使本书既有前人的研究背景和基石，又有必要的理论支撑。

其次，本书将对发达国家的典型代表美国、英国、日本等国在普通高中教育功能方面的实践进行认真的梳理与分析，了解和借鉴国外发达国家普通高中教育功能的演变及现实定位，对新时期我国普通高中教育功能的应然选择提供重要的参考依据。

再次，本书通过梳理教育实践的实际情况，以案例和访谈的形式系统阐述、分析我国普通高中教育功能存在的问题及成因，其目的在于认识客观事实，以期为普通高中办学目标、培养模式及课程体系的重构，提供必要的实践支持。

最后，基于上述研究取得的基本结论，本书将提出现阶段我国普通高中教育达成的策略建议。

2. 研究方法

本书采用综合研究的视角，主要采用文献资料研究法、案例研究法和访谈等研究方法对我国普通高中的教育功能问题展开系统的研究。

第一，文献资料研究法。本书通过大量的文献收集与整理为研究提供必要的理论支撑。笔者在图书馆和有关资料室查阅了大量关于普通高中教育发展问题的相关文献，同时借助《中国优秀博硕士学位论文全文数据库》、人大报刊复印资料和 CNKI 学术期刊等数字化图书馆查阅以往研究中涉及普通高中教育功能的相关博硕士论文和期刊文章，以及通过"Google"和"百度"等网络搜索引擎获得相关资料，充分掌握理论和实证研究的发展动态，进而使本书具有前人的研究背景和基石。

本书还参考了《中国统计年鉴》、《辽宁统计年鉴》、《中国教育统计年鉴》、《辽宁省教育统计年鉴》、《辽宁教育统计手册》等，摘用其中一些准确的统计数据和图表来呈现现阶段我国普通高中教育的发展情况。同时，笔者查阅了大量关于美国、英国、日本等发达国家的典型代表在高中教育方面的文献资料，并进行认真的梳理与分析，了解和借鉴发达国家普通高中教育功能定位的基本经验，对于我们分析和掌握我国普通高中教育的发展具有重要的借鉴和参考价值。

第二，访谈法。本书采用了实地访谈法，通过与被研究者直接接触和深度交谈的方式来收集资料。利用访谈法，既可以直接了解被访问者对当前普通高中教育教学所持有的深层次思想和观念等内容，也可以直接询问受访者对普通高中教育功能研究问题的看法，并提供充足的时间和机会让他们对此研究表达自己的想法和观点。本书以辽宁省普通高中学校管理者和教师为访谈对象，分别选取了来自省级示范高中、市级重点高中和一般高中的十位校级领导和二十位一线教师，以深度访谈的形式，了解他们对于学校的办学理念和办学特色、课程体系的建设和校本课程的开发、社团活动的种类和数量及学生参与度、学生发展指导机构建设和学生生涯指导方面的工作等问题的看法，研究分析真实的普通高中教育存在的问题及成因，以及学校教育对学生发展的影响，对普通高中教育功能的定位研究有着重要的参考价值。

第三，案例研究法。案例研究法是通过具体事实来认识客观现象，本书客观地描述了三个典型案例，展示了普通高中教育发展现象本身存在的"是什么"问题，给人们提供了一种实在、有用、精确的研究方法。其目的在于客观地认识事实，研究普通高中教育现象自身的发展规律及内在逻辑，并通过研究现象分析得出具有客观性的结论，为普通高中教育功能的达成提供真实可靠的事实依据。本书呈现出的三个案例，一个是以辽宁省某县一所省级示范高中为例，观察学校发展状况和学生在学校真实的学习生活状态，通过个案透视普通高中真实的生存状态，反映出普通高中教育存在的主要问题；另两个案例是学生毕业后的生活状态，反映出由于普通高中教育功能存在的问题所带来的后果。通过对案例的分析，梳理我国普通高中教育功能存在的问题及成因。

3. 研究创新点

第一，本书明确指出了普通高中的根本功能是育人，并具体阐述了普通高中育人功能与升学、就业功能的关系。

第二，本书提出并分析了普通高中教育存在的主要问题，这在教育理论上具有开创性意义，对普通高中教育功能的矫正和优化提供了新的视域和思路。

第三，本书选取普通高中的课程结构和新高考改革为主要纬度对普通高中的教育功能展开分析和探讨，抓住普通高中改革和发展的关键环节与核心问题，使本书具有理论实践化、实践理论化的鲜明特点，价值取向直指中国教育改革的实际。

第一章　普通高中教育功能的理论阐释

韦伯曾经说过："对概念的入门性讨论尽管难免会显得抽象，并因而给人以远离现实之感，但却几乎是不能省略的。"① 对核心概念的界定，研究对象与研究范围的框定也成为对普通高中教育功能进行深入研究的前提和基础。任何科学研究都是建立在一定的理论基础之上的，普通高中教育作为人类社会生活中一项高度组织化的社会活动，其功能的探讨必然是建立在丰厚的理论基础之上的，功能主义理论为本书提供了理论基础，其功能取向和功能定位，又必然绕不开人本主义理论，而分析功能异化和失调现象，教育病理学可以为我们提供一定借鉴。因此，对三种理论的解读是普通高中教育功能分析的理论基础。同时，分析影响普通高中教育功能实现的内外因素是进一步研究的前提。此外，对普通教育功能形成与释放、失调与调试的内涵及关系分析也是进行后续研究的基础。概言之，本章的主要任务是在进行相关概念辨析和理论梳理的基础上，明确研究对象和范围，为后续研究提供一个系统的普通高中教育功能分析框架。

① ［德］马克斯·韦伯：《社会科学方法论》，杨富斌译，华夏出版社1999年版，第34页。

一 普通高中教育功能相关概念厘清

人们在进行一些研究的过程中常常陷入这样的困境："问题恰恰不是我们不知道，我们无知，而是由于我们用已经知道的模糊——或是忽视了我们所不知道的。或者说，我们知道的越多，就越有可能陷入被我们的知识所蒙蔽的危险。"① 对于"教育功能"、"教育目的"、"教育职能"以及"普通高中教育功能"等方面的认识就存在这样的幽境，不是因为无知而不知，而是因为自认所知过多而忽视了对相关概念的应有辨析，从而导致在普通高中教育功能、教育目的、教育职能等相关讨论中存在大量混淆现象。因此，对相关核心概念的辨析与界定，是普通高中教育功能分析的语义起点。

（一）教育功能与教育目的

"教育功能"与"教育目的"词义相关而含义不同，最易混淆。什么是教育功能、教育目的？两者作为教育学原理的几个基本的概念与范畴，有什么区别和联系？理解两者各自的内涵及其相互关系，对于我们从总体上把握普通高中教育功能的基本理论框架具有重要的理论指导意义和实践意义。

1. 教育目的的含义

我国关于"教育目的"较为流行的观念是"一定社会培养人的总要求，是根据不同社会的政治、经济、生产、文化、科学技术发展的要求和受教育者身心发展的状况确定的"，"它反映一定社会对受教育者的要求，是教育工作的出发点和最终目标，也是制定教育目标、确定教育内容、选择教育方法、评价教育效果的根本依据"②，此为应然的教育目的。还有另外一种教育目的，它在我们的教育实践中，只有把成文的教育目的转化为教育过程当事人的教育目的，我们把这种教

① Daniel Kolak, *Lovers of wisdom*: *An Introduction to Philosophy with Integrated Readings*, Peking University press, 2002: 126 – 128.
② 夏征农主编：《辞海·教育学、心理学分册》，上海辞书出版社 1987 年版，第 1 页。

育目的称为实然的教育目的，应然的教育目的未必都是合理的教育目的，还可能是错误的目的，所以才需要确定"应然"的教育目的。

2. 教育功能与教育目的的区别

从词性上，教育功能是中性的。它既有利于个人、社会发展的积极的正向教育功能，也有中性的，甚至是对个人与社会消极的负向功能，如有的继承和传播保守的政治文化传统，有的则大肆宣扬种族中心主义，这些对社会、个人的发展都有滞后作用。教育功能是在教育活动的发展进程所发挥出来的作用，这些变化所表现出来的正向或负向的作用并不都能实现人们对于教育目的的设想，因此，教育功能也表现出具体化、实践化的特点，必然不同于教育目的的积极追求。从性质上，教育功能具有客观性的特点，它是教育本身所固有的，是由教育的结构属性决定的，也是由教育本质和教育结构所决定的，反映了教育对社会、对个人所具有的能力和发挥的作用。任何社会及个人制定自己的教育目的时都难免从自身需要出发，并赋予所处时代的特征。

3. 教育功能与教育目的的联系

"教育功能"不同于"教育目的"，但是两者又存在着藕断丝连的联系，二者统一于教育实践活动中，其最终契合于人的培养中。

教育功能、教育目的的共同核心要素——人。教育目的的核心是培养社会需要的人，教育功能也应该发挥其育人功能。换言之，教育起源于人又终止于人。因此，教育必须以"育人"为本质属性，通过育人实现其所追求的价值取向，即教育就是要把人培养成具有求真、向善、尚美的品德，这才应该成为教育功能与教育目的的原点和核心。

在以往的教育研究中，我们把更多地聚焦于教育的政治、经济、文化、社会等功能，近年来研究者们逐步关注教育的一些"新"功能，如生命、自然、生态等功能。同时也将该功能纳入到教育培养目标中。从另一个角度讲，教育目的影响教育功能的实现。教育目的的建立是基于一个国家的社会、政治、经济、文化等，更重要的是基于对教育的正确认识。教育目的是对培养人的规格的统一要求，教育功能则是达到这个要求后的效果。

"教育功能"与"教育目的"既有区别又有联系，如何在想做（教育目的）、能做（教育功能）和应该做之间找到平衡是我们一直所追求的，而我们更多地应该关注教育应该做什么。

（二）教育功能与教育职能

现实的教育理论与实践中一直把"教育功能"与"教育职能"两个截然不同的问题混为一谈了，教育职能是"应如何进行教育"、教育功能是"教育应起到什么作用"，笔者认为，教育功能与教育职能既有区别又有联系。

1. 教育职能的含义

现代汉语词典中对职能的解释为："职能"是"人、事物、机构应有的作用、功能"。[①] 教育职能指教育在社会中被赋予的职责及应起的社会作用，是教育在与社会、与人相互影响中发挥的作用。

2. 教育功能与教育职能的区别

教育功能体现着自然性、实然性、客观性。亦即，教育功能体现着"事实上起到了什么作用"，是教育活动的客观规律下所起的作用，它是教育活动中不以人们意志为转移的客观过程的结果。教育职能则是依据社会的需要，以效益、利益为标准，在已经认识到的教育的多种可能性之中，选择一个最佳途径，为教育实践提出意见或建议，其教育主张、观点或思想，都是对教育"应起到什么作用"的诠释和取向，具有社会性、应然性和主观性的特点，因此它是一个价值问题。

3. 教育功能与教育职能的联系

"教育功能"与"教育职能"的共同之处是双向互动的，既指向系统内部，又指向系统外部。如董泽芳教授在论及普通高中教育功能问题时就将其分为"外适功能"、"个适功能"和"自适功能"。"教育职能"也应是双向的，既指向社会，又指向自身。教育功能是教育职能实现的基础，而教育职能反过来又促进了教育功能的发展。教育

---

① 中国社会科学院语言研究所词典编辑室：《现代汉语词典》，商务印书馆 2001 年版，第 1616 页。

功能是教育的本质特征，教育职能是教育的现实表现。教育功能是在人们长期的生活积累中产生的，并把自己这种想法付诸实践，然后从实践中产生新的认识，新的认识再指导新的实践，教育功能——教育职能——教育功能……如此循环往复。

（三）普通高中教育功能与教育功能

普通高中教育是整个教学系统中的一个重要阶段，既区别于其他阶段、类型的教育实践活动，又与其他阶段、类型的教育实践活动具有不可割舍的联系。这直接导致普通高中教育功能与教育功能相比，既具有教育功能的共性，又具有普通高中教育功能的个性。

1. 普通高中教育功能与教育功能的区别

从整个学制体系来看，普通高中教育是一个承上启下的过渡阶段，它上有高等教育，下有初等教育。每个学段都具有特定的内容和不同的任务。这个阶段是高中生不同个性和才能开始显现和发展的时期，同时还是学生决定自己今后不同职业发展方向、生活道路的关键阶段。这就决定了与教育功能相比，普通高中教育功能打上了深深的高中烙印。

普通高中教育功能为升学和就业做准备，发挥向高等教育输送良好生源和为社会发展输送劳力的双重功能。纵观我国高中教育的历史，无论是新中国成立伊始，还是改革开放以后，颁布的所有文件都一致强调：普通高中阶段的教育不能把"为就业做准备"和"为升入高等学校做准备"两个任务对立起来，应该看到它们之间的共同基础和内在关联。从教育实践和社会的发展来看，无论是就业还是升入高等学府，学生应具备基本的知识、技能与成形的态度和价值观，可以说高中阶段是打基础的阶段，或者主要是培养一般能力，如学习力、创造力、分析力、想象力等，我们认为这种"综合能力"应该是普通高中教育的重要任务。

培养合格的公民也是普通高中教育的基本功能。高中阶段应加强社会主义荣辱观教育，培养学生遵纪守法、诚实守信、团结互助、艰苦奋斗的良好品质。加强公民意识教育，树立社会主义民主法治、自由平等、公平正义理念，培养社会主义合格公民。从这个意义上说，进行公民教育，培养社会主义合格公民，应该是普通高中教育不可忽视的核心任务。

2. 普通高中教育功能与教育功能的联系

普通高中教育功能与教育功能是整体与部分的关系，普通高中教育功能是教育功能的一部分，普通高中教育功能的实现依赖于教育功能的实现。改革开放以来，随着社会的发展和教育的改革，普通高中教育成为一种基础性的教育，是提高国民素质的基础阶段。普通高中教育作为高层级的基础教育，是基础教育的完成阶段，是教育系统的一个子系统。这就决定了普通高中教育功能也是教育功能的一部分，普通高中教育功能的实现依赖于教育功能的实现。教育功能实现的条件、理论、原理等，同样适用于普通高中教育功能，在忽略教育功能大系统的实现条件下谈如何实现普通高中教育功能是不现实的、也是不可能的。

普通高中教育功能和教育功能都以育人为最终目的。从这种意义上说，与教育功能一样，普通高中教育的目的就不仅是升学或就业，还是育人，促进人的成长。升学或就业只是育人的自然结果，普通高中教育功能和教育功能都以育人为最终目的。

二　普通高中教育功能建立的理论基础

普通高中教育功能的建立需要扎实的理论依据，其理论基础是构建普通高中教育功能分析框架和进行具体功能分析的前提和依据。具体而言，功能主义理论、人本主义理论、教育病理学理论分别在不同方面给笔者以启示，功能主义强调社会是一种系统结构，普通高中作为社会系统中的一个子系统，必然与社会其他系统有着密切的联系，而且普通高中教育系统作为教育大系统的一个组成部分，其功能的实现与教育系统中其他系统密切相关，其功能的存在问题必然危及社会其他教育系统的正常运行。人本主义理论的核心思想强调"以人为本"，它是在 20 世纪工业大革命造成的人的异化的基础上提出的，尤以马斯洛和罗杰斯为代表，认为人的知、情、意、行是统一的，在发展智力、能力的同时更应该注重人的情感因素的发展，即培养人的功能，这是教育的本质所在，也是普通高中教育功能定位的出发点。教育病理学理论认为，"浪费"、"冲突"、"滞后"、"差异"为教育病理，教育浪费是指教育目标未能充分实现的状态，找到教育的"病理"，我们便能很好地"治疗"教育问题，这是解决教育问题的根本途径，也是高中教育功能定位的症结所在。综上所述，以上三个理论为普通高中教育功能研究奠定了坚实的理论基础。

（一）功能主义理论及其对本研究的启示

1. 早期功能主义者——帕森斯、莫顿的功能主义理论

功能主义起源于 19 世纪英国社会学理论家斯宾塞的学说，是现代西方社会学中的一个理论流派。作为一般方法论的系统理论进入社会学后，为功能主义理论的创立提供了一定的理论依据。

社会学理论中的功能主义有着长期的历史。早期的代表人物有奥古斯特·孔德（Auguste Comte）、赫伯特·斯宾塞（Herbert Spencer）和埃米尔·涂尔干（Emile Durkheim）等。孔德提出社会有机体理论，认为社会是一个有机体，提倡用科学的方法解决社会问题；斯宾塞论述了"结构与功能"、"分化与整合"、"整体与系统"、"系统的权力与符号管理"等功能主义的基本概念；涂尔干系统提出功能主义的分析方法，如注重社会的系统性，关注社会团结和社会整合问题。总之，他们认为社会的组成及其生产方式是同生物体非常相似的，如同人体的四肢、心脏、大脑一样，当人体的某一组织发生病变时，其他组织就会立即动员起来加以调适，使人体重新恢复均衡状态。本书中的普通高中阶段的教育置身于教育大系统中，是教育系统中的一个重要部分，因此它必将以一种有益于整个教育系统的方式发挥其功能，以维持整个教育系统顺利运转以达到平衡的状态。

功能主义在 20 世纪中叶显著发展，美国社会学家帕森斯成为功能

主义理论的集大成者，他对早期社会学理论家的思想和作品进行理解和综合，并把功能主义发展成为现代社会学中的"结构功能主义"，将社会学的研究视野转向了现代社会中。具体来讲，他的"结构功能理论"有两个基本的主张，即社会行动和结构功能。

功能主义理论特别强调社会体系中主要结构单位之间的正常关系和体系的稳定性、综合性与最大效果的条件。据此，帕森斯提出了结构功能理论，也就是著名的 AGIL 图式，又称"交换模型"，即适应（A）——达到目标（G）——整合（I）——维持模式（L）。所谓适应，指的是从环境中进行分配的社会经济系统；所谓目标获取，指的是在系统目标中确立各种优先顺序，并调动系统的资源以实现这些目标的社会政治系统；所谓整合，指的是协调和维持社会系统单位之间的相互关系的法律和宗教系统；所谓模式维护，则指的是传递社会基本价值观念的学校和家庭等系统。因此，学校组织可以通过本身的教育，使人们形成一定的忠诚和义务，以及承担一定的价值责任，与其他社会系统发生资源的交换。帕森斯的这一图式为功能主义学派普遍接受，不仅被用来对整个教育系统进行理论分析，而且被用来对教育的分支范畴进行理论分析。

美国社会学家默顿进一步发展了结构功能主义理论，他提出了"显功能"、"隐功能"、"正功能"、"负功能"等社会学概念。他认为，一个有机体是有意识、有目的的，随着个人对周围世界认识的进展，必然会影响到一个人的态度与价值观，影响到他的行为表现。

功能主义强调社会各部门之间协调一致的关系、内聚力、团结合作、相关性，以及共同的规范和价值标准，社会应在稳定中求得进步。功能主义理论毕竟是 20 世纪影响最大的社会学理论，其后的冲突理论、交换理论、解释理论等无一不是在对功能理论的批判和借鉴中得以发展，教育即是"促使个人的行动有助于保持社会平衡状态的一种手段"。普通高中在教育系统中的功能也有助于稳定整个教育系统。

2. 功能主义理论对普通高中教育功能研究的启示

功能主义理论者认为教育的社会功能有两个：一是社会化功能，二是选择功能。普通高中的社会功能就是发展个人的责任与培养个人的能力，换言之，普通高中旨在培养人的社会观念和帮助学生获取知识并发展其能力，以便将来能扮演适当的成人角色。至于选择功能，笔者认为，现阶段我国高中如何根据社会的结构与需要，按照每个人的发展达到人尽其才，才尽其用的目的，而普通高中应该发挥这种功能。具体而言，功能主义研究对普通高中教育功能研究的启示如下。

其一，功能主义为我们理解社会现实提供了一种分析的理论框架，但是它并不是去具体地描述经验现实本身。我国普通高中教育是基础教育的高级阶段、最后阶段，由于普通高中教育的逐步大众化普及化，普通高中学习结束后，能否考上理想的大学，或是进入社会投入工作是学生面临的主要选择。因此，普通高中的教育必须具有开放性，为学生的升学、就业或生活做准备。普通高中"升学"、"筛选"、"甄别"的功能定位将逐步淡化，兼顾"就业"并突出其"育人"价值是现阶段我国普通高中教育功能选择的合理走向。

其二，我们对普通高中教育功能的研究，除了进行必要的理论阐释外，还应该格外关注普通高中教育功能的实际问题，即除了进行宏观研究，还要进行微观探索。正如默顿指出的那样，在研究的过程中，我们对普通高中教育功能的研究分析，除了看到其正向功能、显在功能外，还应该注意到它可能存在的负向功能、潜在功能。既研究功能的和谐稳定，又重视功能的可能冲突及其后果。

其三，功能主义理论对于教育功能的研究分析具有其独特的社会学视角和深刻性，功能主义社会理论，其对教育的社会化功能和教育的筛选功能，对本书的方法选择和理论分析的维度有极大启发意义。此外，我们在进行普通高中教育功能研究时，应看到普通高中教育系统作为社会大系统的一个组成部分，或者说作为整个教育系统中的一个重要组成部分，其功能的实现与社会其他子系统的协调、发展密切相关，其功能的失调必然导致社会其他系统无法正常运行，其调适必须有赖社会其他子系统的支持配合。

（二）人本主义学习理论及其对本书启示

1. 马斯洛、罗杰斯的人本主义学习理论

人本主义是美国 20 世纪 60 年代兴起的一个重要的理论流派。人本主义主张，心理学应当把人当作一个整体来研究，而不是将人的心理肢解为不能整合的几个部分，更应该关注人的高级心理活动，如理想、信念、价值观等内容。强调尊重人的价值和主观能动性，认为应该研究人的价值、创造性和自我实现，尊重每个人的价值，即研究诸如爱、创造、自我、自我实现、人生价值、生命意义、人生成长、高峰经验等，人本主义心理学的理论与方法在教育领域中的贯彻与应用为教育做出了巨大贡献，人本主义心理学代表人物是马斯洛和罗杰斯。

美国心理学家马斯洛是人本主义心理学的主要创始人，创建了自我实现的心理学。他批判行为主义所倡导的外在的学习理论，认为外在学习的目的是灌输，而不是理解，且理论是缺少个人意义的，知识对个别刺激所做的零碎反映，属于一种被动的、机械的、传统的模式。马斯洛主张，学习不能由外在的理论主导，只能由内发，即学习只能由学生决定的行为，而不是由老师强制决定的行为。马斯洛的学习理论来源于他最著名的"需要层次"理论（the hierarchy of need），认为人最重要的实现是"自我实现"，从生理需要到最高层次的自我实现的需要是逐层递进的过程，正是由于人有自我实现的需要，才使得有机体的潜能得以发挥、保持和增强，人格的形成就是源于人性的这种自我压力。

人本主义心理学对教育产生直接而重要影响的是罗杰斯，他创立了"学生中心论"的教育和教学理论，罗杰斯的学生中心理论源于他的"来访者中心疗法"，是把该理论移植到教育领域的问题上而形成的。因此，教育就是要培养"躯体、心智、情感、精神、心力融汇一体"的人，也就是既用情感的方式又用认知的方式行事的知情合一的人，称为"全人"（whole person）或"功能完善者"（fully functioning person）。

罗杰斯在学习的方式上主张有意义的学习。他认为认知学习的很大一部分内容对学生自己是没有个人意义（personal significance）的，它只涉及心智（mind），而不涉及感情和个人意义，是一种"颈部以上发生的学习"，因而与"全人"无关，是一种无意义学习。罗杰斯认为，有意义学习主要具有四个要素：学习是自我参与的过程；学习是自发的；学习能够使学生全面发展；学习是由学生自我评价的。

总的来说，人本主义学习理论从自我实现的心理学出发，倡导有意义的学习，实现以人为本。现阶段我国普通高中应以人为本，以人本主义的核心思想指导高中阶段的教育教学，笔者认为，应该更关注高中阶段学生的情感，把学生的思想、情感、体验和行为看作是教学的主体，从而促进因材施教，使普通高中能够正确地为每位学生的发展定位，从而更好地定位高中的教育功能。

2. 人本主义学习理论对普通高中教育功能研究的启示

人本主义心理学的两个核心的理念：其一，强调人是不可分割的整体，要想研究人、了解人，必须从整个人着眼；其二，尊重人的欲望、要求、感情、价值观等内在心理状态。对于研究普通高中的教育功能，笔者认为，应该遵从人本主义的指导思想，把学生看作一个完整的人、一个囫囵的人，而不是把学生割裂为某个部分，如单纯地把学生视为记忆知识的工具等不合理的价值取向；了解学生的特点进行因材施教，高中阶段是人生的转折阶段，是为学生未来的发展奠定基础的阶段，这个阶段的学生理想、信念倾向都值得我们关注。因此，人本主义学习理论对本书具有如下启示意义。

首先，人本主义学习理论为我们对普通高中教育功能的理解提供了一个新视角。对于普通高中教育，无论是从国际上的功能定位来看，还是从国内对教育的期待来看，都将普通高中的教育功能定义为升学与就业两种功能，而这种定位皆是从教育的外部功能，即普通高中作为教育过程中的一个阶段，而且是一个过渡性阶段来界定的，因此只关注教育的外部因素，而很少从学生作为一个完整的个体的人本身来定位其教育功能。升学和就业只是普通高中功能定位中的外延部分，而没有涉及教育的内涵发展。人本主义提出"学生中心论"，认为普通高中教育除完成其升学和就业的双重功能外，还应具有育人的功能。

其次，人本主义学习理论为我们拓展了对普通高中功能定位的思考的内外功能。正确定位普通高中教育的"对内"和"对外"功能，既应该看到普通高中教育在教育系统中的对外功能——为高等院校输送基本素质良好的高等教育生源，即升学功能，长远来看，普通高中阶段也是为社会主义建设培养符合社会需要的合格人才，即就业功能；又要看到普通高中教育谋求学生个性的全面发展，为其终身发展打好基础的育人的对内功能，这才是教育功能的核心，也是普通高中教育功能定位首先要考虑的。因此，客观全面地平衡好对内、对外功能，在促进学生的和谐全面发展的同时，为国家、社会输送需要的人才。

再次，人本主义学习理论重新诠释了普通高中教育功能实现的影响因素。影响普通高中教育功能形成的因素根本在于是否把学生看作教育的中心，是否把学生当作一个人来看，促进学习的关键不在于教师如何敦促学生学习，而在于师生之间形成的特定的心理气氛因素，如真诚一致、无条件的积极关注、同情心等，学习的促进者能够了解学习者的内在反映，了解学生的学习过程、清楚学生的需要，以及能够预测学生的学习目的，这是高中教育功能定位的前提。人本主义学习理论还提出以学生为中心的"非指导性教学观"。总之，人本主义学习理论强调有意义学习，使学生成为学习的主体，教师是学生学习的促进者，对于我们正确理解教师关系，促进普通高中教育功能的形成具有理论指导意义。

（三）教育病理学理论及其对本书的启示

1. 新崛通也、大桥薰的教育病理学理论

社会学界和教育学界常将社会或教育领域出现的异常现象称为"病理现象"。在早期社会学家的有关理论中，我们可以看到他们对

"病理"或"社会病理"的相关论述，尽管有时他们并没有明确提出上述概念。病理是社会发展过程中普遍存在的客观现象，此点不言自明，因而作为社会子系统的教育自然无法幸免。涂尔干在《社会学方法的规则》一书中提出的"社会失范"是标准的社会病理现象。社会病理学作为一种较为系统的理论形成于 19 世纪和 20 世纪之交，基于深入研究社会发展过程中存在的不良状态，形成了"诊断"和"治疗"的社会观点，即"社会病理学"观点。而后，其观点和方法不断地渗透到其他学科领域的研究中，包括教育领域中，也就是我们所说的教育病理学理论。

"教育病理学"最先在教育研究领域使用时，专门指研究对象，类似我们现在的特殊教育学的研究，随着研究的深入，它的含义有了多种变化，"病理"的范围不仅限于研究对象，而是扩大到整个教育的范畴。《教育大辞典》中对"教育病理"的解释是："教育过程中出现的偏移和失调状态。教育社会学家认为这是现代教育'不健康'、'不正常'的产物，是病理性的。"[1] 该理论在 20 世纪中期的日本得到快速发展，其代表学者为新崛通也和大桥薫。

日本教育社会学家新崛通也著有《现代教育的病理——教育病理学结构》一书，该书采用系统论视角，从社会学立场审视教育病理。他认为教育病理分为两类：一是源于教育的病理，即由教育的结果引发的病理，称为教育性病理；二是与教育有关的病理，即导致教育病理产生的外部条件，称为病理性教育。教育病理是教育中表现出来的客观存在的社会病理，但教育病理与其他社会病理是有区别的，其划分标准是看病理是否同教育存在某种意义上的联系。[2] 他确立了判别教育病理的两个标准：当教育现象偏离一定的规范、理念与理想而被判定为病理现象时，这些规范、理念与理想便被称为价值性标准；把

---

[1]　顾明远主编：《教育大辞典》（增订合编本，上），上海教育出版社 1998 年版，第 727 页。

[2]　［日］新崛通也：《现代教育的病理——教育病理学结构》，瞿葆奎主编《教育学文集——教育与社会发展》，人民教育出版社 1989 年版，第 555—556 页。

偏离同层次、同类别现象的平均水平和一般状况的教育现象判定为病理现象时，这些平均水平和一般状况便被称为统计性标准。

大桥薰认为，教育病理是在教育过程中出现的偏移和失调状态，原因是教育内部和外部的异常条件使教育功能的实现受到严重阻碍，导致教育功能的弱化或丧失，由此产生进一步的失范行为。教育功能障碍是指教育者和受教育者的活动受阻而使教育目标和教育目的难以实现。对教育病理的研究必须以教育的功能障碍为中心，并把异常因素和失范行为紧密联系起来加以考虑。但根据不同的研究目的，可以把重点放在其中的一个领域。他还认为，教育病理是在一定的教育现场发生的，因此可以把教育病理的分析框架定位于家庭现场、学校现场和社会现场三大现场，他还从教育的构成要素出发，对教育的现场结构问题做了进一步研究和探索。

新崛通也和大桥薰的教育病理学理论为本书的普通高中教育功能研究提供了很好的"诊断"依据，教育系统是社会的子系统，普通高中阶段教育是整个教育系统的重要组成部分，其系统运行过程中不可避免会出现偏颇、失调和异化，在这个过程中，我们教育研究者要认清"病理"类型，分清是"教育性病理"，还是"病理性教育"，才能够提出有针对性的对策与建议，我们必须分析、判断病理的标准，如当前普通高中片面追求升学率即是一种教育性病理，普通高中教育被异化为升学的工具是不可取的。

2. 教育病理学理论对普通高中教育功能研究的启示

教育病理学自 20 世纪 80 年代后期开始在我国得到快速传播与发展，对我国教育过程中出现的偏移和失调状态进行病理学研究，探寻原因，提出对策，以求消除或缓解教育疾病，促使我国教育健康发展。教育病理学对笔者进行普通高中教育功能研究有如下启示。

首先，正确认识普通高中教育功能失调和异化的性质。要正确看待普通高中教育功能失调与调试现象，以正确的态度去认识这个病理问题很重要，因为作为社会系统的组成部分，所有社会现象在其发展的过程中都会有某种程度上的病态现象，正如人的机体会出现功能失调一样，作为一种社会活动的教育出现教育病是正常的。普通高中教育功能的失调和异化也是教育病理的一种，是普通高中教育系统与个人发展和社会系统协调互动过程中存在的正常现象。普通高中教育功能失调和异化是客观的、不可避免的，但可以人为控制其发生的程度和概率。

其次，改变长期以来对教育问题研究的理想状态为出发点的研究方式。我国教育学的研究大多从理想的状态出发、从善良的理想状态出发去论述一个应然的教育系统该如何运行，对教育中的病理现象及病态教育系统的运行关注不够。教育病理学主要研究应然状态下的教育是什么样的，对实然状态下"教育病理"做出理性思考和科学诊断，而功能障碍是理解教育病理的关键。当前普通高中教育发展过程中出现的诸多问题，事实上都与普通高中教育的功能未能有效实现与发挥有关。因此，在进行普通高中教育功能研究时必须重视普通高中教育功能失调这一病变事实。

再次，教育病理形成的原因应兼顾内部、外部原因。在考察教育病理的病因时，既要从教育系统内部找原因，如教育的要素层面，教育目标、教育方法、教育手段、教育资源和教育对象等，也要从外部寻找原因，即应该从教育系统所属的整个社会系统上找，要考虑新崛通也所说的"教育性病理或病理性教育"两种类型的病理，因为教育系统自身自成为系统，并构成社会的一个子系统，是整个社会系统的一个组成部分。教育病理原因的多重分析启发我们在研究普通高中教育功能时应该打破单一的维度考察，以兼顾"内、外部影响因素"的视角去分析普通高中教育功能异化和失调现象应该是现阶段我国普通高中功能定位的合理选择。

（四）确立建立普通高中教育功能的依据

1. 培养具有高尚道德品质且社会适应良好的公民

普通高中阶段教育是整个教育系统的一个重要组成部分，其培养目标即培养什么样的人成为关涉未来社会进步与发展的关键，现今的学校教育乃是制度化、现代性的产物，从学校教育的历史演变和发展来看，学校教育最初是一种以道德教育为主要任务的社会机构，这一点我们可以从中外教育史上许多教育思想家的思想中得到证实，古希腊苏格拉底认为教育应是将学生身上的潜能吸引、激发出来的过程，把学生视为有内在精神成长动力的向善的人。基于这样的认识，苏格拉底认为教育首先要培养人的美德，教人学会做人，成为有德性的人。以孔子为代表的中国古代儒家学说建立了道德至上的教育理念，儒家文化的核心思想是仁，"以仁安人，以义正我"，教育即要培养有崇高道德修养和完善的道德品质的志士和君子，君子应德才兼备。从教育与社会发展的关系来看，孔子认为教育是治国的一个重要的因素，从教育与人的发展来看，孔子认为教育对一个人适应社会发展需要具有重要作用。最终达到"己欲利而立人，己欲达而达人"的以完善人格为目标和群体和谐一致的个人发展。

随着工业社会的发展，现代学校教育完全异化为追求利益的工具，工具理性主义主宰一切，教育工具化是现代教育的必然属性。工具化教育必然是功利化的教育形式，"书中自有黄金屋、书中自有颜如玉"、"读书能够改变命运"等功利主义的思想充斥整个社会，相应的，学校教育实践表现为追求利益最大化，科层制管理成为主要的管理手段，因该种管理手段具有高度的规划性，同时能够实现效率最大化，如普通高中无限制地扩大招生名额，甚至有些学校为了提高升学率不惜重金挖取优良的学苗，学校成为一个为高考而服务的工厂，学生沦为高考制度下的牺牲品，完全忽视了育人这一重要的教育功能。功利主义的价值观决定了大众对学校的期待是学习实用的东西，实用的判断指标即是为升学和就业做准备。教育的本质功能在工具理性的指导下完全架空了，这样的教育对于国家而言，难以培养出具有爱国主义精神的未来公民；对于社会来讲，难以培养出适应社会发展的社会成员；对于个体来讲，失去了追求人生意义的价值，教育完全成为异己的工具而存在，结果只能是让学生成为毫无意义和价值感的工具。这样的教育是失败的教育，无论是从历史发展来看，还是从现阶段我国教育现实来看，我们都有必要对现阶段的高中教育功能给予良好的定位，即现阶段我国高中教育应该培养道德品质高尚及社会适应良好的公民。

2. 为学生全面发展奠定良好的基础

学生的发展不仅局限于学习这一的方面，更应该是全方位的发展，从教育史上来看，斯宾塞最早提出德智体全面发展，他认为教育的真正目的、价值和功能可以概括为，为完满的生活做准备。洛克也认为教育具有创造个人幸福的价值。通过教育来创造个人幸福，一直在洛克的教育思想体系中占据重要地位。洛克之所以十分重视体育、德育和智育，主要是因为他认为这三方面与受教育者今后一生的幸福都有着直接的关系。培根是实质教育论的代表人物，他把知识看作是力量的理论依据。他深信人类统治宇宙万物的权力深藏在知识之中，知识来自对自然的认识和改造，又是进一步认识、改造世界的手段。

在这个过程中，出现了两种关于人的发展的学说，即形式主义理论和实质主义理论，换言之，是知识的学习还是能力的培养。形式主义教育的主要观念是：第一，教育的任务在于训练心灵的功能。身体上的各种器官，只有操练才能使他们发展起来；心智的能力，也只有联系才能使他们发展起来。人的一切能力是从练习中发展起来的，记忆力因记忆而增强，想象力因想象而长进，推理力因推理而提高。因此，教育重要的是发现能够最有效训练学生心智的方法。第二，教育以形式为目的。在教育中，训练能力比灌输知识重要，也就是说，掌握知识是次要的，重要的是能力的发展。第三，心灵功能的训练会自动产生学习的迁移能力。形式教育理论认为，某种训练使心灵功能或某种功能得到发展，那么这种发展就会在其他形式的学习中表现出来。

形式主义和实质主义两个理论为正确定位普通高中的教育功能提

供了理论依据，笔者认为，普通高中的学生既要学习科学文化知识，又要通过科学文化知识的学习培养能力、提升综合素养，为全面发展奠定良好的基础。

3. 符合高中阶段学生身心发展规律

中外教育理论都曾论述过教育要遵从人的身心发展规律，中国的道德思想，其基本思想就是遵循自然法则——人法地，地发天，天法道，道法自然。老庄哲学中个体发展的最高境界不是圣人、贤人，而是"真人"。这样的真人对实践的功名利禄无动于衷，对身外的荣辱毁誉等闲视之。修养最高的人，能任顺自然，忘了自己。完全超脱了尘世的庸俗和烦琐，达到天人合一的境地。这种绝对的自由状态，就是逍遥游，就是庄子理想人格的本质特征。而这种顺性达情的自由理想对现实必然是持批判和否定态度的："大道废，有仁义。智慧出，有大伪。六亲不和，有孝慈。国家昏乱，有忠臣。"

卢梭主张"要以天性为师，不要以人为师"，甚至认为如果顺应天性发展，罪恶就可以消灭，社会就可以得救，那么，这自然的天性是什么呢？卢梭认为，自然的天性是指自由：人在遵循自然的自由活动中才能得到幸福。理性：顺应自然的教育才能发展人的理性。善良：性善是人人相同的，并不因人的贵贱而异。他笔下的爱弥尔就是这样一种在理想自然环境下成长起来的"自然人"的典型。

存在主义和人本主义也为我们提供了理论依据。存在主义追求"人的存在"，以个人的感受为中心，强调人的个性和自由；人本主义倡导"自我实现"、"人的潜能的充分发展"，教育应该为培养"自我实现的人"而努力，美国心理学家马斯洛是代表，马斯洛认为，自我实现的教育最重要的是创造人格的教育。他说："自我实现的创造性首先强调的是人格，而不是其成就。"让孩子生活在一种欢乐、冲动的氛围中，保持健康的开放心态，是保持旺盛创造力的心理条件。

无论是中国古代道家思想，还是卢梭的自然主义教育思想，抑或是当代教育心理学理论都告诉我们，了解普通高中阶段的学生的身心发展特点，才能对其进行很好的教育与引导，了解学生的需要、兴趣、动机等心理诉求，才能有的放矢地实施教育，顺利地实现高中的教育功能。

以上论述我们可以得出确立建立普通高中教育功能依据的理论图式：从整个教育系统来讲，普通高中处于教育系统的核心位置，其功能的发挥直接关乎教育系统的平衡、稳定与发展。普通高中除了发挥其升学和就业双重功能之外，最重要的也是其核心功能是育人，而育人功能正是本书普通高中教育功能的出发点，也是归宿（如图 1 - 1 所示）。

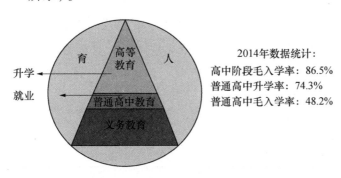

图 1 - 1　确立普通高中教育功能依据理论图

三　普通高中教育功能实现的影响因素

任何事物的结果都由内外部因素的共同作用产生。其内部构成决定着事物的本质特性，外部环境影响事物的发展。普通高中教育功能的实现因其复杂性和动态性，避免不了受到多种内外部因素的制约。因此，我们把制约普通高中教育功能达成的因素分为内因和外因。

（一）内部影响因素

内部影响因素即内因，内部影响因素主要包括：办学理念，或者说校长角色定位错位导致教育功能紊乱，导致功能不能达成；不合理的学校课程设置；学校资源配置不足导致部分教育功能缺失；师资力量结构性短缺；整体教学水平欠缺影响教育功能的形成。

1. 普通高中学校办学理念

理念，即理想和信念。办学理念，即学校的教育理想和教育信念。一所学校的办学理念也是其所属校园的精神向导与校园文化的核心。办学理念的表述与落实，也关乎学校未来的发展走向。

办学理念的内核基本上由学生观、教育观、学校观等组成。一个学校所具备的完善的办学理念要清晰地体现这所学校所具有并达到的学生观、教育观、学校观、价值观和教师观的先进程度。教育观问题是办学理念的思想基础问题。一所学校的办学理念应清晰地回答教育观问题，正确的教育观是形成教学观、课程观、德育观、知识观、美育观、体育观、教育过程观、教育手段观、教育方法论、教育质量观、教育评价观的基础。而教育观的核心是教育本质观、教育价值观和学生发展观。

不同的普通高中办学理念具有不同的学生观、教育观、学校观，对普通高中教育功能的实现具有不同的影响。适合学生全面发展的学生观、教育观、学校观，对普通高中教育功能的实现具有促进作用，反之，则会阻碍普通高中教育功能的实现。构建和培育完善的办学理念是长久以来很多学校都努力追求的目标，并尽可能地将其学校的办学理念落到实处。但值得注意的是，在此期间一些学校的办学理念也出现了不少问题。

第一，形式主义。我们常说理论要联系实际，而办学理念只有在实践中运用才能发挥应有的价值，才能真正焕发生命力。但是，一些学校的理念并没有在学校办学实践中运行开来。不难发现他们的办学理念与教学实践呈平行线向前运行，理念只是一纸空谈，挂在嘴边，纸上写写而已，只在评估和宣传的时候象征性地拿出来用用。这种为理念而理念，与实践背离的形式主义华而不实，实为办学者的大忌。

第二，缺乏个性。现在有的学校的理念总是给人以似曾相识的感觉，学校之间的办学理念互相模仿，相似度也越来越高，可以说是换汤不换药，缺乏自身的特色和个性。

第三，刻板僵化。我们知道，一所学校办学理念从表述到落实再到成型，转化为学校文化的核心组成部分，必然要经历一段时间的积累，但这并不意味着一定要墨守成规，因循守旧。相反，学校要根据内外环境的变化，灵活把握时代特征，审时度势，适当地借鉴原有办学理念中的相关因素，使办学理念切实保证学校改革与发展的需要。

2. 普通高中学校课程设置

普通高中学校课程设置是普通高中教育教学系统中一项比较显性的内容，其内容丰富，既能反映学校背后的教育理念及培养目标，也对教师的教学方式的运用和教学策略的实施等均有一定的决定作用。因此，普通高中学校课程设置无疑是影响普通高中教育功能实现的重要因素之一。

课程是实现教育理念、培养目标的重要媒介，它是学校教育的核心组成部分。课程能够直接反映一所学校的教育思想和教育理念，学校和教师组织教育教学都要依据课程这个中间媒介得以实施。而针对不同的普通高中学校自身的教育理念和培养目标存在的差异，课程的设置也就相对不同。例如，在美国，一些男子高中与女子高中的教育目标有所不同，男子高中更注重培养独立自主与领导能力，因而，其学校的教育目标就是让学生成为能力和魅力并存的男性，在教学方面也会根据男生的思维特点，相应设置一些有针对性的课程；而一些女子高中的目标是培养有别于男性领导能力的沟通能力，在教学上也会更关注女生的生理、心理发展，开设符合女性自身气质的课程。

课程决定了教师教学所采取的教学方法、教学策略、教学手段。教学方法、教学策略的实质是通过某种有效的形式、手段来达到教学目标，完成教学任务。对一些基础性知识，大多是以教师课堂讲授为主，反之，对实践性知识来说，则是通过教师示范、学生动手操作来完成……这些方法的多样化，体现出新时期教育改革所积极倡导的教师主导性与学生主体相结合的特点，师生积极互动，激发学生的创造能力和实践能力，与此同时也能提高教学质量，更好地实现设置课程的本来目的。

自《高中课程改革方案（实验）》实施以来，课程设置也较之前有很大变化，总的来说，增添了一定的弹性职能，从学科本位的教学观向学生本位的教学观转变，但期间也逐渐暴露出一些问题。

第一，学习领域的设置不够广泛。应试教育背景下，学生只会学习、考试，综合能力得不到很好的锻炼，因此应该加强英语的实际应用能力，加大除美术、音乐以外的艺术类课程的比例，如戏剧和电影的欣赏，加大舞蹈课受众面等，使舞蹈课不再只是舞蹈专业的必修课，而是供大多数学生们选修。

第二，分科设置两极分化。从1977年恢复高考以来，文理分科一直是我国高中的办学特色，至今已有40年的历史，文理分科是指在我国普通高中阶段，学生在高中一年级学习国家规定的课程，并没有文理的分化，而从高中二年级开始，学生根据自己的兴趣、特长和将来的志向，自由选择文科或者理科。但是不管文科生还是理科生，都会学习语文、数学、英语三大科目，文科生选择主修政治、历史、地理，理科生选择主修物理、化学、生物，现阶段，我国高中教育仍然采取文理分科的政策。文理分科有其优势，也有弊端，而且弊大于利。笔者认为，文理分科的优势在于减轻学生的学习负担，学生可以发挥特长，激发学生的求知欲，有利于学生个性的发展。但是，我们也必须看到，当今科技发展更强调交叉学科之间的相互影响，高中阶段实质上是普及基础知识的阶段，专业化并没有那么强。从育人的角度讲，高中阶段的知识是作为未来社会的现代公民都应该具有的知识，而单纯地让学生在高中二年级时停止部分学科的学习，是一种错误的做法，这会严重影响学生学习知识的连续性和完整性，甚至会影响学生高等教育阶段的学习。

（二）外部影响因素

外部影响因素即外因，外因主要包括：社会制度决定的一元化办学体制；教育行政化的管理体制；一考定终身模式下的唯分数论的高考评价制度；社会保障体系不健全下的自我防卫机制；传统文化基因下错位的社会评价体制；政府功能缺失导致的高中缺少就业平台，毕业出口单一。

1. 高考评价制度

近年来，高考制度备受关注，成为整个社会的焦点问题，高考作为连接高等教育与基础教育的纽带，同时也成为对基础教育阶段的教育成果的最有力的评价。一些学者对高考的功能进行研究，认为高考问题不仅是一个教育问题，而且还是一个社会问题。教育问题表现在，高考是为高等教育选拔合适的生源，适应未来社会发展的人才，进而实现以考促学的教育功能；社会问题表现在，通过高考，给予不同出身、不同种族的学生以公平竞争的机会，在一定程度上维护了社会公平，进而保障了社会的稳定发展，多少寒门的学子通过高考的独木桥，实现了"鲤鱼跳农门"，因此，在一定意义上，高考具有维护社会公平、保障社会稳定、促进社会流动等社会功能。

我国自 1977 年恢复高等学校招生考试以来，为社会输送了大量的人才，高考的受益者众多，这是评判高考成功的标准。我们在看到高考有利的一面的同时，也应看到它的对立面，即高考作为基础教育的指挥棒，在实施基础教育改革的过程中，使基础教育处于两难的境地，一面是素质教育，一面是应试教育，导致当前我国基础教育阶段问题重重。因此，高考评价制度虽然在一定程度上促进了普通高中教育社会功能的实现，但其评价的绝对化又阻碍了普通高中教育个体功能的实现。

目前，我国高等教育已经完全进入大众化发展阶段，30 多年的高考制度的实践证明了高考的有效性，但是从另一个角度讲，高考评价弊端重重，每年的同一天施行统一的考试，将不同类型、不同层次、不同学科的考生统一起来，不加区分地使用同一个标准进行选拔，这虽然有利于提高招考的效率，但受考试规模及考试次数的限制，难以兼顾各校生源的个性化要求，实质上是高校的"去个性化"，不利于创新型、创造型人才的培养。但是现实中，我们发现，真正实施起来何其困难，由于高考对基础教育教学的导向性，自然就会把对学生的多元评价局限到考试上来。最终的结果还是一考定终身。我们也逐渐看到高分低能的学生，或高分低德的学生，这些都是片面追求分数的恶果，也是我们不愿意看到的。

2. 社会用人制度

当前社会主义市场经济下，要求高等教育培养的人才能够适应时代的进步和发展，社会用人观念是对教育功能实现影响最大的因素。面向市场，我们培养什么样的人才，面对高等教育转型发展的新时期，高校应该培养什么样的人才，传统用人观和处于转轨时期的现行用人制度对普通高中教育功能的实现也有着一定的消极影响。比如，在人才使用方面片面追求"高学历"、"重名牌"（985、211）的现象普遍存在，学而优则仕、官本位的观念还未根本改变。

第一，在人才评价方面重学历、轻能力的倾向导致高中阶段择校严重。学历至上的思想，间接地对我国普通高中产生了深刻的影响，择校成风，上了好大学就等于上了好大学，上了好大学就等于找了好工作。这种片面的"高学历"为中心的社会价值观，严重地影响了普通高中教育功能的核心——育人功能的实现。

第二，社会用人制度影响人才观，进而使普通高中片面追求分数，影响人们的教育观念并阻碍普通高中教育功能的实现。片面人才观必然会深刻地影响教育领域。在用人单位、家长的观念驱使下，普通高中学校不得不片面追求升学率，只重视学生成绩的高低，忽略学生素质的均衡发展。在课程设置上，高考需要的设置，高考不需要的直接忽略；在学习评价上，成绩好的就是好学生，反之就是差生。这种片面的人才观，将直接导致普通高中学生高分低能，各方面素质没有得到全面发展，阻碍了普通高中教育功能的实现。

第三，社会用人制度影响普通高中教育功能取向。当前人们接受普通高中教育主要是为了获得一种资格，从而能够升入好的大学或找到一份满意的工作，至于知识的获得和能力的提高倒不是当前需求的重点，因此许多普通高中仅仅满足于完成既定的教育环节，将毕业生送出校门。这种例行公事式的培养模式，造成当前普通高中教育并未把培养学生的能力和素质作为核心价值取向，而那些直接来自社会的强势需求反而成了普通高中教育功能的价值中心。

四　普通高中教育功能的形成与释放

我国著名教育学者傅维利教授认为："教育功能的形成与释放分属两个不同的过程。教育功能的形成基本属于教育活动过程，教育功能的释放则渗透在其他社会活动过程之中。"① 因此，本书有必要对普通高中教育功能的形成与释放作深入探讨。

（一）普通高中教育功能形成的内涵

在《现代汉语词典》中，"形成"是指通过发展变化而成为某种事物或出现或发生某种情况，是一个动态的变化过程。② 教育功能的形成是指贯穿在教育活动中的学生通过学校教育接受教师传递的那部分人类文化遗产的过程。普通高中教育功能的形成特指普通高中学生在普通高中学校通过听讲、实验等方式接受教师所传递的知识，并内化为自己的知识体系的过程。

由于普通高中教育功能的形成基本属于教育活动过程，因此普通高中教育内部因素是制约普通高中教育功能形成的关键。首先，高中教育者的素质以及对教育事业的态度，是制约教育功能形成的重要因素。由于教师在教育过程中扮演着主导者的角色，在通常情况下，由教育者来确定教育的目标、方向、路线、内容和方法，教育者的素质、态度和教育手段是一体化的，高中教育者用其本身所具有的各种素质和特性来影响受教育者，因此高中教师的素质越高，对教育工作的态度越好，教育的效果就越好，反之亦然。其次，高中生的基础条件，

---

① 傅维利：《论教育功能的释放与阻滞》，《教育科学》1989 年第 4 期。
② 中国社会科学院语言研究所词典编辑室：《现代汉语词典》，商务印书馆 2005 年版，第 1525 页。

是制约教育功能形成的另一重要因素。这种基础条件包括两部分：一
为高中生的遗传素质；二为家庭和社会影响的特征，以及发生作用的
过程、方式和累积程度。高中生的遗传素质如何，对培养和训练的结
果和效率影响很大。在同样的培养条件下，遗传素质较高的学生的成
绩，会大大高于在这一方面遗传素质较低的学生。当先前的家庭、社
会影响因素在方向、结构等方面与教育影响保持一致时，其积累的程
度越深，教育的效果就会越好；反之就越差。再次，先前所具有的可
以利用的物质基础条件是制约教育功能形成的又一重要原因。这些物
质基础条件通常包括教育场所、教育设施、图书文献资料、教育仪器，
以及实验、学习的设施和条件等。在其他条件大致相同的情况下，我
们发现，教育的基础物质条件越好，教育的效果就会越好。最后，普
通高中教育内容的科学性以及教育过程的有效性是保证普通高中教育
功能良好形成的最主要的因素。如果高中教育者采用错误的或过时的
知识作为教育内容，不但会降低普通高中教育功能形成的速度，甚至
会改变普通高中教育功能的性质，使之走向反面。在普通高中教育过
程中采用什么样的组织形式以及方式方法，是影响普通高中教育功能
形成的最直接的因素。高中教育者所采用的方法和教育组织形式，既
符合教育内容本身的构成特点，又符合高中生身心发展和进行学习的
客观规律，就有助于普通高中教育功能的形成，反之，就会阻碍普通
高中教育功能的形成。

（二）普通高中教育功能释放的内涵

在《现代汉语词典》中，"释放"指把所含的物质或能量放出来。[①]
普通高中教育功能的释放指高中生在社会生活中发挥和使用所学到的
知识、文化遗产的过程，这一过程渗透在其他社会活动过程之中。普
通高中教育功能形成之后，通常表现为以高中毕业生为表现形式的凝
固形态。傅维利教授认为："凝固形态是指教育功能在初步形成之后，

---

① 中国社会科学院语言研究所词典编辑室：《现代汉语词典》，商务印书馆 2005 年版，第 1250 页。

用以承载和储存教育功能的相对稳定的形式。"① 高中生承载了教育者所传递的一定的人类文化遗产,同时,高中生的身心也会朝着教育者所期望的方向发展。凝固形态是普通高中教育功能从形成到释放的中介,因此也成为承载和储存教育功能的最主要、最基本的形态。

制约教育功能释放的因素有很多,既有社会方面的原因,也有教育结果本身的原因。首先,从社会方面来看:是否能够激发其潜在的才能,使高中毕业生流动到其所学的专业方向上;是否能够充分发挥才能,使高中毕业生流动到相应的岗位层次上;是否有意愿发挥潜在的才能,在于社会是否为其切实提供了所需的各种条件。事实证明,高中毕业生身上的"潜在才能"并没有很好地被释放与激发出来,高中生也没有足够的意愿发挥其才能,这与社会调节机制结构上的偏差有直接关系,亦即由于教育预测、教育规划和教育决策发生失误,使得高中毕业生的数量总供给大于社会总需求,造成在某一方面或某一层次的人员过剩。这两种现象都是社会调节机制结构上的偏差造成的,因此,教育决策者应该紧跟社会发展的趋势,做好教育预测和教育规划才是当前解决普通高中教育功能释放良好的途径。

从教育方面的影响因素来看,影响普通高中教育功能释放的原因主要有:第一,普通高中毕业生所学的知识和技能相对落后于社会发展的节奏,因此在一定程度上不能适应当代社会生产和生活的需要。第二,由于高中生缺乏创新思维的能力,随着社会转型期的到来,高中毕业生的能力不能适应社会的转型发展。其主要表现有:由于文理分科,高中毕业生知识面狭窄,不能够胜任其多元化的工作要求;应试教育下的高中毕业生缺乏各种适应工作的能力;社会转型时期,高中毕业生的转型意识淡漠,不能自觉地把所学的知识技能最大限度地释放出来。

(三) 普通高中教育功能形成与释放的关系

教育功能的形成和释放具有不可分割的联系,普通高中教育功能的释放以普通高中教育功能的形成为基础和前提,二者都须以文化知

---

① 傅维利:《论教育功能的释放与阻滞》,《教育科学》1989 年第 4 期。

识为媒介和载体，都以培养一定社会所需要的人为着眼点。

1. 普通高中教育功能的释放以普通高中教育功能的形成为基础和前提

普通高中教育功能的释放是普通高中教育发挥作用的外显方式，普通高中教育正向功能的释放也是普通高中教育价值实现的方式。普通高中教育功能形成和释放都需要一些条件，如果说对于功能的形成，普通高中教育内部因素是关键，那么对功能的释放，普通高中教育的外部环境是关键因素。由于教育功能的释放必须以人为中介，教育功能发挥的程度如何，当然会受到人们头脑中教育功能观的制约，因此普通高中教育功能的释放以功能的形成为基础和前提，要求普通高中教育功能的形成必须以人的总体素质的完善为前提。教育功能是一种客观存在，其功能的形成与释放当然也是一种社会实践活动，因此，教育功能问题更多的是一种观念形态范畴的问题。

2. 普通高中教育功能的形成与释放，都须以文化知识为媒介和载体

普通高中教育功能的形成，应以知识的传递为基本手段。无论是从教育社会功能的形成方面来讲，还是人的全面发展方面来讲，必须以文化知识为基础。因此，不管教育功能在不同的时期如何定义，必须以教育的本质属性为归属，教育应以传递人类文化遗产中最有价值的知识为基本任务。其教育功能的释放也必须以知识为载体，一方面，教育功能的释放是实现人的全面发展的重要条件，全面发展的衡量标准即为文化科学知识的掌握程度，二者是成正比的；另一方面，教育功能释放程度是看毕业生在社会中发挥作用的大小来决定的，而人要在社会生活中最大限度地发挥作用，就必须尽可能地掌握更多的人类文化知识遗产。因此，笔者认为，教育功能的形成与释放都是以文化知识为媒介和载体。

3. 普通高中教育功能的形成与释放，都必须以培养一定社会所需要的人为着眼点

教育是一种有计划、有目的地培养人的社会活动，以培养人为最

终和根本的目的。培养什么样的人、如何培养人成为教育的根本问题，如果离开了培养人这一中介环节，教育就失去了其本身的意义。我们只有认识了教育的内在规律，为教育功能的形成与释放找到可靠的证据，才能更好地研究教育的功能，使教育的功能不至于落空。

五 普通高中教育功能的失调与调试

普通高中教育在不同的社会发展阶段，因知识内容和价值的改变，社会需求与条件的转换，以及政府政策和行为的调整，而在功能取向、功能行动、功能结果等方面会做出相应的调适。在特定社会背景下，若普通高中教育忽视自身基础和内在逻辑，就会在功能取向和行动等方面出现矛盾和问题，并最终表现为教育功能结果偏移、萎缩等失调现象。若不能及时调适，不仅会影响普通高中教育的和谐发展，还会阻碍社会经济的发展进步。

（一）普通高中教育功能失调的内涵

在《现代汉语词典》中，"失调"解释为"失去平衡；调配不当"[①]。"失"代表性质，有失掉、丢失、错过、违背、迷失之意；"调"指代状态，有平衡、适应、协调、适合、匹配之意。功能失调本是生理学和医学上的概念，意指机体因为病变而使得器官、组织的原有功能与作用不能够正常发挥。在社会学中，功能失调的概念出自功能主义的观点。帕森斯在论述他的"结构——功能"理论时提出："当活动或条件无法维持或发展一种社会体系时，这种社会体系便处于功能失调状态。"[②] 而默顿在批判功能主义三大假设之一的功能统一性假设时提出了"反功能"的概念，并用"功能失调"进一步解释了反向功能的含义。他告诫功能主义者不应该假定所有制度化行动模式都具有促进系统调适的后果，被分析的项目很可能具有减少系统调适的后果，即反向功能。反向功能又包含两层意思：一是一般功能失调，即某些事

---

① 中国社会科学院语言研究所词典编辑室：《现代汉语词典》，商务印书馆 2005 年版，第 1228 页。
② 马和民：《新编教育社会学》，华东师范大学出版社 2002 年版，第 368 页。

物具有减少系统的适应性和调节性的后果；二是相对功能失调，即是否属于功能失调根据所论对象而定，要看某事物"对谁是正功能的和对谁是反功能的"①。默顿的论述提示我们应该从功能作用的性质（即结果危害性）和对象（即后果相关性）来分析功能失调现象。对某一功能主体而言，若某一系统的功能实现环节中产生了危害、影响其功能目标实现的现象时，就可以称之为该系统的功能失调。

据此，我们可以给普通高中教育功能失调做如下界定：普通高中教育功能失调是指在特定社会背景下所形成的普通高中教育功能实现机制中，功能的价值取向、行动等方面出现的普遍的持续偏差和矛盾，并最终表现为普通高中教育功能结果的偏颇与失范，因而出现偏离社会变迁的方向、弱化普通高中教育效果、无法满足功能主体合理需求的现象。普通高中教育的功能失调，既可以表现为功能实现整体过程的全面危机，也可能表现为某一具体环节的失衡与背离，如价值取向偏颇，教学、科研与社会服务等功能行动的失衡，以及某种功能结果的放大等。

一般而言，引起系统或个体功能失调的主要原因有三：一是社会的发展和变迁。由于社会的发展和变迁，新的社会需求不断产生，组织和个体为了适应社会发展和社会变迁的需要，必须不断调整原来的某些思想观念、组织结构、资源配置以及行为方式，若不能及时转变或转变的方向出现偏差，就会产生失调。二是冲突与矛盾。系统之间以及系统内部，个体之间以及个体内部，冲突是经常发生的，矛盾是客观存在的。冲突与矛盾积累到一定程度就会引起系统、组织的运转失调或个体之间的关系失调和机体失调。三是系统或组织自身的发展与变革。由于系统或组织的发展变革，就要改变原有的结构、活动方式等，否则就会跟不上系统与组织发展的需要，产生失调现象。由此可以看出，普通高中教育功能之所以出现失调，一是作为

---

① ［美］罗伯特·K. 默顿：《社会理论和社会结构》，唐少杰等译，译林出版社 2006 年版，第 2—105 页。

社会子系统的普通高中教育与社会发展形势和要求之间的协调与适应出现了偏差，二是随普通高中教育发展与改革产生的矛盾而导致的后果。

（二）普通高中教育功能调适的内涵

调适是指"活动主体主动调整自己的价值目标与行为取向适应外部环境的过程"①。以此看来，在社会学上，调适一词应该理解为两种范围、两个层次的含义。两种范围指系统内部的调适和系统外部的调适。两个层次所代表的含义有两个：一是对社会环境的适应，二是对社会环境的能动作用。如前所述，普通高中教育功能的实现是普通高中教育内外部因素合力影响的结果，既包括教育系统内部的调适，又包括教育系统外部的调适；既有对教育系统的适应，又有对系统的能动作用。因而，对普通高中教育功能的调适，不仅包括普通高中教育活动自身在价值目标与行为取向等方面的自主调适，还应该包括外部影响因素的宏观调适。不仅要适应社会需求，还应该超越社会需求。换言之，普通高中教育功能的调适是指通过对普通高中教育内外部影响因素，以及教育功能取向、教育功能行动的调整，促进现阶段教育功能的实现，从而促进各环节的协调与平衡，进而使普通高中教育阶段发挥出其应有的教育功能。

普通高中教育功能的调适还应该具有以下特性：第一，普通高中教育功能的调适具有动态性。尤其是高等学校扩招出现种种问题后，高校转型发展迫在眉睫，普通高中教育功能的调适必须适应社会的发展需求，不断地与时俱进，迈向新的平台，实现新的均衡与协调。因此，普通高中教育功能的调适应该是一个长期的、动态的过程。第二，普通高中教育功能的调适又具有相对性。我们期望的永远是一种理想状态的教育，相对现实问题，我们必须思考当下我国普通高中面临的实然问题。比如区域高中教育发展的不平衡性，区域经济发展的不平

---

① 萤泽芳、沈百福：《百川归海——教育分流研究与国民教育分流意向调查》，华中师范大学出版社 1999 年版，第 88 页。

衡性，这些都将制约并影响普通高中功能的调适，也是不可忽略的因素。因此，普通高中教育功能调适应该打破固定的指标体系，用历史的、发展的和区域协调的眼光看待当前高中教育的功能定位，普通高中教育功能调适只能是一种相对的功能调适，而不是绝对的功能调适，绝对的功能调适是不可能的，也是不必要的。

（三）普通高中教育功能失调与调适的关系

普通高中教育功能的失调与调适是普通高中阶段教育发展过程中的基本规律，正是失调与调适两者之间的矛盾运动才推动普通高中教育随着时代的进步不断前进。我们应该从以下两点来把握普通高中教育功能失调与调试的关系。

1. 普通高中教育功能演变过程中失调是绝对的，而调适是相对的

辩证唯物主义认为，凡事都处在运动变化中，无论内部、外部都存在不断变化着的矛盾运动。由此可知，在一定时期内，普通高中教育系统的发展也处于不断的矛盾变化的过程，笔者认为，普通高中教育系统的发展可以分为四个阶段，即经历形成阶段、成熟阶段、衰退阶段、调整阶段。我们发现，普通高中教育功能的调适是相对的，只是某一发展周期中的一个阶段状态，随着社会、知识与个体的发展变化，这种协调状态必然会打破，进入失调状态，因而其调适是相对的，是在绝对的、永恒的功能矛盾运动过程中存在的相对、暂时的协调和平衡；另外从结果看，普通高中教育功能的调适还受到一定时期、区域的经济社会发展状况乃至知识、个体发展状况的制约，并没有一个客观的、固定的判断标准，是相对一定时期或区域内社会、知识与个体需求而言的。因而，没有绝对的功能调适，只有相对的功能调适。

2. 普通高中教育功能失调与调适是普通高中教育与社会发展之间张力平衡之周期性运动的必然结果

普通高中教育不能脱离社会，普通高中教育发展与社会发展是互动的关系，普通高中教育发展必须遵循与人的发展和社会发展相适应

的规律。纵观教育发展的历程，就是一部教育与人类社会之间"适应
—不适应—新的适应—新的不适应—在新的基础上再适应"的历史。
普通高中教育作为教育系统中的高级组成部分，其发展和演变也概莫
能外。普通高中教育功能失调是普通高中教育发展演变过程中的正常
现象，是普通高中教育功能释放与各功能个体发展需求之间矛盾运动
中的一个客观环节。

　　首先，当张力平衡时，即普通高中教育的发展与社会、文化和人
的需要相一致，或者说能够较好地满足社会、文化、个人以及普通高
中教育自身发展的需要时，普通高中教育及社会的结构是稳定的，而
且也为多数人所认同，普通高中教育既肯定自身及社会的存在状态，
又满足自身和社会、文化、个人的发展需要，普通高中教育功能处于
和谐状态。其次，当张力失衡时，即随着社会的变迁，普通高中教育
的发展与社会、文化和人的需要之间的张力平衡被打破，出现了普通
高中教育供给与需求、应然与实然之间不一致的状况。一种情况表现
为普通高中教育落后于社会发展的步伐，偏安一隅，漠视社会、个人、
文化的合理需求变化。另一种情况表现为普通高中教育过分屈从于某
一功能主体的需求，丧失了自身的主体地位，忽视了自身供给的有限
性与合理性。再次，当张力再次趋衡时，即普通高中教育与社会环境
的关系处于不断的调整变革中，而且这种变革以促进社会发展，满足
个人和文化发展的需要，促使普通高中教育自身的不断完善为目的。
普通高中教育功能也在对现实的不断否定和超越中得到优化，从而回
到协调、均衡的发展状态。从而使普通高中教育功能走向了一个新的、
更高水平的、协调有序的状态。

　　由上述分析可以看出，普通高中教育功能的失调与调适是普通高
中教育功能演变的基本方式。正是在功能的不断失调与调适中，普通
高中教育实现了与社会、文化和人的发展的协调与契合。

第二章　中外普通高中教育功能的历史演变

一　教育功能认识的历史演变

教育应该是什么样？什么样的教育才是好教育？自古以来，这是一个仁者见仁，智者见智的问题。传授知识，传播思想，训练思维，启迪智慧，陶冶性情，还是发展个性？由于对社会、对人性的理解不同，所处的社会地位和生活经历不同，价值观和看问题方式不同，对这个问题可能有不同的答案。纵观历史，种种的教育思想思潮大致可归纳为社会理想主义、科学主义和人文主义三种教育观。笔者在此章分别分析阐述三大教育观关于教育功能的思想，以期为教育功能的演变找到理论依据。

（一）社会理想主义的教育观

社会理想主义的教育观肯定社会既成的思想、制度、道德的合理性和优越性，认为教育的使命就是继承社会的传统，使人在思想、道德、品行等方面尽快社会化。社会理想主义的代表人物有以孔子为代表的东方社会理想主义教育观，有以柏拉图为代表的西方社会理想主义教育观。

1. 修道之为教——以孔子为代表的东方社会理想主义教育观

中国儒家文化是一个社会本位、伦理本位和教育本位三位一体的文化。社会本位讲的是人的本性与人的群体性，离开了群体的个人在儒家文化中便没有意义。儒家文化的核心是人。孔子建立了道德至上的教育理念，他的教育理想是实现人与人之间充满仁爱的大同世界。为了实现大同世界，关键是要把仁爱思想灌输到广大群众中去，为此需要培养一大批有志于弘扬和推行仁道的志士和君子。这类志士和君子既要有弘道和行道的志向，又要有弘道和行道的德才。

孔子关于教育功能的思想可以归纳为以下两个方面：第一方面，从教育与社会的关系来看。首先，孔子认为教育是强大国家的一个重要的条件。孔子教育立国的思想侧重于强调通过教育建立一套完整的道德秩序，以避免社会的动乱，他还没有看到教育具有的多种社会功能。其次，孔子把教育看成是实施社会政治统治的最具持久效力的重要手段。他认为教育可以感化人们、征服人心，使被征服者心悦诚服地接受统治。孔子还提出了通过教育影响社会统治的两种主要途径——一是造就具有封建伦理道德、懂得统治术的统治者；二是通过教育造成一种有利于社会政治统治和安定的风气。第二方面，从教育与人的发展关系看。孔子在回答教育与人的发展的作用方面，思想有矛盾的地方。一方面，他提出过"生而知之"、"唯上智与下愚不移"等唯心主义主张；另一方面，又强调教育对一个人的发展具有十分重要的作用。从整体上看，后一方面的思想在孔子教育功能思想体系中占主导的地位。

关于教育的作用，以孔子为代表的先秦儒家既重视其社会作用，也重视其在个人发展中的作用。《礼记》中《大学》篇关于"格物、致知、诚意、正心、修身、齐家、治国、平天下"的著名论述既说明了儒家关于大学教育的过程和步骤，也清楚地表明了儒家对教育作用的看法：通过格物、致知做到诚意、正心（即树立正确的伦理道德观念，做到不为各种私心邪念所动摇），从而达到修身的目的（即形成完善的人格），这是教育对个人发展所起的作用。在此基础上，每个人都积极为促进各自家庭的和谐美满（家庭是社会的细胞）和国家的繁荣、稳定而努力做出自己的贡献（齐家、治国），这是教育对社会发展所起的作用。儒家教育思想很重视个人的发展，"性相近也，习相远也"就是儒家促进个人发展的理论基础。但儒家的个人发展不是只强调"自我"而不管他人的极端个人主义的发展，而是"己欲泣而立人，己欲达而达人"，以完善人格为目标、和群体和谐一致的个人发展。这是孔子教育思想与西方教育思想很不相同的地方，也正是孔子教育思想的伟大之处。

2. 培养哲学王——以柏拉图为代表的西方社会理想主义教育观

社会理想主义并不是只在东方具有重要的影响和表现，在西方，从古希腊柏拉图的理想国开始，到法国涂尔干的社会化说、美国帕森斯的社会角色说，同样具有社会理想主义的明显倾向。

柏拉图是在西方教育史上第一个指出教育具有重大政治意义的哲学家。《理想国》是柏拉图的中期著作，是他最有影响的著作。柏拉图在西方教育史上第一次提出了学前教育思想，并试图建立完整的教育思想体系。柏拉图关于教育功能的思想包括两个方面：其一，十分重视教育的政治功能。柏拉图十分重视教育的政治功能，这与他的哲学观点和政治观点分不开。柏拉图是西方客观唯心主义的奠基人，他把世界分为暂时的"现象世界"和永恒的"理想世界"。理想世界是真实的，永远不变的；而现象世界（我们生活于其中的物质世界）是虚假的、无常的。人类要想从现象世界走向理想世界就必须通过教育，只有良好的教育才能促使未来的统治获得真知，从而走向"善的王国"。柏拉图是西方教育史上第一个指出教育具有巨大政治功能的思想家。由于柏拉图把教育看成是一个建立和巩固他所倡导和期望的那种理想社会秩序的有效工具，所以，他极力主张由国家来控制教育，并精心设计了一套从学前阶段到大学的完整教学体系。其二，把教育看成是展示人的天性的有效手段。柏拉图一贯推崇奴隶制国家严密的等级制，在《理想国》中没有论及过平民和奴隶的教育，但他认为只有通过教育手段，才能将奴隶主子弟的天性展示出来。这种展示的过程，实质上也是奴隶制国家通过教育的手段选择统治人才的过程。柏拉图站在奴隶主贵族的立场，用唯心主义的眼光来看待教育功能，因此，他关于教育功能的思想充满了阶级性和唯心论的色彩，但他注意到了教育具有很强的政治功能和甄别、选择人才的功能，这是很有思想价值的。

　　生活在 19—20 世纪的法国社会学家和教育学家涂尔干大大发挥了教育继承社会传统和通过道德改良社会的思想。他强调教育的社会功能，提出教育首先要满足社会需要，教育的目的主要在于使年轻一代系统地社会化，成为西方功能主义教育学的先驱。涂尔干的教育研究主要收集在他的三本论著中，即《教育思想的演进》、《道德教育》和《教育与社会学》。涂尔干关于教育功能的思想主要体现在：第一，强调教育的社会功能，认为社会类似生物有机体，各个组成部分既相互依赖又相互独立，形成社会稳定系统。稳定的社会结构是合理的。他认为教育是社会结构中的重要组成部分，是社会赖以存在的基础。因为学校是形成儿童社会价值观的重要场所，是传递和灌输社会稳定所必需的知识和行为规范的主要途径。第二，强调教育的目的主要是使年轻一代系统的社会化。涂尔干认为不同的社会环境就会有不同的教育类型。教育目的是使儿童的身心得到发展，以便适应整个社会对他们的要求，这是社会和个体的共同需求。第三，强调德育的重要性。涂尔干认为，社会变革时代的教育学者首先应注意的莫过于道德教育问题。只要公民的道德问题解决好，社会危机就能消除，社会也就能稳定。当然，涂尔干所强调的道德教育是一种所谓"纯粹的唯理的教育"，即不是盲从的或训诫的教育，主张理解现代社会的道德要求。

　　社会理想主义教育观的共同特征是维护社会的既成规范，认为教育是传承社会价值和规范的理想手段，强调教育的社会化功能和选拔功能，强调道德教育；同时强调知识的教育，重视教师在教育过程中的作用，教师是教育活动的控制者。①

---

① ［英］爱弥尔·涂尔干：《道德教育》，陈光金译，上海人民出版社 2001 年版。

（二）科学主义的教育观

在东方智者强调人的群体性，构建以仁为核心、以礼为规范的教育系统时，部分西方的思想家也在做类似的思考。与此同时，西方文化的另一方面，即重视教育科学性的一方面，越来越强烈的表现出来，我们把他们称为科学主义教育观。科学主义的教育观认为教育的目的是使人了解自然的规律和提高人的工作效率，重视对自然知识的掌握和对自然现象的研究，强调人在征服自然的过程中自身力量的实现，它把传授科学知识当作教育的中心任务，把提高人的思维能力和智慧水平，获得职业技能当作教育的基本目标。但在对知识的理解上，存在着"形式"性知识与"实质"性知识的分歧。苏格拉底、洛克、培根、斯宾塞、赫尔巴特、莫里森等，是这种教育观的主要代表人物。

1. 启智——形式主义教育观

苏格拉底是古希腊著名的思想家、哲学家、教育家，西方哲学的奠基者。从哲学思想的发展看，苏格拉底提出精神实体和物质实体的区分，使唯心主义和唯物主义的对立脱离了早期哲学的朴素状态，进入更加成熟的阶段；他将早期希腊哲学家们格言式的伦理思想提到了哲学的高度；他以逻辑辩论的方式启发思想、揭露矛盾，以辩证思维的方法深入到事物的本质。这一切对哲学思维的发展都有贡献。但是，他作为西方哲学史上第一个系统的唯心主义哲学家，开启了夸大主体和理性、夸大抽象思维，以哲学唯心主义的神话代替宗教神话的时代。苏格拉底终生从事教育工作，具有丰富的教育实践经验，并有自己的教育理论。

苏格拉底关于教育功能的思想主要体现在：第一，他认为教育的目的就是造就治国人才。治国人才必须受过良好的教育，他主张通过教育来培养治国人才。为了培养治国人才，他付出了毕生的精力。第二，关于教育的内容，他主张首先要培养人的美德，教人学会做人，成为有德行的人。其次要教人学习广博而实用的知识。他认为，在所有的事情上，凡受到尊敬和赞扬的人都是那些知识最广博的人，而受人谴责和轻视的人，都是那些最无知的人。最后，他主张教人锻炼身体。他认为，健康的身体无论在平时还是在战时，对体力活动和思维活动都是十分重要的。而健康的身体不是天生的，只有通过锻炼才能使人身体强壮。第三，在教学的方法上，苏格拉底通过长期的教学实践，形成了自己一套独特的教学法，人们称之为"苏格拉底方法"，他本人则称之为"产婆术"。他的"产婆术"教学法则是要引导人们产生正确的思想。"苏格拉底方法"自始至终是以师生问答的形式进行的，所以又叫"问答法"。苏格拉底在教学生获得某种概念时，不是把这种概念直接告诉学生，而是先向学生提出问题，让学生回答，如果学生回答错了，他也不直接纠正，而是提出另外的问题引导学生思考，从而一步一步得出正确的结论。苏格拉底倡导的问答法对后世影响很大，直到今天，问答法仍然是一种重要的教学方法。

英国教育学家洛克被看作是形式主义教育的倡导者。他关于教育功能的思想可以归纳为以下几个方面：其一，明确提出了教育在形成人的过程中具有决定作用。人是由教育所形成的。他在《教育漫话》一书中开宗明义地指出："我们日常所见的人中，他们之所以或好或坏，或有用或无用，十分之八九都是他们的教育所决定的。人类之所以千差万别，便是由于教育之故。"① 其二，认为教育具有创造个人幸福的价值。通过教育来创造个人幸福，一直在洛克的教育思想体系中占据重要地位。洛克之所以十分重视体育、德育和智育，主要是因为他认为这三方面与受教育者今后一生的幸福都有着直接的关系。

形式主义教育的主要观念是：第一，教育的任务在于训练心灵的功能。身体上的各种器官，只有操练才能使他们发展起来；心智的能力，也只有联系才能使他们发展起来。人的一切能力是从练习中发展起来的，记忆力因记忆而增强，想象力因想象而长进，推理力因推理

---

① ［英］洛克：《教育漫话》，人民教育出版社 1979 年版，第 4 页。

而提高。因此，教育重要的是发现能够最有效训练学生心智的方法。其二，教育以形式为目的。在教育中，灌输知识远不如训练功能来得重要。掌握知识在教育中是次要的，重要的是能力的发展。知识的价值在于为心智训练提供了材料，具体的知识可以被遗忘，但由训练而形成的能力却是永久的。第三，心灵功能的训练会自动产生学习的迁移能力。形式教育理论认为，某种训练使心灵功能或某种功能得到发展，那么这种发展就会在其他学习中表现出来。

2. 知识就是力量——实质主义教育观

启智教育、形式主义教育在理论上的缺陷是明显的，生活、学习、战斗、管理等能力，光有理性智慧而没有实用的知识是无法想象的。随着工业革命的兴起，历史上也就出现了与形式主义教育相对的实质教育论。

实质教育论首先要上溯到英国思想家培根。他强调科学的实用价值，在他的教育功能思想中竭力倡导"读史使人明智，读诗使人灵秀，数学使人精密，哲理使人深刻，伦理学使人有修养，逻辑修辞之学使人善辩"，被马克思称为"英国唯物主义和整个现代实验科学的真正始祖"。培根著有《学术的进步》（1605）和《新工具》（1620）等，提出了唯物主义经验论的原则，认为知识和观念起源于感性世界，感觉经验是一切知识的源泉，要获得自然的科学知识，就必须把认识建筑在感觉经验的基础上。他还提出了经验归纳法，主张以实验和观察材料为基础，经过分析、比较、选择、排除，最后得出正确的结论。他根据时代发展的客观需要和资产阶级渴求知识的强烈愿望，把知识作为自己哲学的中心内容，系统地研究了知识的实用价值。认为知识不是一种纯思辨，而是一种力量，实用是知识的主要价值。"法式（即规律——引者）的发现，能使人在思辨方面获得真理，在动作方面获得自由。"① 这是培根把知识看作是力量的理论依据。他深信人类统治宇宙万物的权力深藏在知识之中，

---

① ［英］弗朗西斯·培根：《培根随笔》，蒲隆译，上海译文出版社 2010 年版。

知识来自对自然的认识和改造，又是进一步认识、改造世界的手段。真正的知识是根据原因得到的知识。知识是由对事物及其发展规律的研究、发现和解释构成的。在思考中作为原因的东西，在行动中便构成规则。如果不知道原因，结果也就不能产生。只有掌握了事物的原因和规律，才有希望达到征服自然的目的，让自然界来满足人们不断改善生活的需要。

蒸汽机革命的完成和电气革命曙光的出现，为科学教育思想的发展提供了新的土壤，斯宾塞就是这样一位对科学教育提出新的见解和原则的人物之一。斯宾塞是英国社会学家、实证主义哲学家和教育思想家。他发展了英国资产阶级教育理论中的功利主义原则，提出教育的目的在于为完满生活做准备的思想，他提出了一个包括各门科学知识在内的课程体系，对推动资本主义中等学校科学教育的发展具有重要意义。斯宾塞关于教育功能的思想最主要的特点是把教育的实用功能提到至高无上的地位，把教育与资本主义的社会发展的实际需要以及人们的完满生活联系起来。他提出，怎样去过完满的生活是需要去学习的大事，也是教育中应该教的大事。教育的真正目的、价值和功能可以概括为，为完满的生活做准备。他还认为，上述观点是衡量教育的任务、内容和方法的最基本的尺度。"我们有责任把完满的生活作为要达到的目的摆在我们面前……以便我们在培养的同时能慎重地针对这个目的来选择施教的科目和方法。"① 他把教育归纳为直接与间接地保全自己的教育、当好父母的教育、做好公民的教育和善于进行各项文化活动的教育。由于斯宾塞特别突出强调教育的实用功能，为人们全面认识资本主义条件下的教育功能开拓了新的视野，推动了资本主义教育向实用主义方向发展。所以后人普遍把他看成是实质教育论的代表人物。

赫尔巴特是德国的著名教育家，是第一个明确提出把教育学建成一门科学的人。赫尔巴特认为，教育学只有建立在科学理论的基础之

---

① ［英］培根：《新工具》，许宝骙译，商务印书馆 1987 年版，第 108 页。

上才能成为一门科学。在他看来，实践哲学即伦理学和心理学应是教育学的基础，他说："教育作为一种科学，是以实践哲学与心理学为基础的，前者指明目的，后者指明途径、手段以及对教育成就的阻碍。"① 他建立了科学的教学规范，使得欧美国家全面走向科学教育时期。赫尔巴特关于教育功能的思想主要体现在：第一，他把教育目的分为两部分，即"选择的目的与道德的目的"。选择的目的又称"可能的目的"，是指培养和发展儿童多方面的能力和兴趣，以便其将来选择职业。教育必须使学生做多方面的努力，培养多方面兴趣，取得各种能力的和谐发展，为将来选择职业做好准备。不仅如此，它与道德的目的也有密切联系，人的多方面兴趣和能力，可使人对道德行为的选择范围更加广泛，对道德判断更富于灵活性、更加准确和有力，从而有助于培养完善的道德品质。② 赫尔巴特认为，选择的目的固然重要，但仅居次位，最重要的是道德的目的（又称必要的目的）。赫尔巴特把培养善良的道德品质作为教育的最高目的，实际上是把培养安分守己，服从法律，维护当时德国封建秩序的忠顺臣民放在首位，这反映了赫尔巴特思想中保守的一面。然而，他把发展多方面兴趣和能力作为教育的直接目的，为儿童将来适应日益细致的社会分工做好准备，这无疑又是进步的，反映了德国新兴资产阶级的要求。第二，赫尔巴特认为，教学过程就是学生兴趣的产生和发展的过程，与兴趣的产生和发展过程相适应，他提出了教学的四个阶段，即明了、联想、系统、方法。明了——给学生明确地讲授新知识；联想——新知识要与旧知识建立联系；系统——做出概括和结论；方法——把所学知识应用于实际（习题解答、书面作业等）。同这四个阶段相应的学生的心理状态是注意、期待、探究和行动。赫尔巴特的这一理论在教育史上具有里程碑意义，宣告了科学教育学的诞生，也预示了科学主义教育观的到来。

---

① ［英］斯宾塞：《教育论》，人民教育出版社 1962 年版，第 7 页。
② 张焕庭：《西方资产阶级教育论著选》，人民教育出版社 1979 年版，第 288 页。

科学主义教育观的基本要点是：第一，科学是人类文明最重要、最优秀的成果，它在人类文化中应占据最重要的位置，在教育中应处于核心地位；第二，在对自然、社会和对人自身的研究中，自然科学的方法是唯一可靠的方法；第三，科学的方法能够解决一切问题，包括人文科学和人生面临的一切问题。科学教育促进了世界标准化、划一化的过程。但科学在加速地向前发展着，国际力量的竞争，也主要成了科学技术的竞争，成了人才培养的竞争。在这样的形势下，教育受到了对科学控制的担忧和创新人才需求的双重压力。

（三）人文主义的教育观

人文主义的教育观以人的和谐发展为目标，希望人的本性、人的尊严、人的潜能在教育过程中得到最大的实现和发展，它反对以预设的、人为的、外在的教育目的支配教育，主张以学生自身的发展为目的，强调发展人的天性、发展人的个性、发展人的潜能。老聃的顺性达情、亚里士多德的和谐教育、维多利诺的"快乐之家"、夸美纽斯的泛智教育、卢梭的以天性为师、罗杰斯的以人为中心、朗格朗的终身教育等观点，体现了人文主义教育观的传承和发展。人文主义教育观关于教育功能的思想主要体现在以下几个方面。

1. 顺性达情

现在人们谈到人文主义总是言必称希腊，言必称欧洲文艺复兴。其实在中国的传统文化中同样蕴含着深厚的人文精神——以个体自由发展为目的、为价值追求的精神。其代表当首推老庄。比如老庄哲学中最基本的核心概念"道"——"至人无己，神人无功，圣人无名"，其基本思想就是遵循自然法则：人法地、地发天、天法道、道法自然。老庄哲学个体发展的最高境界不是圣人、贤人，而是"真人"。这样的真人对实践的功名利禄无动于衷，对身外的荣辱毁誉等闲视之。修养最高的人，能任顺自然，忘了自己。完全超脱了尘世的庸俗和烦琐，达到天人合一的境地。这种绝对的自由状态，就是逍遥游，就是庄子理想人格的本质特征。而这种顺性达情的自由理想对现实必然是持批判和否定态度的："大道废，有仁义。智慧出，有大伪。六亲不和，有孝慈。国家昏乱，有忠臣。"

老庄把教育者与受教育者之间的关系比作形和影的自然亲和，将二者的对话比作心灵的交流。教育者的非凡之处，就在于采取灵活多样的方式，去顺应受教育者的自由发展，因此，顺性达情，可以说是"无方之传"——教有法而无定法。

2. 和谐发展

古代希腊哲学家是人文主义教育观的滥觞，而亚里士多德则是集大成者。他的"和谐教育"思想，是文艺复兴以后人文主义教育观最重要的来源。亚里士多德认为，人的身体和灵魂，如同物质和形式一样，是不可分离地存在着的。灵魂有三种，而要使这三种灵魂得到发展，就需要有相应的教育，分别为体育、德育和智育。教育的目的在于发展这三方面，使之达到最高的程度，使体、德、智得到和谐的发展。文艺复兴以后，人文主义教育观的现实派代表是捷克教育家夸美纽斯。他在著名的教育学著作《大教学论》中提出了"人人受教育"、"人人学习一切"的泛智论。夸美纽斯认为，教育在各方面都应与自然相适应。这里的自然一是指自然界及普遍法则，二是指人的与生俱来的自然天性。在人的自然天性方面，他指出了人在性格上的差异："有些人是伶俐的，有些人是迟钝的；有些人是温柔顺从的，有些人是强硬不屈的；有些人渴于求取知识，有些人较爱获得技巧。"① 并由此提出教育要根据各人的要求和特点进行。这和我们中国传统的"因地制宜"、"因材施教"的观念是并行不悖的。

3. 以天性为师

人文主义教育观的浪漫派代表是法国大教育家卢梭。他的著名教育论著是《爱弥尔》。卢梭主张"要以天性为师，不要以人为师"，甚至认为如果顺应天性发展，罪恶就可以消灭，社会就可以得救，那么，这自然的天性是什么呢？卢梭认为自然的天性是指自由：

---

① ［捷克］夸美纽斯：《大教学论》，傅任敢译，商务印书馆 1939 年版。

人在遵循自然的自由活动中才能得到幸福；理性：顺应自然的教育才能发展人的理性；善良：性善是人人相同的，并不因人的贵贱而异。他笔下的爱弥尔就是这样一种在理想自然环境下成长起来的"自然人"的典型。

卢梭"以天性为师"的教育思想与老庄的"顺性达情"的教育思想确实有异曲同工之妙。但是他们的区别也不容忽视：首先，老庄是避世的，卢梭是入世的。老庄的顺性达情是任其发展的，毫无指向，社会理想是小国寡民，互不往来；卢梭的以天性为师是有选择的，是他所认为的纯洁美好的自然环境，而且最终是要能够进入浑浊的人世的。其次，老庄是无可无不可，依靠的是主观心灵超越，随遇而安，他的负面表现就是精神胜利法。卢梭是是非分明的，有自己明确的自由、民主主张。第三，老庄反对任何的规范，具有自然原始倾向。而卢梭是追求合理规范的。

4. 人格至上

第二次世界大战以后特别是 20 世纪 60 年代以后，人文主义教育掀起了第三个高潮。其中，存在主义的哲学和人本主义的心理学最具代表性。存在主义的代表人物有海德格尔、萨特等。存在主义追求"人的存在"，以个人的感受为中心，强调人的个性和自由。人本主义心理学最重要、影响最大的观点是关于人的"自我实现"，"人的潜能的充分发展"，教育应该为培养"自我实现的人"而努力。美国心理学家马斯洛是代表。马斯洛认为，自我实现的教育最重要的是创造人格的教育。他说："自我实现的创造性首先强调的是人格，而不是其成就。"保持孩子生活在一种欢乐、冲动的氛围中，保持健康的开放心态，是保持旺盛创造力的心理条件。

人本主义的另一位代表人物罗杰斯在教育上的影响更直接。他提出了"以人为中心"的教育主张，就是以学生的自由发展为中心，为此他发明了"非指导性教学"法，要求教师在教育过程中，完全不干预学生的思想，只起一个组织者的作用，学生自己表达，自己指导，自己评价，自己创造，自己选择，成功的教育就在于学生学会了自我表现和自我选择。

5. 终身教育

1970 年，法国的保罗·朗格朗根据他以前任联合国教科文组织成人教育局局长时给联合国的报告，写成了《终身教育引论》一书，提出了"终身教育"（针对学校教育）和"学习社会"（针对学历社会）的概念。1972 年，联合国教科文组织国际发展委员会完成了题为《学会生存》的报告，建议"将终身教育作为发达国家和发展中国家今后若干年内制定教育政策的主导思想"。报告认为："惟有全面的终身教育才能培养完善的人，而这种需要正随着个人分裂日益严重的紧张状态而逐渐增加。"人们常常狭隘地将终身教育等同于成人教育、社会教育或职后教育。为此，朗格朗专门做了说明："终身教育显然不是传统教育的简单延伸，它包含着每个人的基本问题，新的态度、新的观点和新的方法。"① 首先表现在对人的生存意义问题上。终身教育使我们理解和认识个人在其中显示出的新的意义的整整一系列基本情况，它为影响着个人和社会命运的某些重大问题带来了新的答案。

仔细考究一个国家不同时期或者世界各国的教育发展史，不难发现对教育观的选择与当时的政治、经济等的发展状况是密切相关的：当国家之间竞争加剧，人才需求成为突出矛盾的时候，科学主义就甚嚣尘上；当社会矛盾激化、人性得不到舒张的时候，人文主义就会高扬头颅；而当信仰危机蔓延、国家威信受到挑战的时候，社会理想主义则会抖擞精神。随着人类理性的不断觉醒和需求的不断完善、科学局限性的逐渐暴露以及人文主义的复兴，以科学为基础，以人文为价值方向的社会发展观和教育目的观正在深入人心，科学教育与人文教育已表现出明显的融合趋势。人文主义教育是自古希腊到现代社会一直伴随着教育实践的教育观。尽管不同时期有着不同的教育主张，但

———————

① ［法］保罗·朗格朗：《终身教育引论》，周南照、陈树清译，中国对外翻译出版公司 1985 年版。

其教育宗旨不变，即教育的本质和根本目的就是培养人性，不管这些人生活在古代、近代、现代还是未来。随着社会的发展，全球一体化进程的加速，上述三种教育观最终也必然会走向进一步的融合，这种融合过程是一个历史实践的过滤过程，也是人们心灵碰撞、认识深化的过程。

二　我国普通高中教育功能的历史演变

（一）我国普通高中发展的历史与现状

中国学校教育历经数千年，公元前 21 世纪的夏朝（约前 2070—约前 1600 年）就有了校、学等相关的教育机构。中国封建时期教育的历史已有 1300 年，封建教育主要以培养官吏为目的，科举制就是当时官府通过定期举行相关考试科目，选择优秀人才，分别任官的一种考试制度。中等教育的正式成立，始于光绪二十八年（公元 1902 年），张百熙所奏请的学堂章程，即所谓的"壬寅学制"。依此学制，中学堂的修业期限为四年，第三年以下，得附设"实业科"，这可以认为是中学分科之始。现代意义的学校在中国出现于 19 世纪 60 年代，最早是外语学校、军事学校和技术学校，而且当时的清朝政府派遣年轻人到英、法等国家学习军事与技术。1898 年，在《京师大学堂章程》中把学校分成了小学堂、中学堂和大学堂。就这样，中国教育划分出小学、中学与大学三个学段。我国的普通高中教育则始于 1922 年实行的"新学制"，即六三三学制，学制中对中学教育的初高中进行了分段，但高中教育的发展始终较慢。1932 年国民政府颁布了《中学法》，其中明确地提出中学教育的目标是"培育健全国民，为研究高深学术及从事各种职业之预备"①。截至 1949 年，我国高中在校生仅为 31.8万人。高中教育产生的伊始便是精英教育，主要的功能就是为大学输送后备人才。

1949 年 11 月，新中国成立一个月后建立了中央人民政府教育部。

---

① 王献玲：《中国教育史》，郑州大学出版社 2011 年版，第 299—300 页。

自此，在和平与安定的社会环境中，我国普通高中教育开始了新的发展，期间也经历了一个曲折的发展过程。1953 年教育部提出《关于重点办好一些中学与师范学校的意见》，这是我国政府提出兴办重点普通高中的开始。1968 年至 1999 年，中国普通高中教育的特征是虽呈快速增长但仍有一定波动。众所周知，"文化大革命"期间教育系统受到了极大破坏，在中等教育之中以普通高中为主，除中等专业学校和附属企业的中等技术学校之外，职业高中几乎没有。1968 年高中学生的数量增长，究其原因是由于"文化大革命"期间把兴办职业中学看作是为资产阶级培养驯服的奴隶的重要途径，于是便把所有职业中学都改成了普通高中。"文化大革命"期间高中教育出现了各种非正常现象。而在同一时期，中国高等学校的数量、招生规模以及在校学生总数的增长率，却仍然维持在一个非常低的水平，两者间出现了比较大的差距。因此，这期间普通高中的主要功能是为年轻人走上社会做好准备，而为大学输送生源则只是非常次要的功能，所占人数也非常少。

中国进入改革开放后，教育事业快速发展，在不同的历史时期，普通高中发展也体现出不同的重点与阶段性特征。1980 年和 1983 年，教育部先后提出了《关于分期、分批办好重点中学的决定》和《关于进一步提高普通高中质量的几点意见》，都强调办好重点高中的重要性以及重点中学的示范性作用。1985 年，我国颁布了《中共中央关于教育体制改革的决定》，其中《决定》指出，"要调整中等教育的结构，大力发展职业技术教育"。这一阶段里的"中等教育结构的调整"主要是为了大力发展职业技术教育，社会迫切需要千百万受过良好职业教育的中、初级技术人员、管理人员、技工和其他受过良好职业培训的城乡劳动者，为经济建设提供劳动大军。这一时期的调整已经开始关注到普通高中与职业高中的比例问题，但重点与重心是大力发展职业高中教育，普通高中教育的发展在当时没有得到足够的关注与重视，因此发展的相对比较缓慢。

20 世纪 90 年代，我国明确地提出 "必须把教育放在优先发展的重要战略地位，努力提高全民族的思想道德与科学文化水平，这是实现我国现代化的根本大计"。为此，1993 年，中共中央国务院颁布了《中国教育改革和发展纲要》，此项政策的颁布直接影响了九年制义务教育的普及与高等教育的扩招，与此同时普通高中也得到了迅猛的发展。1995 年，我国高中阶段毛入学率为 33.6%，其中普通高中在校生为 713.76 万人。[①] 1999 年，国务院发布了《关于深化教育改革全面推进素质教育的决定》，该决定明确提出要全面推进素质教育，扩大普通高中的教育规模。很显然，20 世纪 90 年代中国普通高中教育的改革与发展表现为：在基础教育的框架下讨论普通高中教育的改革；在确保义务教育实现的基础上，考虑普通高中教育的发展。鉴于这个阶段是我国实现 "两基" 攻坚的重要阶段，普通高中在此期间也获得了适度的发展。

进入 21 世纪，随着我国完成了 "两基" 目标的任务以及扩展了高等教育的规模，普通高中的发展问题急剧凸显出来。2001 年《国务院关于基础教育改革和发展的决议》中提出了普通高中教育发展目标：为实现 "两基" 的贫困地区，适度发展高中阶段教育；已实现 "两基" 的农村地区，高中阶段教育有较大发展；大中城市和经济发达地区，基本满足社会对高中阶段教育的需求。在坚持基础教育优先发展的前提下，提出了 "大力发展高中阶段教育，促进高中阶段教育协调发展"。2002 年，党的十六大报告中也提到 2020 年要基本普及高中阶段的教育。根据中央精神，教育部提出："2010 年，基本普及高中阶段教育地区的人口覆盖率为 70% 左右，2020 年达到 85% 左右，基本普及高中阶段的教育。" 随后，我国普通高中取得了规模的大发展，优质高中学校得到增加，各地建设了一大批高标准、高质量的实验性、示范性普通高中学校。这些优质的普通高中学校的建设，不仅改变了

---

① 国家教委计划建设司编：《中国教育事业统计年鉴 1995》，人民教育出版社 1996 年版，第 15—17 页。

早先的"重点学校"政策，而且旨在探究普通高中的内涵发展之路。在 2002 年，我国普通高中招生 676.7 万，高中阶段毛入学率 42.8%；到了 2014 年，普通高中在校生已达到 2400.47 万人，高中阶段毛入学率为 86.5%。① 显然，今天普通高中的教育已经结束了精英教育的历史，进入了大众化教育的新时期。

2010 年我国政府颁布了《国家中长期教育改革和发展规划纲要（2010—2020 年）》，该《纲要》首次将"高中阶段教育"单列，作为国家教育改革与发展中的独立部分而予以论述，显示出高中阶段教育的重要性与特殊性得到了重新认识。《纲要》的颁布，使我国高中阶段进入了一个新时期。针对普通高中的发展，《纲要》提出"要全面提高普通高中学生综合素质，要推动普通高中多样化发展"。这意味着，想要全面地提高普通高中的学生综合素质和素养需要普通高中多样化的教育制度的支撑。推动普通高中教育多样化的发展，以满足不同潜质学生的需求，使普通高中教育发展的重心由外延式发展转变为内涵式发展。多样化发展同时也意味着要充分发挥全体普通高中学校的主体性与积极性，鼓励学校根据自身实际情况、学校环境来定位学校的发展方向以及特色发展，从而形成自己的发展特色，由此改变普通高中教育长期以来形成的"千校一面"的状况。由此可见，普通高中教育的多样化发展也是我国普通高中教育发展从精英化阶段迈向大众化、普及化阶段的教育发展的新范式、新思路。

（二）我国普通高中教育功能的演变

我国普通高中的教育在前 80 多年的发展中，一直被看作是大学的预备教育，其功能主要包括选拔和淘汰这两个方面。随着高中的普及和素质教育的不断推进，普通高中教育已经从精英教育走向了大众教育，普通高中教育在人的终身发展中奠定了坚实的基础，而不再仅仅是为高等学校培养与输送人才。我国普通高中的发展在不同的社会历

----

① 《2014 年全国教育事业发展统计公报》，http：//www.chinanews.com/gn/2015/07 – 30/7437057. shtml。

史时期体现出不一样的教育功能。

1. 1922—1949 年：单一升学功能的精英教育

我国普通高中教育开始于 1922 年实行的"新学制"对中学教育中的初高中的分段，那时高中人数极为稀少。从我国的教育历史来看，长期受封建社会的影响，其教育功能突出表现为个人修养的达成，个人对道德品质的高要求，为社会培养士或君子，从而达到社会统治的目的，教育功能体现的是社会本位论的思想，即教育的目的应该从社会的需要出发，根据社会的需求来确定，把满足社会需要作为教育的志趣，社会的价值高于个人的价值。直到 1949 年，我国高中及完全中学一共有 1597 所，高中在校生人数仅为 31.8 万人。可见，当时的普通高中教育属于"小众教育"和"精英教育"，其主要功能体现为为大学输送精英型的后备人才。

2. 1949—1966 年：升学和就业双重功能的大学预备教育

"文化大革命"的前 17 年里，我国更加重视展现教育的积极作用，在不同的时期里提出不同的教育目标。中央政府在《关于改进和发展中学教育的指示》中指出，"普通高中教育不仅供应高等学校以足够的合格的新生，并且还要供应国家生产建设已具有一定政治觉悟、文化教养和健康体质的新生力量"[①]。因此，高中毕业生，除部分根据国家需要升入高等院校，大部分应该积极从事工农业生产劳动或其他建设工作。社会主义普通高中的教育目的主要表现为教育所培养出来的人才要为社会主义的事业服务，成为社会主义的建设者和接班人。这一时期的普通高中始终被看作是大学的预备教育，主要发挥选拔与淘汰的作用，体现了升学和就业的双重功能。

3. 1966—1976 年：名存实亡的就业教育

在"文化大革命"期间，因为"文化大革命"中把兴办职业中学视为为资产阶级培养驯服奴隶的重要途径，所以我国把所有职业中学都改成了普通高中。那时的普通高中呈现非正常的快速增长，教育系

---

① 中国人民政府国务院：《关于改进和发展中学教育的指示》，《山西政报》1954 年第 12 期。

统受到了极大破坏，在中等教育之中以普通高中为主，职业高中几乎没有。而在同一个时期，中国高等学校由于"文化大革命"的冲击而使高考制度中断了 10 年。因此，这期间我国普通高中主要教育功能是为年轻人走上社会作准备，基本只具有就业功能。

4. 1978—2000 年：重升学轻就业、育人的"应试教育"

改革开放后，中国重新迎来了尊重知识、尊重人才的春天。我国的教育目标也从 20 世纪 80 年代普通高中教育强调学生做"四有新人"，演变到 20 世纪 90 年代要求学生素质结构要"德智体美"全面发展。随着社会主义市场经济体制的发展和我国教育教学改革实践的不断深入，个体本位论思想逐渐体现在普通高中教育功能的表述中。"个体本位论思想"即个人本位论，提出教育的目的应当从受教育者的本性出发，认为个人价值高于社会价值，教育的目的在于把受教育者培养成一个完整的人，充分发展人的能力与个性，注重综合素质的养成。

1993 年，中共中央、国务院颁布了《中国教育改革和发展纲要》，《纲要》直接影响了九年制义务教育的普及与高等教育扩招。1999 年，国务院发布了《关于深化教育改革全面推进素质教育的决定》，该决定明确提出要全面推进素质教育，扩大高中阶段的教育规模。至此，普通高中也得到了迅猛的发展。中国在 20 世纪末之前相当长的历史时期，由于整个社会的经济发展水平不高，劳动力市场对于一般劳动者知识水平的要求也主要停留在中等教育水平，普通高中教育一般是义务教育的延续和发展，或是衔接义务教育和职业生涯，但更多地考虑和劳动力市场的有效衔接。另外，高等教育的规模太小，普通高中教育作为高等教育的预备或者输送生源的功能受到了畸形的强化。中国高等教育的发展长期以来主要以精英教育的形态进行建设与发展。在 1999 年，也就是中国高等教育大规模扩招之前，高等教育的整体规模始终非常小，不仅包括整体高等教育的招生规模，而且包括高等学校的在校生总人数，不管是高等教育的毛入学率，还是高等教育的录取率，都非常低。据有关方面的统计，20 世纪 80 年代以前的高考入学率最高才达到 6%。① 在这样的情况下，大多数高中毕业生不可能获得接受高等教育的机会，参加高考更可谓是"千军万马过独木桥"，并且能够接受高等教育的也只是凤毛麟角。这种高等教育的发展形态以及对办学规模的控制，所造成的直接影响则是，具有高等教育文化程度与水平的劳动力在整个劳动力的素质和结构中的比例是非常低的。在 20 世纪 80 年代初期，具有高等教育文化水平的劳动力在中国整个劳动力中的比例还不足 1%。由此可见，在 20 世纪末之前的一个相当长的历史时期里，我国极其重视普通高中教育作为高等教育的预备学校或者具备输送生源的功能，普通高中办学质量的高低、教师教学质量的好坏，都是以考试分数、升学率为唯一评价指标，普通高中教育面向的是少数升学有希望的学生，教育内容重视知识的传授，忽视学生能力的培养，学生严重缺乏创新精神以及实践动手操作能力，学生的片面发展、被动发展成为高中生的基本样态，至于个性的发展更是无从谈起，应试教育成为这一阶段普通高中教育的代名词。

5. 2000 年至今：升学、就业、育人三种功能兼顾的素质教育

随着高中学校的普及与素质教育的不断推进，2000 年教育部在《全日制普通高级中学课程计划（试验修订稿）》中提出，"普通高级中学是指与九年制义务教育相衔接的高一层次的基础教育"。随后，教育部 2001 年颁布的《基础教育课程改革纲要（试行）》以及 2003 年颁布的《普通高中课程方案（实验）》再次重申了上述观点，强调"普通高中教育是在九年义务教育基础上进一步提高国民素质、面向大众的基础教育。普通高中教育为学生的终身发展奠定基础"②。这些政策的出台已经显示出从精英阶段发展转向大众阶段的特征，即普通高中教育政策强调素质教育、强调提高全体学生的综合素质、强调教

---

① 谢维和：《从基础教育到大学预科——新时期高中教育的定位及其选择》，《中国教育报》2011 年 9 月 29 日。

② 教育部：《普通高中课程方案（实验）》，人民教育出版社 2003 年版，第 1 页。

育的普及与公平。2008 年，党的"十七大"报告郑重提出"要加快普及高中阶段的教育"的战略性任务，在实现这一任务过的程中，普通高中的非义务教育色彩将进一步趋于淡化，大众教育性质日益显著。2014 年，我国高中阶段毛入学率为 86.5%，普通高中在校生已达到 2400.47 万人①，是 1995 年的三倍。事实表明，普通高中教育已成为在九年制义务教育基础上进一步提升国民素质的大众教育，而今天的普通高中教育已经结束了精英教育，迈向了大众教育的时代。此间的意义并不仅限于学校数量上的变化，而它更意味着普通高中教育即将出现的脱胎换骨的变革，今后的普通高中不仅成为人人都应该接受的教育，更应是人人都能够接受的教育。

众所周知，中国高等教育向大众化发展或者大学不断地扩招，其最直接的影响就是突破了限制精英高等教育的发展规模，越来越多的高中毕业生拥有了接受高等教育的机会。时至今日，全国范围内的高等教育学校的录取率已超过 70%。即使在一些经济发展相对比较慢的地区，高等教育学校的录取率也能达到相对高的水平。可以看出，尤其是在整个高等教育的招生规模迅速扩大的背景下，高考录取率的不断增长与变化，在某种程度上也能反映出能够获得高等教育机会的高中毕业生中所占的比例及其变化。这种高考录取率的增长及其变化绝不仅仅反映了高等教育机会的不断增加，与此同时也反映了普通高中教育功能发生的变化，也就是说中国今天的普通高中教育已经发展和逐渐演变成主要为高等教育输送生源的教育层次和一种形式，作为高等教育的准备或预备是其主要的功能。当然，不得不承认当前普通高中教育所展现出的应试色彩依然十分显著，这就必然导致教育负向功能的蔓延。

21 世纪初，政府对于新时代社会的发展，要求普通高中学生为了要适应未来国际人才竞争的挑战和知识经济的发展，以及未来建构的

---

① 《2014 年全国教育事业发展统计公报》，http：//www. chinanews. com/gn/2015/07 - 30/7437057. shtml。

学习型社会的需求，明确要求普通高中教育要由应试教育全面向素质教育转变。全面贯彻党的教育方针政策，遵循教育发展规律与学生自身的成长规律，大力弘扬优秀的中国传统文化。同时，在国民教育全过程中融入培育学生社会主义核心价值观的观念。同时要立足中国的国情，放逐世界眼光，要面向全体的学生，促进人人都能成才。教育要着力培养学生具备高尚的道德情操、拥有扎实的科学文化素养、良好的审美情趣、健康的身心，努力使学生具备中华文化的底蕴、中国特色的社会主义共同理想、具有国际视野，努力成为社会主义的合格建设者与接班人。为此，2014 年教育部在总体设计的基础上，率先启动普通高中的课程修订工作。合理分配必修课与选修课的课时比例，为学生的终身发展打下坚实的基础，增加学生自主选择学习的机会，满足个体的可持续发展、个性独立发展的需要。坚持知行相统一的原则，加强学生的职业体验与社会实践等相关方面的课程。进一步精选课程的内容，科学地确定课程的容量和难易程度。以此为标志，"立德树人"成为普通高中发展的根本任务。

由此，在我国普通高中教育的相关表述中，提出了培养学生的创新精神，健全学生个性等观念，普通高中教育目标对学生素质每个方面都有非常具体的要求，不再只是要符合高等教育需要或是培养具有一定劳动职业技能的毕业生，而是要培养一个不仅具备自主学习动机，而且具备自我学习能力的毕业生，培养学生具有"团队合作精神"、"面向世界的开放意识"和"以实践能力和创新能力"等。我国普通高中教育的功能逐渐趋向实用和为个人的未来就业服务，培养目标越来越关注学生的个性与特长发展，在强调发展学生基本素质的同时，又要求关注高中生的特长发展以及个性的发展。不单单注重社会本位的发展，也关注个人的发展，其直接结果就是提高了国民的素质。这样，普通高中作为基础教育的高级阶段，全面实施素质教育，其升学、就业、育人的综合功能得以充分的体现。并且"立德树人"这一时代使命将普通高中的教育功能明确聚焦为育人。

三　国外发达国家普通高中教育功能的定位

由于各国政治、社会和经济发展的不平衡，其高中发展历程各有不同，教育功能的定位也在不断发展和完善。本章以美国、英国、日本为例，具体阐述这三个发达国家普通高中发展过程中教育功能的定位。

（一）美国普通高中教育功能的定位

在美国，高中阶段的教育功能的定位也经历了一段曲折的发展过程。随着社会、政治、经济诸多方面的变化，美国对高中教育功能的探寻脚步一直没有停止，美国在高中教育中不断地整合了"升学 + 就业 + 全人"的教育功能导向，在承担高中阶段教育的学校类型上，综合中学已逐渐成为主流，为上大学作准备的学生、为就业作准备的学生以及为接受普通教育获得高中文凭的学生都聚集在同一屋檐下。①

1. 由"升学 + 就业 + 全人"三维导向不断走向整合

早在 1787 年，美国的建国者们就在宪法中加入了民主进步的思想。1918 年，美国研究中等教育的专家英格利斯在其《中等教育原理》（*Principles of Secondary Education*）一书中就提出了美国中等教育的三大目标，即"升学 + 就业 + 全人"。同年，全国教育协会提出了中等教育的七大原则，即保持身心健康、掌握基本的学习技能、成为有效的家庭成员、为就业做准备、胜任公民职责、有价值地利用闲暇时间、讲究伦理课程。1978 年，理查德·格罗斯（Richard Gross）为美国 80 年代的中等教育又重新确立了七大原则，即个人的能力与发展、家庭的凝聚力、熟练的决断能力、道德责任感和符合伦理的行为、公民的利益与参与、尊重环境、全球人类关心的问题。显然，这些原则涵盖了教育的社会、情感和知识等诸多方面。②

1988 年，当时的教育部长贝内特说："不管我们的中学毕业生

---

① 李其龙、张德伟：《普通高中教育发展国际比较研究》，教育科学出版社 2008 年版，第 47 页。
② Gross R. E. *Seven Cardinal Principles*，Phi Delta Kappan，1980：291 - 293.

在未来将从事什么样的工作，我们都要使他们成为既要有技能又要有知识、既具备共同的道德价值观念又拥有文明素养的人。"1997年，美国联邦教育部在《1998—2002 年教育的发展战略》中也明确地指出，中学教育的目标就是"让所有学生都达到富有一定挑战性的学业标准，为他们将来成为有责任感的公民、继续学习和富有贡献地就业做好准备"。2001 年 1 月 23 日，现任的美国总统乔治·沃克·布什曾发表了名为《不让一个孩子掉队》（NCLB）的教育法案，该项法案中要求每一阶段的教育都要确保不让一个孩子掉队。这便是美国教育面向 21 世纪所设定的教育发展方向，同时也是寄予21 世纪教育的美好理想。2001 年 10 月，伍德·威尔逊在发表题为《高中学生肩负的国家使命》（*National Commission on High School senior*）的报告中明确地提出了面向 21 世纪美国高中教育的功能。其内核为要为今后的教育做好充分的准备，为了未来的生活做好准备，以及培养人具有完善的人格。

我们发现，今天美国的高中教育功能的确立仍然是在寻求"升学"、"就业"与"全人"这三个维度的功能，并追求三个维度的协调统一，同时也是对这三个维度间的平衡所作出的最新阐释。

2. 以综合中学为主流模式多元化发展

在美国，高中阶段教育的学校类型分别有普通中学、综合中学、职业技术中学以及选择性中学。综合中学则是当今美国高中学校类型的主流模式，分设有普通科、学术科以及职业科三个方面，兼有普通教育和职业教育的双重职能。普通中学可视为大学的预备学校，主要开设大学预科课程，为学生接受高等教育做准备。

目前，美国的高中共有 25000 多所。根据美国联邦的教育部在2000 年的统计，在 1999—2000 学年度，有 98% 的学生都就读于综合中学，而只有 1% 左右的学生选择进入选择性中学，仅不到 1% 的学生选择就读职业或者技术中学。在综合中学的内部一般又被分为三个方向。

（1）学术科

其中修读学术科的学生占学生总数的 43%，目标就是为大学培养合格的新生。在这里，普通课程占总课程的比例高达 92%，实践课程则仅占 8%。

（2）普通科

修读普通科的学生占学生总数的比例是 33%，目标则是让学生掌握必备的文明修养，为做社会的良好公民打基础，在普通科中普通类课程占到总课程的 71%，实践类课程占了 25%，技术类课程仅占 4%。

（3）职业科

修读职业科学生的人数占学生总数的比例是 24%，其目标则是培养学生未来就业所需要的知识和技能，在职业科中普通课程占了总课程的 58%，技术类课程占到 34%，而实践类课程仅占 8%。

综合中学是当今美国中学的主流教育模式，同时兼有普通教育和职业教育的功能，是美国实施中等教育的主渠道，承载着升学、就业与通识教育的三项任务。具体来说，也就是指：①让所有的学生都接受通识教育；②让大多数的学生可以接受职业技术的教育，毕业以后就直接可以进入就业市场；③让一部分具有深造机会的学生作好进入大学学习的准备。

从美国的高中的学校类型设置和各类型学校职能及所处地位来看，以美国高中教育为代表的综合中学担负着就业、升学以及通识教育三项任务。具体来说，一是让所有的学生都有接受通识教育的机会；二是让大多数的学生可以接受职业技术类的教育，毕业以后则可直接进入就业市场；三是让一部分有深造机会的学生做好升入大学学习的准备。

3. 追求卓越发展的大众化教育

面对日益激烈的国际竞争与"追求卓越"的教育，美国高中教育在其"升学、就业、育人"三位一体的功能框架下，又提出了新的改革措施。2005 年，美国州长协会在"全美高中教育峰会"上发布了《改进美国高中行动计划》。由于美国政府已认识到了，学校缺乏统一的学业标准就是高中教育所面临的紧迫问题，各州对于毕业生的要求过低，而且对于学生的评价也没有和大学或者是企业的需求相结合。因此该计划明确指出，在最基础的学科上，比如英语和数学，应该提高学业要求和标准、改进学生的评估途径，同时要强化绩效制度，从而提升高中教育的教学质量，使美国高中教育能够让所有学生为升学、就业、成为合格公民做好准备。该计划一方面要求重新设定美国高中的学业标准和毕业要求，将高中教育标准与大学、职场的要求和需求相结合，让学生在高中阶段的学习为将来大学期间的学习以及在职场工作做好准备；另一方面，计划建议选取教育领域和商业领域的代表共同组建有效的 P—16 理事会，要求中学后教育系统和 K—12 教育系统根据为大学和就业做准备的标准共同开发课程和评估的机制，让中学和中等后的相关教育机构也要共同为学生今后的学习甚至是成功负起责任。① 从 K—12 到 P—16 的变化，凸显出美国高中与大学的密切联系，同时反映出在政策制定者的心目中，接受高中后教育是每个高中毕业生的理想选择。事实上，美国高中毕业生的流向也确实偏重于升学。从全国范围内看，2009 年，美国高中毕业后直接升入大学的学生已达到了 70%。② 美国政府也希望越来越多的中学毕业生接受中学后教育，同时美国发达的高等教育也为广大中学毕业生提供了入学保障，基本上保障人人都能上大学。

（二）英国普通高中教育功能的定位

1. 英国高中教育由精英化转向大众化

以为社会培养精英、为进入高等院校继续深造做准备为单一的价

---

① An Action Agenda for Improving America's High Schools，http：//www. nga. org/files/live/sites/NGA/files/pdf/0502ACTIONAGENDA. pdf。"P - 16"指从学前教育到四年制大学。

② The Condition do Education 2012，http：//nces. ed. gov/pubs2012/2012045.

值核心的英国高中教育的历史较长久。早在 12 世纪，英国的初、高中教育是混沌不分的。17 世纪后期，第六学级的出现，英国高中教育才有了雏形。伴随着工业革命的发展，教育变成了一个大工厂，在此背景之下，虽然社会对于劳动力的需求日益旺盛，但工人大多数却只接受了极为有限的教育，此时的高中教育仍然是单纯的大学预科的精英化教育。

此后，为了推动教育发展，英国颁布了一系列教育法令。《1944 年教育法》中确定了初等教育、中等教育以及继续教育这三个连续性的阶段，并将义务教育从原本的 5—14 岁延长到了 15 岁，甚至有的地区要延长到 16 岁。该法令为而后英国高中教育的发展打下了牢固的基础。在《1944 年教育法》颁布之后到 20 世纪 60 年代初，是英国现代高中教育真正意义上的初步发展阶段，此时英国正处于一个经济萧条、政治动荡的时刻。

从 20 世纪 60 年代初到 70 年代末，是英国高中教育的大发展阶段。文法中学的不断发展，促进了高中教育的发展。进入 20 世纪 80 年代，英国高中教育也进入了一个稳定发展阶段。1985 年 5 月，英国政府发表了《20 世纪 90 年代英国高等教育的发展》绿皮书，1987 年 4 月，英国政府又发表了《高等教育迎接新的挑战》白皮书，要进一步发展继续教育、高中教育。在 1988 年，《教育改革法》的颁布则进一步规范了国家对于义务教育以及中等教育的管理和约束，以促进教育质量的不断提高。在 1988—1994 年期间，全日制高中生人数占适龄青少年总数的比例由原来的 35.2% 增加到了 56.6%，增加了 21.4 个百分点。此后，直到 2005 年，才又仅仅增长了 0.5 个百分点，比例达到 57.7%。[①] 至此，英国高中教育进入了大众化的进程。

2. 高中教育类型与价值核心多样性

在英国，学生在 16 岁义务教育结束后，通过参加全国统一的普通

---

① Department for Education and Skills, *Participation in education*, *training and employment by 16 – 18 year olds in England*, [2007 – 05 – 11], http：//www.dfes.gov.uk.

中等教育证书（GCSE）考试决定就业或升学。学生在义务教育结束之后至18岁进入高等教育之前的教育阶段，被称为"第六学级"，也就是我们所说的高中教育。其中综合高中的第六学级占据了主体地位。当前英国高中教育阶段所蕴含或所秉持的教育价值取向主要包括三种，我们可以直接从它的教育模式、课程目标窥见一斑（见表2-1）。

表2-1　　　　　　英国高中教育模式、课程目标及价值核心①

模式	主要培训形式	监督	证书	主要目标	价值核心
学术模式	高中阶段全日制教育	由教育和技术部（原教育预就业部）进行督导	学术证书或者职业证书	教育转化	升入高中阶段的教育
双轨模式	职业培训和半工半读形式	由教育和技能部及相关生产行业共同管理	学术证书或者职业证书	职业教育，毕业班学生要学习高中课程	升学和就业并重
非正规模式	在学校内各个行业内部展开的针对16—18岁的青少年的职业培训	由教育和技能部以及相关生产行业及学校共同主持和管理	一般不颁发证书或只颁发被某一机构承认的证书	职业教育，毕业班学生要学习高中课程	直接就业

英国的职业高中和普通高中不像我国区分得那么明显。目前，英国的普通高中与职业高中的主体其实是一种校内分轨制，是依据学生自身的选择进而区分的课程分化制。所以进入英国的高中阶段的学生拥有多重选择，他们既可以留在原来学校的第六级学习，也可以转至自己感兴趣的其他学校，还可以到开设多种专业课程的第六级学院、职业技术学院就读。不难看出，加强双重教育功能，既为大学培养合格新生，又为社会培养有一定技能、技巧的劳动者之间的相互联系，英国普通高中的教育功能由此正在摆脱单一的大学预科，而向着多元化的方向发展。

3. 高中课程结构设置多样化

由于学校类型的多元化，势必将带来课程结构的多样化设置。随

① 李其龙、张德伟：《普通高中教育发展国际比较研究》，教育科学出版社2008年版，第176页。

着英国的高中教育从精英化走向大众化，第六级的课程设置和培养目标也不断地被调整，主要表现在为适应学生不同的兴趣、态度和出路以及社会发展对多种人才的需要，一改传统为升学做准备的单一课程的局限性，除引入职业教育课程之外，还针对学生实施面过窄的状况，增设了普通常识、课外活动、高级补充水平课程（Advanced Supplementary Level，简称 AS Level 课程）等内容。

以英国赫里福第六级（证书式）课程设置为例①：

在 2000 年，随着英国政府推出的针对高中阶段课程的改革政策之后，在两年的学习当中，第一学年允许每个学生选修高级补充水平（AS）的 4—5 门课程；第二学年学习的课程按第二学年高级水平（A2）进行校内考试和校外考试，在最后的综合成绩评价时实行 AS + A2 = A。也就是说，如果学生在第一学年与第二学年分别通过了其中一门课程的高级补充水平（AS）和第二学年高级水平（A2）的测试，那么在最后的结业成绩中就相当于获得了这门课程的高级水平的教育证书。与此同时伴随着政府对于高中教育的改革，赫里福第六级对其自身的职业教育的相关课程也进行了较大的改动：其中对于想升入大学的学生而言，它一般建议从 AS/A level 这一水平上选择课程；对于想致力于体育运动的学生，它建议从商业与技术教育委员会证书水平来选择，通过相应的测试，学校可以颁发对应的运动证书；而对于想进入社会服务或者从事商业的学生，它则建议选择关键技能课程。

GCSE level（中等教育的普通证书）其中课程包括：舞蹈、英语、法语、数学、地理学、法律学、心理学商业研究。

BTEC（商业和技术教育委员会的水平）其中包括：运动科学中的国家文凭以及学校体育的课程。

---

① 张德伟：《略论后期中等教育的性质、地位、功能和作用——一个国际与比较教育的视野》，《外国教育研究》2004 年第 3 期。

Key skills qualification（关键技能证书的水平） 其中包括的课程有关键技能的应用与交流、信息技术等。

可见，经过这样的课程设置后，第六学级的教育功能也相应的发生了很大的变化，不再是单纯地拘泥于只为升大学而做准备，而是为就业提供了相应的职业类培训，在学校内经过考核可以获得一些职业证书，从而为即将踏入社会直接就业的青年创造条件。

（三）日本普通高中教育功能的定位

日本的高中教育阶段性的发展，主要是受特定历史时期的社会政治、经济以及文化传统等因素的深刻影响和制约而产生的结果。它也因此具有明显的历史特点和时代特征：经历从精英化向大众化过渡再到普及化发展；高中教育谋求个性的发展。

1. 从精英化向大众化过渡再到普及化发展

日本的现代中等教育的制度是从明治维新初年就开始建立，其象征性的标志就是 1872 年《学制》的颁布。在 1920 年，中等教育的入学率超过了 15%，这意味着中等教育已超越了精英化阶段，开始转向大众化阶段。之后，在国家重点发展重工业等因素的促进下，促成了中等教育往大众化方向的迅速发展。在 1940 年，中等教育的入学率上升到了 25.0%。1947 年，《教育基本法》、《学校教育法》的颁布和实施，日本构建了全新的高中教育制度。在"二战"后的初期，日本建立了民主主义的教育体制，进而高中阶段的教育获得了稳步发展，与此同时高中阶段的入学率则由日本战败之初的约 40% 逐步发展到了 1954 年的 50.9%。① "二战"后初期的高中教育是按照综合化的方向发展的，表现为大量设立综合高中，通过分化高中的普通教育来充实职业教育，淡化普通高中和职业高中的分化倾向，以实现高中教育多样化的设想。

---

① 文部省：《日本的成长与教育：教育的开展与经济的发展》，东京帝国地方行政学会 1962 年版，第 39 页。

到 1954 年，日本高中阶段的入学率已超过了 50%，标志着高中阶段的教育实现了大众化，并且开始向普及化的阶段迈进。从 1955 年到 20 世纪 70 年代初，日本高中教育在经济持续快速增长的促进下，迅速地从普及化的方向上向纵深发展，高中的入学率 1961 年超过了 60%，1965 年超过了 70%，1970 年超过了 80%，1974 年超过了 90%。①1971 年，日本的中央教育审计会发表《关于今后的学校教育综合扩充及整顿的基本政策措施》报告，强调重视基础的基本知识和能力的教育，坚持教育机会均等原则，同时"发展学生丰富的个性"，"最大限度地发挥个人的可能性，克服划一性和形式化"。主张寻求学生选修多种类型课程的方法，并开辟可以让学生在适当的时期转换课程的渠道。②

1991 年 4 月，在《关于对应新时代的教育诸制度的改革》报告中，更明确地肯定了高中阶段作为国民教育机构的性质。其中明确地指出："今日的高级中学已经和从前的中等教育机构发生了改变，并不是像从前那样只有一部分学生被选拔出来可以继续接受教育，而是接受完义务教育之后几乎所有的学生都能接受教育的国民性的教育机构，也就是指是在完成了初级中学的基础之上，广泛地接受普通教育或专门教育的中等教育机构。"③ 2004 年，高中入学率为 97.5%，这一数字说明高中教育达到了普及化阶段的顶点。

可见，在日本，第二次世界大战之前的高中教育的功能主要是以"升学"为导向，而战后日本的新制度高中是以提高全体国民的基本文化素养和形成职业技能为主要目的。自 1966 年 10 月中央教育审议会发表题为《关于后期中等教育的扩充与整顿》的报告后，高中教育作为"大众化的国民教育机构"的性质已经成为日本教育的共识。

---

① 文部省：《日本的成长与教育：教育的开展与经济的发展》，东京帝国地方行政学会 1962 年版，第 39 页。
② ［日］伊藤和卫：《公共教育的制度》，东京教育开发研究所 1988 年版，第 92—93 页。
③ 临时教育审议会：《关于教育改革的第四次咨询报告》，《文部时报》1987 年 8 月 7 日，1987 年 8 月号临时增刊。

2. 高中教育谋求个性化和多样化发展

20世纪80年代以来，日本政府致力于建立特色高中和新型高中，目的是进一步谋求高中教育的多样化，以适应多元化的经济和社会需求。20世纪90年代的改革是在临时教育审议会（简称"临教审"）和第14届中央教育审议会的报告等文件的指导下进行的。

现阶段，日本主要有普通高中、综合高中和专门高中三种类型的高中。普通高中主要以实施普通的教育，教授普通的学科为主；综合高中既开设有普通学科，又开设有专门学科，甚至可以同时开设几个专门的学科；专门高中则实施专门性的教育，教授的科目只有一个专门学科。具体设置情况如下[①]：

　　1）按学科的设置来划分，有普通高中、综合高中、职业高中（即为专门高中的一种，包括：农业高中、商业高中、工业高中、家政高中、水产高中、护理高中等）、综合学科高中（包括普通学科与职业学科融合两种）以及专门高中（除了职业高中之外的理数高中、音乐高中、体育高中、英语高中、美术高中等等）。

　　2）按设立的主体来划分，设有国立高中、私立高中、公立高中三种类型。直至1999年，日本已有5481所高中，这其中国立高中有17所，公立高中有4148所以及私立高中有1316所。

　　3）按教育的形态来划分，有定时制高中、全日制高中、函授制高中三种类型。直至2001年，在日本全日制的高中有5295所、定时制高中有857所、函授制高中有119所。

　　4）按课程管理的方式来划分，有实行学年制、加学分制的高中与学分制高中两大类。其中大多数的高中是按照学分制、学年制进行课程管理的。直至2001年，学分制高中已有377所。

　　5）按学制来划分，有独立高中与六年一贯制的中等教育学

①　张德伟：《日本普通高中新课程改革研究》，《全球教育展望》2002年第3期。

校等。其中大多数的高中是独立设置的，学制一般为 3 年。而中等教育学校则是 6 年制的，其后期的课程就相当于高中阶段的教育。在 2001 年，中等教育学校已有 7 所。

从日本高中阶段的教育功能可以看出，高中教育一方面发挥着为学生进入大学学习作准备的升学功能，另一方面又发挥着为学生毕业直接就业而作准备的就业功能。

四　国外发达国家教育功能的定位对我们的启示

综上所述，通过梳理美国、英国、日本国家与地区的教育功能及其发展定位，重新厘清了普通高中的培养目标和任务，并对我国普通高中的进一步发展具有很好的借鉴作用。

（一）"基础 + 选择"应成为普通高中学段性质定位的关键词

在全球化的大背景下，根据国际社会全民终生教育的理念，我国需要重新思考和探究普通高中发展的新定位和新功能。在我国的地区和地区之间、城市和农村之间等严重地存在着教育非均衡化发展的情况，接受高等教育的人数比例远远低于世界各国的人数比例。尽管近几年来高等教育机构在不断的扩招，升入大学的还只占少数。普通高中教育既要肩负为高等教育选拔和输送能够继续接受教育的优秀生源的任务，又要为社会培养和输送具备一定职业能力的人才的任务，还要培养全面又不失个性发展的优秀个体的任务，即肩负着升学、就业、个性发展三大任务。也就是说，普通高中作为基础教育的高级阶段，首先应定性为基础性教育，它先要满足人学习的基本需求，为所有学生提供基础知识和基本技能。但普通高中与其他学段最大的不同就是学生要在结束高中教育前思考：是继续选择精深的学术之路，还是选择直接就业或高等职业技术教育，因此普通高中教育还应定性为选择性教育。学生可以在高中阶段通过制定多样化的课程，定向选修适合自身个性发展和能力结构的课程体系，为今后人生目标的达成做基础性的规划与铺垫，也为未来的人生发展选择可能的方向与路径。由于我国多年来受重视普通教育、轻视职业教育的思想影响严重，通过借鉴国外的综合高中类型模式，我国的普通高中教育促使学校内部的发展既涉猎职业教育问题，又涉及普通教育问题，学生在高中阶段既能引导学生认真学好每门基础课程，满足基本的学习需求，又能让学生通过学习选修课程发现自己的职业倾向，这种设计非常符合高中学段的特点和要求。因此，"基础＋选择"应成为普通高中学段性质定位的关键词，同时也回答了大众与精英、基础与分流、规范与选择等两难问题。

（二）加强高中教育的基础性，提倡多样化和选择性

考察各个国家与地区普通高中的课程改革主要以重新定位普通高中的教育任务和目标为主。明显地看出，他们都十分主张每一所学校的成功体现在每一位学生的成功，要每一个高中生都能达到高中教育阶段的基本要求。也就是指使每一位学生，特别是处境不利的学生可以获得平等的教育机会，并获得学业的成功；保证每一位学生的个性特长受到关注，并促进每一个学生的个性特长得到发展。新课程认为，只有保证扎实且牢固的基础、具备多样性与选择性的课程才能使高中教育不流于形式而更加有效；而课程基础性的内在要求就是要具备多样性、选择性的特点。所以大多数国家把基础性、选择性、多样性的高中课程进行紧密结合统一。学校要想培养具有创新力与创造精神的人，就必须注重学生的个性发展。各个国家和地区的高中课程在确保基础教育的情况下设置多样化的课程以实现高中课程的个性化，为学生提供了选择的机会。在我国，普通高中面向大众教育已是不争的事实，因此我们要考虑普通高中学生的差异性和多元性，既要考虑使学生具备作为公民的基本素养，又要考虑如何提升学生的职业素养。在尊重学生个体发展需求的前提下，普通高中教育必须在制度层面为学生提供多元化选择的机会，以满足其多元化的发展，进而构建一个多样、开放、灵活的普通高中教育体系。

（三）建立配套运行的教学管理机制

1. 注重课程开发

教育改革的核心在于课程改革，笔者认为，课程改革应该形成必修课、选修课相结合，基础课程、专业课程相结合，活动课程、学科课相结合，国家课程、地方课程相结合，普通文化课程、职业技术课程相结合，显性课程、隐性课程相结合的普通高中课程体系。并依据不同学生的发展需求以及不同的水平来确定相应的学习要求。这样不仅对学生寻找专业兴趣，合理安排自己的学习和未来的发展方向有帮助，也能对学生全面的、有个性的发展产生帮助。另外，课程的多元化发展也是普通高中内涵建设的核心任务。学校一定要创建具有自身特色的校本课程体系，在课程体系的建设中，必须通过必修课程设置的基础性和广泛性来培养公民基本素养；同时加大选修课在总课时中的比例，课程结构的设置要有利于学生发展个性特点，让学生在学习的过程中发现自身性向和潜能，明确未来学习、生活的发展方向。

2. 实行走班制管理

走班制是各国高中普遍采用的一种课程管理方式。所谓走班制，就是按照学科划分教室，学生可以依据自己的学习程度、兴趣爱好、发展愿望来选择适应自身发展的班级上课。实行走班制的学校，学科教室和教师是固定，但是不同层次班级的教学内容和难易程度都不同、作业与考试的难度也不尽相同。走班制满足了学生的兴趣爱好，给予了学生充分的选择自主权，有利于学生的个性、潜能的发展，是世界各国高中课程管理的一个新趋势。

3. 加强学生的学业及职业指导

普通高中虽然强调学生的自主权，但在课程的选择和未来前途的选择等方面存在较大的偏差。普通高中不同于同级其他类系的学校，学生的发展方向尚不确定，他们需要在不断认识自己、认识教育、认识职业的基础上逐渐完成人生的首次重要抉择。因此，在这个阶段尤其需要学校向高中生提供专业化、个性化的生涯规划与指导服务，这种规划与指导要持续而系统的发展。普通高中学校对学生发展进行有针对性的规划和指导，可以帮助学生对自己有清晰的定位，并充分利用学校和社会的优质教育资源发展自己的兴趣和特长，可以助力学生尽早规划人生、明确目标、少走弯路，成为对社会有用且有价值的人。同样，生涯指导也是课程实施的重要途径。由于课程选择性的增加倒逼高中必须开设生涯规划指导课程，帮助学生认清自身优势，科学选择适合自身发展的课程，令学生终身受益。同时，对于整个普通高中的课程改革，也起到很好的推动作用。当然，普通高中教育大众化使学生的成分变得复杂多样，学生的学习能力和学习成绩相差甚大，对学校的环境感受各不相同，异质的学生群体对学生指导课程的建设提出很大挑战，师资从何而来，课程资源如何吸引，都将会对学校的真正实施提出很大挑战。总之，建立健全生涯规划与指导制度是普通高中必须具备的一项专门的教育职能，是学校必须为学生提供的一种常规性教育和服务工作，是学科教学、学校管理等其他教育工作无法代替的工作职能，它发挥着帮助学生了解自己、了解社会、规划人生、发展自我等方面的重要作用，是普通高中教育发展与创新的强有力的抓手。

第三章　我国普通高中教育功能的应然选择

当前中国，随着社会经济的不断发展，高中阶段教育普及化正在不断扩大，这使得普通高中阶段的教育功能也同时发生着变化。只有厘清现阶段普通高中教育功能的应然样态，才能更加有针对性地对普通高中教育功能存在的问题进行成因分析，同时也对我国普通高中教育功能的达成策略提供理论基础。新时期普通高中的教育功能主要包括升学、就业和育人三个方面，新的课程结构也发生着变化，新的课程结构使其教育功能在基本素质的培养和学生终身发展的基础上有所深入，把培养公民作为高中教育的基本功能，同时把发展学生特长与个性作为高层次基础教育的重要功能，新的课程结构也使高考面临改革，新的高考改革使其功能在目标、内容和评价三个方面有所转变。任何功能都有正负之分，教育功能也有正、负向之分，新时期普通高中教育的功能应该对正向进行推进、对负向进行弱化，达到二者的平衡。为了对我国普通高中教育功能的应然样态进行全面的阐释，本章将从基本样态、课程结构、高考改革、正负向功能这四个方面来阐释其功能的应然样态。

一　我国普通高中教育功能的基本样态

长期以来，我国普通高中的教育功能被确定为两个方面：其一，为高等学校输送继续接受教育的生源；其二，为社会培养高素质，多方面能力的社会主义建设者。该观点从实用主义角度分析，提出普通高中教育具有双重功能，教育就是为"升学"和"就业"而做准备。该观点得到世界上不同的历史时期、不同国家的广泛认可，虽然存在不同的观点，但是，实用主义教育观点发展至今存在一定的普遍性。然而，目前随着社会、经济的发展以及在"终身教育"、"人本主义"等思想的影响之下，众多的人也开始认识到：高中阶段，以实用主义理论为导向，该理论本身存在一定的局限性，实用主义理论主要从社会本位的角度来制定教育目标，仅仅关注教育社会功能的一面，而缺乏对人本身的关照，即促进人自身的全面发展的功能。目前，国内外众多的学者经过研究发现，普通高中教育不仅需要完成学生"升学"和"就业"的双重功能，同时，学生个性的发展，学生自身价值的追求，学生多元智能的发展等，教育人文主义价值培养的功能同样重要，这些价值不仅促进学生为社会做准备，同时也为高中学生的终身发展打下良好的基础。基于此，新时期普通高中教育应该包括多种功能：第一，以升学为导向的教育准备功能；第二，以育人为导向的教育培养健康人格的功能；第三，以就业为导向的教育与未来社会工作生活的功能。这就成为新时期普通高中教育功能的三维目标和追求。

（一）升学：作为个体终身学习与教育的枢纽

对于高等教育来说，它经历了 1999 年和 2002 年的两次扩招，使得我国的高等教育在这么短的时期内发展形势迅猛。其中，高等教育的毛入学率也从 1998 年的 9.8% 增加到 2006 年的 22% ，一直到 2014 年达到了 34% ，以上这些数据表明，目前我国的高等教育已经进入了大众化的阶段。由此来看，对于普通高中的毕业生来说，其升学率正在逐渐大幅度提升，调查也显示，在 2014 年普通高中阶段毕业生的升学率就已经超过 74% ，《纲要》中也明确规定到 2020 年高中阶段毛入学率即为 90% ，具体数据如表 3 - 1：

表 3 - 1 高中教育发展的主要目标

年　份	2009	2015	2020
在校生（万人）	4624	4500	4700
毛入学率（%）	79.2	87.0	90.0

由表 3 - 1 可见，这些数据意味着绝大部分高中生将会进入高等学校继续学习。随着高中阶段教育的逐渐普及，新时期普通高中教育成为大学的预备性必将有所凸显，新时期普通高中教育都是为了促进学生的终身学习和未来发展的教育枢纽，强调帮助高中生能够正确地认识自己的能力、需要、兴趣和价值，能够灵活地运用自己所学的知识和技能，为自己的终身学习的长足发展做出明智的选择。

1. 承上启下，为个体的升学做准备

当下，我国的教育在综合国力中的地位功不可没，一个国家综合国力发展依靠人才，教育不仅能将劳动者培养成人才，同时也能够提高人才质量、素质及数量，提高国民生产力。在各个阶段的教育中，普通高中作为义务教育与高等教育之间的桥梁，其在人才培养的过程中具有其他阶段的教育所不可替代的作用。由于普通高中教育这种承上启下的特殊地位，因此，它担负着为高等学校输送优秀后备人才的重任，即为个体的升学做准备。

目前，从经济总量角度来说，我国处于世界第二，然而，从人均角度划分，我国人均占有量远远落后于发达国家的水平。提高我国物质文化生活必须大力发展教育，提高人才数量，提高质量，这样才能提高我国在经济市场上的战略地位。党的十八届五中全会提出，未来中国义务教育将由普及 9 年提高到 12 年。在这种情况下，未来高中将会进入"大众型的预备"阶段，普通高中教育与高等教育的衔接至关重要。普通高中教育需要在传授学生知识的同时，不断为高校培养各种人才。也就是说，随着高等教育的普及化，要求普通高中教育提高预备性，因此，将普通高中教育定位为：从作为基础教育的一部分转变为大学预科，即为个体的升学做准备。普及高中教育，把普通高中教育定位为为个体的升学做准备，国家发展需要更多的高素质人才，普及高中的结果是必加大高素质人才数量，为国家建设提供更多新生力量。

2. 服务于个体知识与学业的可持续发展

理论指导实践，任何一个阶段教育的发展都会受到一定教育思想的影响，普通高中也是如此。20 世纪 80 年代以来，民主化教育思想和终身教育思想对教育界产生了极大的影响，这两大教育思想在绝大程度上影响着我们对普通高中教育定位的认识。

历史上，精英教育曾是普通高中教育的主要任务，精英教育的特点是教育的针对性，教育只是面向少数上层阶级的子女，为他们提供学术性课程，教育的目的是满足绝少数人的升学需求。教育的民主化思想提出了两个方面：一方面是教育的普及化；另一方面是教育的人本化，对于普及高中体现了教育的民主化。终身教育思想提出要将教育贯穿人生的各个时期，突出教育的整体性，在纵向思维上强调人在一生中需要终身不断地学习，在横向的思维上它打破了学校、家庭和社会三者之间彼此隔离的状态。由此可见，在民主化教育思想的推动下，普通高中教育逐渐开始面向社会大众，在实施学术性教育的同时，还兼顾其职业性的教育，用以满足其大众化的教育需求，教育民主化不断推进，大众教育开始取代精英教育，教育的功能也发生转变，教育既要促进社会经济发展，又需要服务于每个学生知识与能力、素质、人格的全面发展，服务终身的学习。

普通高中教育定位其一就是为升学做准备，普通高中教育必须以服务于个体的知识与学业的可持续发展为己任，否则在高考和升学率的轨道上，每个学生都很难获得自我成长的需要，也很难实现面向每个个体的教育，同时学生个体的能力也很难获得最大限度的发展，这些都必将导致无法摆脱应试教育的顽疾。

（二）就业：为个体的职业生存与职业发展服务

随着高中阶段教育的逐步普及，进入普通高中学习的学生人数也必将逐步增多，与此同时，经济的迅速发展导致对劳动者的要求也逐步提高，要求劳动者要具备较高的知识文化水平及职业技能。可见，普通高中教育逐渐被定位为以升学为目的显然是不够全面的，难以满足学生的发展需求，也不能满足社会经济发展的需求，普通高中教育服务于就业人才的培养，已经纳入我国的战略发展规划的培养过程之中。在服务于就业的为个体的职业生存和职业发展服务的人才培养的系统过程之中，义务教育之后的高中阶段的教育有着举足轻重的地位。普通高中教育一方面承担着为高层次培养服务于就业的应用型人才的任务；另一方面还承担着培养一般性的应用型人才的任务。总的来说，即为就业做准备的重要任务。因此，普通高中教育的定位须在服务于升学的基础上，兼以就业、为个体的职业生存与职业发展服务的生计教育的多职能教育。

1. 基于就业的教育

通过调查显示，目前很多高中毕业生升入职业院校或普通高等学校以后，由于缺乏对自己专业的基本认识、缺乏职业向往，自我专业认同感弱，没有为自己未来的职业生涯作好学业的准备，大部分高中生往往只是凭借自己一时的盲目选择，没能结合当下社会发展的需要以及自身的条件、兴趣等进行慎重选择。这样，必将导致毕业后发现所选职业不适合自己，不得不面临第二次选择，要么重新学习，要么再继续深造等。

上述内容从某种程度上来说，普通高中教育对高中生的教育定位缺乏基于就业的这一重要功能，对高中生本人来说是一种成长上的浪费和不负责任。高中决定未来人生走向，有的高中生选择继续求学，有的高中生选择就业。面对不同学生的不同选择，普通高中教育应该既要为学生升学作准备，又要为学生就业作准备。美国联邦教育部颁布了《1998—2002 年教育发展战略》，该发展战略中指出："中学的教育培养目标是让所有的学生都达到学业成就标准，培养未来具有社会责任感的公民，同时为未来工作而做好准备。"普通高中的教育功能即为就业而做好准备，这就要求普通高中教育的定位应该是：其一，在高中阶段对学生进行相关的就业教育、培养符合高中生自身的就业观念、使高中生具有职业意识和符合他们各自的职业取向；其二，这种定位还应该体现在与社会经济的发展水平必须有着密切的关系。经济发展与人才培养是相辅相成的关系，两者互相促进。从这个层面上来说，社会经济发展的程度对劳动力所掌握的文化程度的要求在很大程度上都影响着普通高中教育的形态。

目前，随着高中教育的逐步普及，普通高中逐渐成为大众教育机构，当下社会处在一个对劳动力的文化程度和水平提出了较高水平的要求的一个时期，当社会发展对生产力水平要求不高，普通高中教育的主要功能倾向于预备性教育，而当社会对生产力水平要求提高时，需要越来越多具备更高教育水平的劳动者，普通高中教育就不但要承担以升学为目的的教育，还要承担以就业为目的教育，使高中学生具备进入社会所需的职业技能。

2. 为个体的职业生涯发展服务

高中阶段的教育是学生在生理、心理都逐步走向成熟的一个极其关键的时期，是确立自己未来发展方向的一个关键节点，高中生在这一时期形成的职业理想及价值观、人生观，必将会对自己今后的发展产生巨大而持久的重要影响。

教育部颁布《普通高中课程方案》，该方案中制定的教育培养目标之一，即是为学生的终生发展打下良好的基础，培养学生能够独立生活，具备一定的职业意识及人生规划能力。这是我国普通高中教育的重大突破和创新，对普通高中学生的职业生涯发展服务的教育，是学生健康成长所必需的，普通高中教育的定位为个体的职业生涯发展服务的目的是帮助学生更好地了解自我、认识职业、关注未来，为其将来在社会上更好地生存做好准备。把普通高中的教育价值取向定义为个体的职业生涯发展服务，也具有十分重要的现实和长远意义。高中阶段是学生开始进行职业规划的初始阶段，高中生可以在这个阶段根据个人志向及社会发展的需要对自己的职业进行规划。高中阶段进行职业规划的好处是保障未来职业生涯的计划性，防止盲目性，无目标性，能够更科学，更加节省资源浪费。在竞争异常激烈的今天，应让高中生在高中时期形成正确的职业观，根据自身的条件来合理地规划自己的职业生涯，这样一来学校开展系统的职业生涯规划教育显然是非常必要的。以往高中毕业生的教育大多以大学预科教育为主而多升入大学，普通高中的学习基本上也都是围绕着高考而开展的，导致学生职业教育缺乏，众多的高中生在学习上无目的、无方向、无动力、无兴趣，高中生对社会的发展前景知之甚少，对未来也会感到茫然不知所措，这样的状态必然会影响到学生今后的发展。

高中阶段是个体职业生涯发展规划的起步时期，学生的职业观、人生观的形成是高中阶段教育的任务之一，为未来人生树立伟大的、有计划、有目的的人生职业生涯规划，并且帮助高中生以职业生涯为发展目标，不断为自己的目标而付出努力和行动。

（三）育人：为个体个性发展与合格公民素养养成服务

芬兰关于高中的学校法中阐明：高中学校教育的目的——促进高中生成为合格的社会成员，即使高中阶段学生成为良好的、能够平衡发展的、文明的个人和社会成员。全民终身教育是联合国教科文组织最新提出的教育思想，该思想表明，教育的核心是促进人的发展，人的价值需要通过教育来发掘，教育不能仅仅为了满足经济建设等外在的价值，这一思想为我们思考普通高中教育功能的定位提供了新的思路。我国普通高中的教育承担着双重任务，一个是升学，另一个是为就业做准备。然而，为就业做准备，培养合格公民素养的教育功能很少被重视。育人是当前学者一致提出的高中教育新目标，众多学者认为，过分关注教育的社会功能，并不能真正促进教育、社会及人的发展，只有教育促进人的发展才能够更好地促进教育的发展。普通高中的教育功能定位是为个体个性发展与合格公民素养养成服务。因此，普通高中教育的定位在实现升学和就业的功能之外，普通高中阶段的主要任务是促进人成长过渡时期"中成"的实现。

1. 培养合格公民

党的十八届五中全会提出未来要实现 12 年普及高中教育，普及 12 年高中教育，无论从国民素质提高角度，还是从国家经济发展角度，都能对中国的发展提供更好的支持，更能加快伟大中国梦的实现。

初等教育，即国民素质教育的"小成"阶段，相比高中阶段，初等教育阶段只是培养学生的知识和技能，高中阶段在完成知识技能的基础上，需要培养学生的国民素质，为未来生活做准备的人生目标，已经培养了学生应该必备的知识和技能，但它只是初级阶段，毕竟不属于完成阶段。普通高中教育才是形成基本国民素质的完成阶段，在这一阶段的教育也需要为每个学生今后的社会生活打下坚实的基础。高中阶段的学生在毕业时一般都年满 18 周岁，从法律意义上来看，年满 18 周岁已经成为一名正式、独立的社会公民，已经具备独立的身份参与到社会活动之中，并已经能够为自己的行为负责，但是，他们在享有社会公民权利的同时，也需要承担一个合格公民应尽的义务。普通高中教育是每个高中生个体获得成人资格的最后一个阶段，因此，应该对普通高中的学生进行公民教育，这样才能够使高中生认识自我与社会，能够理解公民义务、履行公民的职责，能够积极参加各种社会活动等，这些内容的掌握都需要在普通高中阶段得到切实的学习与训练。尤其是当我们进入到 21 世纪以后，社会对人的要求已发生了极大的改变，主要表现在对人的知识和技能的要求中要具备：研究的能力、归纳的能力、操作能力、协同的能力、动手能力、交际能力等。高中学生，作为 21 世纪的接班人，需要与时代接轨，需要掌握新时代社会发展需要的人才的品质，综合能力的培养是每个高中生的共同需求，普通高中阶段的教育必须予以关注。

如此看来，除了培养知识能力、技能、道德、认识观、职业观之外，培养合格的公民也是普通高中教育培养的目标。

2. 促进个体个性发展

促进个体个性发展是普通高中教育的主要培养目标，如何促进个体个性发展，首先需要根据个体发展需求，同时也需要考虑社会需要，既要成为自然人，也要成为合格公民。

从目前普通高中的教育来看，我们不难发现，当下激烈的升学竞争使得各个高中学校面临着生存与发展的巨大压力，导致绝大部分的普通高中都将办学目标直接指向升学，使高中教育变成一种工具，学生在这种工具主义的盲目追逐中，忽略了学生个体的发展、忽视了学生的个性发展。要培养出具有创造性、独立性和反思性能力的人，新时期普通高中的学校教育活动就必须以充分尊重学生、发展学生的个性为己任。促进每个高中生个体个性的发展对于高中阶段的学生来说是至关重要的：其一，普通高中的教育是高中生个性形成、自主发展的关键时期，这一阶段的教育应该适应每个学生的不同特点，促进每个高中生的个性的发展；其二，普通高中的教育是高中生自主发展的关键时期，教育要为高中生自主能力的培养提供更好的环境与空间；其三，普通高中的教育是高中生面临社会人才分流的第一道门，是高中生决定自己今后不同生活道路的极为重要的关键时期，因此，高中阶段的教育需要培养学生的自主性，只是像初等阶段教育强调共同的基础是不够的，尊重高中生人生自我选择的多样性，尊重高中生的价值取向，为他们今后的多样性选择而做好准备。因此，现阶段我国普通高中的教育在面对高中生个性化发展的需求时，既要强调共同的基础教育，与此同时又要兼顾高中生的个性化发展。

（四）普通高中教育的本质功能——育人

普通高中教育是非常复杂的一种教育形态，它受众多因素的相互作用和影响，在确定新时期普通高中阶段教育功能的定位时，要对众多功能进行综合考察和分析，在多种功能中找到最为根本的功能，作为平衡众多功能之间的相互融合，也只有找到新时期普通高中教育最为本质的功能，才能使其他众多功能更好的实现，才能使新时期普通高中教育功能真正得以达成。

　　新时期普通高中教育作为义务教育与高等教育之间的纽带，其功能应在力求为学生的继续教育做准备——升学，但是随着经济的迅速发展，导致对劳动者素质的要求也逐步提高。可见，把普通高中教育定位为升学显然是不够全面的，难以满足学生发展的需求，也不能满足社会经济发展的需求，应该对高中生的未来生活给予关照，即关注其就业功能。普通高中阶段教育实现升学和就业的功能是新时期最为基本的任务，但新时期普通高中教育在人本主义思想、终身教育思想等的影响之下，育人被认为是普通高中基本的教育功能，育人是本质，育人功能蕴含在升学功能和就业功能之中，新时期普通高中教育的功能无论是升学还是就业都离不开其育人的本质。因此，育人功能应该作为新时期普通高中教育的根本功能，育人功能的实现与升学功能和就业功能密切相关，其功能的异化也必然危及升学和就业功能的正常运行，反过来，升学功能和就业功能的实现也有赖于育人功能的支持与配合。只有当育人功能与其外部的升学功能和就业功能相适应、相协调，才能实现其既定的目标，升学功能和就业功能只有通过育人功能的支持，才能达到教育功能体系内部各要素的整合，才能实现新时期普通高中教育的育人功能。新时期普通高中教育功能的定位要考虑人的发展，只有提高人的素质才能更好地达成升学及就业的功能，只有育人功能达成，才能促进新时期普通高中教育升学功能和就业功能的实现。

　　人们对新时期普通高中教育功能产生了越来越高的期望，本章论述新时期普通高中教育功能的应然样态，总结了不同视域下新时期普通高中的教育功能，但不同视域下众多的教育功能最终的目的都是为了实现育人，都指向教育中的育人功能，可见，新时期普通高中教育的最为根本的功能就是育人，只有育人功能的达成，才能促进新时期普通高中教育在其他众多功能上的实现。但教育功能的实现也是需要具备一定条件的，其效应的发挥也有一定限度，方方面面的因素都影响并制约着它，这些也只能成为我们预先所期望的，但仍然有一些是超越了学校及教育系统的能力范围之外的，并不能给新时期普通高中的教育带来实质性的改变，但是通过对新时期普通高中教育功能的应然样态进行梳理，能够深化我们对新时期普通高中教育功能的认识，同时对推进新时期普通高中的教育改革也具有十分重要的意义。

新时期普通高中的教育功能在实现促进人的发展的同时，也促进了社会的进步，通过高中阶段的教育，实现了在升学上的承上启下，在就业上的为个体的职业生存与职业发展服务，普通高中教育升学和就业的功能是新时期最为基本的任务，但是，在升学和就业的背后，其内在的育人价值应该更加受到重视，育人是本质，也是最为根本的功能。新时期普通高中教育处处无不体现出育人的本质，处处以学生终身发展为准则、以学生全面发展为依据、以各种发展需要为根本，使新时期普通高中的教育更加具有基础性与发展性、均衡性与综合性、选择性与多样性，从而使新时期普通高中教育对学生基本素养的培养更加宽泛和深入，在普及高中教育过程中加强了基础性，把培养公民作为高中教育的基本功能，把发展学生特长与个性作为高层次的基础教育的重要功能，这些都无不体现新时期普通高中教育的育人功能，其根源都是要实现育人，都把育人放到众多功能的首要位置，具体到新时期普通高中教育的培养目标，则是从关注育分转变为关心育人，在教育内容上从选拔向尊重选择进行转型，在教育评价上从学科成绩向学生成长转型，这些归根结底都是为了更好的达成其育人功能，这些都彰显出育人的意义。新时期普通高中教育把人的发展作为自然和社会发展的关键，把社会的发展作为人和自然发展的有力保障，把自然的发展作为任何社会发展存在的基础，使新时期普通高中教育在"人、社会、自然"视域下有机结合与统一，其真正目的就是要在真正意义上实现育人。但是，教育功能的实现并非总如我们预期的那样，教育的负向功能也一直客观的存在着，新时期普通高中教育应该做到恰如其分的平衡正、负向功能的关系，在推进其正向功能的同时，尽量弱化其负向功能，这样才能更好地实现新时期普通高中教育的最为本质的育人功能。

二 新高中课程结构下普通高中教育功能的应然样态

在学校课程系统中，课程功能则是具有某种特定结构的课程在与外部环境相互联系和相互作用过程中所表现出来的功效和作用。课程结构与教育功能二者之间的关系为：其结构决定其功能，课程功能只有通过课程结构才能得以实现，其功能的调整直接影响着结构的改变。因此，在新高中课程结构下探讨普通高中教育功能的应然样态有其价值所在。

(一) 新高中课程结构

目前，我国新高中课程结构的培养目标着眼于素质教育，强调以必修为主，必选修相结合的课程体系，在结构上，通过设置学习领域、科目和模块三个方面来共同建构。新高中课程结构以学生的终身发展为准绳，体现其基础性与发展性，以学生的全面发展为依据，注重其均衡性与综合性，以各种发展需要为根本，不断拓宽其选择性与多样性。把培养合格公民作为普通高中教育的基本功能，把发展学生特长与个性作为高层次的基础教育，建立基于促进学生全面发展为目标的课程结构设置，从而从课程角度将促进学生的全面而有个性的发展落到实处。

1. 培养目标：着眼素质教育

全面推进素质教育的前提条件是实施新高中课程结构，当前国际发展已经从传统的工业化时代，转向以信息技术为基础的新教育时代。首先，我国的基础教育需要从传统的基于工业化向信息化的新教育转型。其次，以人为本，加强科学文化知识建设，加强人文素质培养和学生身心健康的培养是我国教育发展实现素质教育的根本。

自 2000 年实施课改以来，我国基础教育阶段将育人为本作为新课程改革的一项工作重点，培养孩子的综合能力，为每个孩子提供适合的教育，成为国家中长期改革和发展纲要的重要目标。从纲要中指出，避免以应试为主的教育，高中阶段侧重点落在育德为本，纲要中改进之处在于，话语表述方面更具普适性、针对性，更多提出从人本角度，教育需要多一些关注学生个体发展、个性发展以及学生具体素质和能力提高方面的要求，该纲要从政策角度，为普通高中教育促进学生终身学习奠定了制度保障。

从新高中课程的培养目标上我们可以看出：新高中课程结构的培养目标实现了课程功能的转变，即在基础教育领域中全面实现素质教育，把学生培养成为具有社会责任感、创新精神和实践能力、终身学习等全面发展的人。

2. 课程体系：必修为主，必选修相结合

课程体系从年限上，学制规定为三年，包括必修科目和选修科目两部分。学生的修习形式以分数为主。普通高中新课程的设置情况如表 3 - 2。

表 3 - 2　　　　　　　　　普通高中新课程设置情况

学习领域	科目	必修学分 （共计 116 学分）	选修学分 I	选修学分 II
语言与文学	语文	10	根据社会多样化的需求，为了适应不同潜能和发展的需要的学生，在必修课程的基础上，分类别、分层次的设置若干选修模块，供不同的学生进行选择	各个高中根据当地的实际情况，结合其经济、科技、文化等发展状况，同时关照学生的兴趣，设置选修模块，供不同的学生进行选择
语言与文学	外语	10		
数学	数学	10		
人文与社会	思想政治	8		
人文与社会	历史	6		
人文与社会	地理	6		
科学	物理	6		
科学	化学	6		
科学	生物	6		
技术	技术（含信息技术和通用技术）	8		
艺术	音乐、美术	6		
体育与健康	体育与健康	11		
综合实践活动	研究性学习活动	15		
综合实践活动	社区服务	2		
综合实践活动	社会实践	6		

通过表 3 - 2，我们可以看出：新高中课程结构强调其选择性，这也是新时期普通高中课程改革的重要特征。首先，必修课程与选修课程之间比例的调整，可以为高中学生在课程选择方面提供更加广阔的空间。其次，必选修相结合是促进高中学生发展的基本要求，也是高中新课程改革的基本需要。设置必修课的目的是从基础知识和基本技能角度来提高高中生的学业水平。从知识和技能角度，必修课能够为高中生的升学、就业、发展打下了良好的理论基础，在此基础上学生根据自己兴趣自主选择选修课程，两种课程体系对学生未来发展的功能不同，保证基础性同时还能够兼顾扩展学生的个性发展。调整好必修课和选修课的比例，帮助高中生根据自己的实际情况和未来人生规划来进行课程选择，学会实事求是，优化组合，合理安排必修课和选修课的时间。

从整体上看，新时期普通高中课程在保障必修课的学习基础之上，以必修课与选修课相结合的方式促进人的协调发展，因此选修课程的设置与增加需要考虑学生的基本情况，坚持以学生为中心、尊重学生个体之间差异的课程理念。在此基础上，我们应该致力于寻求必、选修课程之间最佳的平衡点，这样才能既保证新时期普通高中的学生能够获得基本知识和技能的同时，又能满足其个性化的学习需求。

3. 课程结构：通过学习领域、科目、模块来建构

新高中课程改革后，课程结构发生了改变，新的课程结构包括三个层面——"学习领域"、"科目"、"模块"，形成了层次递进的一种包容关系，三者构成了新高中课程的基础结构，具体如图 3 - 1 所示。

通过图 3 - 1，我们可以看出，这三级层次的课程结构使得新时期普通高中课程在结构上实现了质的突破。长久以来，高考应试教育导致我国普通高中阶段的学科内在联系不强，各种学科日趋分化，学生综合能力差，应试压力使得教育很难有时间和空间培养学生整体对所有学科的综合应用的认知能力，也无法很好地利用所学到的知识去解

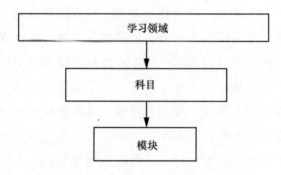

图 3 - 1　学习领域、科目和模块的关系

决实践问题。新课程结构中设置学习领域的一个根本目的在于加强科目之间的整合。设置学习领域有利于从整体上规划课程内容，从课程结构角度来弥补应试教育的不足，能够促进学生全面发展，不断提高学生各方面的素养。

新课程结构的设置与使用方面，便于适时调整课程内容，也有利于对场地、设备等的充分利用，从而为学校特色的发展创造了有利的条件，也可以让高中生能够有各自的学习计划，根据自身需要来自主选择课程，新时期普通高中实现多样化的课程结构及灵活的、选择性强的课程组合模式，这为新时期普通高中学生的个性化学习的有效落实提供切实保障。

新课程相比以往高中课程方案，在课程选择的空间上，不但为学生提供了较大空间，同时也给学校提供了更大发展、建构学校特色的空间，这一切得益于学生的发展。教育与生活实践相结合，新的高中课程结构，密切了课程内容与生活和时代之间的联系，课程内容能够切实地反映学生的生活经验，调动学生学习的主动性和积极性。

（二）新高中课程结构的特点

新高中课程结构促进了课程综合化的发展，进一步强化了新时期课程的选择性，强调以学生的终身发展为准绳、以学生的发展需要为根本，为学生的个性发展留下充分的空间，这也是新高中课程结构不可忽视的特色，新高中课程结构的具体特点体现在如下三个方面。

1. 以学生终身发展为准绳：体现其基础性与发展性

以学生终身发展为准绳体现了两方面的特征：基础性与发展性。基础性指在学习内容上，保证每个孩子接受基本的听说读写等能力，为孩子升学打下良好的基础。而发展性指在完成基础学习的基础上，培养学生适应社会发展，同时促进终身学习的能力。这些能力包括学习兴趣、探索能力、求真精神、合作交流能力、批判思维等。作为基础教育最后一个阶段的高中教育，其基础性既是学科知识上的基础，又是作为人生发展的最基本的素养。

新的高中课程结构将学生的终身发展作为教育的基础，保证了所有学生终身发展的基础性，同时为了学生潜力的极大发挥，以选择性机制为主导，为学生提供了相当大的空间。

2. 以学生全面发展为依据：注重其均衡性与综合性

"课程结构的均衡性是指学校课程体系中的各种课程类型、具体科目、课程内容能够保持适宜的、恰当的、合理的比重。"[①] 新高中课程方案强调学生在艺术素养和技术培养方面要体现以学生全面发展为依据。艺术素养包括美术、音乐等艺术方面的学习，而技术素养包括信息技术、社会生活等方面的技术。艺术素养与技术素养教育的结合，能够迎合学生自身发展的需要和社会发展的需要。新高中课程结构的特点主要通过三方面体现出来：第一种是按知识技能相关领域划分的课程；第二种是将分科课程划分成综合课程；第三种是将综合实践课整改成以实践学生知识和技能为主的实践课程。三种课程安排以学生全面发展为依据，涉及艺术、科学、人文、社会、技术等多方面领域的知识，注重其均衡性和综合性。

3. 以学生发展需要为根本：拓宽其选择性与多样性

以学生需要为本体现在学生自我选择权利方面，新的课程为学生提供多样性的选择，学生可以根据自己的个人爱好选择课程。选择决

---

① 王勇鹏、皮华英：《新高中课程结构的公平审视与改革建议》，《湖南师范大学教育科学学报》2012 年第 3 期。

定着不同的发展方向。课程选择多样性也体现了人才培养的多样性，体现了人本主义精神，真正实现了以学生的发展需要为根本。如果不能根据学生的兴趣、爱好、需求等选择相应的课程学习，那么就会阻碍其个性的发展，最终的结果就是造就了"同质的人"。

　　显然，要以发展各种需要为根本就必须提供多样的、可选择的课程。新的高中课程结构与以往相比，一个最突出的特点是以各种发展需要为根本，拓宽了新高中课程结构的选择性与多样性。从社会发展的角度，不同的人才会为社会提供不同的技能；从学生自身发展的角度，个体需要能够独立自主；从学生个性培养的角度，新的课程结构能够针对智力多元、个性差异、需求不同的学生因材施教，实现学生最大发展的可能性。扩大了学生在课程选择上的空间，在课程内容上实现了多样化，为学生自由选择、实现不同需要提供了前提，为新时期高中设置多样化的课程提供了保障。另一个特点是新的高中课程结构还通过学科内部的模块化设计来提高课程的灵活性和选择性，这样既保证了学生在课程选择上有较大的空间，使其达到共同的基础和共同的要求，从而实现高中生个性化的发展。这样的新课程设置，使得高中学生的学习内容以及高中学生选择课程学习的过程本身都成为学生成长、发展的资源。

　　通过以上内容，我们可以看出：新高中课程结构克服了原有的弊端，体现了基础性与发展性、均衡性与综合性、选择性与多样性的特点，给学校的发展提供了空间，给学生的选择提供了机会，同时也给教师的发展提供了平台，符合我国基础教育改革的要求。但是有了理想的课程并不意味着一定会实现理想的目标，能否有条不紊、健康地推进，能否在实施中使学生素质培养变得更加宽泛和深入，能否加强普通高中教育过程中的基础性，能否把培养公民作为普通高中教育的基本功能，能否真正发展学生的特长与个性，这些都有待实践的检验。

　　（三）新高中课程结构下的普通高中教育功能

　　新高中课程结构着眼于素质教育，在体系上强调必修为主、必修与选修相结合，这种课程结构通过学习领域、科目和模块建构起来，克服了原有课程的弊端，充分体现了基础性与发展性、均衡性与综合性、选择性与多样性的特点。因此，新高中课程结构下的教育功能必将突破原有高中课程结构的教育功能。新高中课程结构下的具体教育功能体现在如下四个方面。

1. 基本素质培养：更加宽泛与深入

长期以来，普通高中教育职能因为受到高考的影响而淡化。高中阶段的学校教育普遍以应试和考试为中心，素质培养、职业培养的职能几乎完全被淡化，应试教育对于学生发展是不利的。因此，普通高中教育要给学生提供更高更宽的素质教育，要为学生个性的全面发展及终身的发展奠定基础，要具有与时代相适应的基本素质和能力，也就是说单纯的升学与就业的功能定位正在逐步改变，新高中课程改革已经开始注重培养学生的学习能力、创造能力、独立思考能力、合作沟通能力，甚至是自我认识能力与发展方向的选择能力、发展与时代相适应的基本能力与创新精神、合作精神等[1]，这是基于学生个性发展与个体价值层面的关注，加强了对学生个性培养的功能。

2. 学生终身发展：其基础性得到延伸

从学生终身发展角度来看，学生所掌握的基本知识和技能在影响学生的基本素质与未来发展预期方面体现最强。新时期的普通高中的教育如果对基本知识与能力缺乏重视的话，学生个体进入更高层次学习的发展将会受到阻碍，学生个体也将很难适应社会发展的需求。以往的高中课程结构的功能只是强调基本知识与基本能力得到发展，强调单一的基础性。但是，就当下社会发展的需要来看，其基础性不仅指各个学科的理论知识，更多的是对学生各方面能力的需求。基于此，终身教育成为当下世界很多国家和地区新一轮高中课程改革的重点，从终身教育角度考虑，普通高中教育在课程结构上表现出共同的基础性教育。

---

[1]　徐爱杰：《论我国高中教育的功能定位》，《教育理论与实践》2012 年第 7 期。

3. 培养公民：普通高中教育的基本功能

高中阶段学生的平均年龄在 18 岁左右，从法律意义上来讲，18 岁是成年人和未成年人的分界线，高中生从法律责任上来讲，具备为自己的行为负责任的权利和义务。在获得成人资格的最后一个阶段——高中阶段，高中生享有社会公民的一切权利，也需要承担一个社会公民应尽的义务。因此，目前普通高中教育的功能应该是把培养公民作为高中教育的基本功能，而且这种对公民教育的培养应该在内容与要求上有所拓展，应该让新时期普通高中的学生具备认知社会的能力和认知自我的能力，建立公民意识，积极参与社会活动，这是高中阶段教育的基本功能之一。

4. 培养学生的个性与特长：普通高中阶段教育的重要功能

新课程结构的改革提供了多样化的选修课，使选修课有所增加，体现了人本主义理念，以及一切为了学生，因材施教的课程理念，以兴趣为导向培养学生的创造性、主动性、独立性和反思能力。世界上很多国家在课程设置上，在培养学生基础能力的基础上，进一步为学生创造更多的选择机会，为学生在课程内容和课程安排上提供了广阔的空间。学生根据自己的兴趣与个性发展的需求来选择自己喜爱的课程。例如法国的"个体化帮助"、有指导的个人实践活动，日本的"特别活动"和"特色高中"，在很多国家设置的"研究性学习"等都体现了对学生特长与个性的关照。因此，从新时期高中的课程结构来看，应该把发展学生的特长与个性作为高层次基础教育的重要功能。

三　新高考改革下普通高中教育功能的应然样态

新高考改革应该与新高中课程改革的步调保持一致，新时期高考改革是在新课改的背景下推行的，新时期高考改革必然要适应新课程发展的需要，否则将难以实现新课改的目标。新高中的课程改革与实施是一个渐进的过程，新高考改革也不可能一蹴而就，二者必须保持其一致性。新高中的课程改革对新高考的改革将起到推动作用，同时，新高考的改革也会反作用于新高中课改的具体实施，并影响其未来的发展，两者的关系极为密切。在上一部分论述新高中课程结构下普通高中教育功能的应然样态之后，还需要进一步在新高考改革背景下来厘清普通高中教育的应然样态。

（一）新高考改革的特点

2013 年 11 月，我国为了适应经济社会发展对多样化人才和高素质人才的需求，党的十八届三中全会通过了《中共中央关于全面深化改革若干重大问题的决定》，其中做出决定——对高考进行综合改革。基于深入改革的文件精神，次年 9 月，国务院颁布了《关于深化考试招生制度改革的实施意见》，从此，新一轮高考改革正式启动，其中以浙江省和上海市率先开始试点，同时也相继出台了《基于国家高考改革实施意见的具体高考方案》。

1. 新高考改革下的普通高中教育目标

普通高中教育作为我国教育事业中的重要一环，承载着连接初等教育和高等教育能否顺利对接的重要职能。长期以来，由于学生家长及社会公众对素质教育的重要性还缺乏充分认识，学生、家长乃至学校对待高考急功近利。在学校盲目的追求升学之下，能否在高考取得优异的成绩成为评价学校教育的标准，导致学校的教育目标也是一味地以成绩为重，而新高考改革改变了这种样态。

新高考改革目标强调：第一，在人才选拔方式上，通过入学考试将普通高校与职业院校分开；第二，在考试类型上，学业水平考试和综合素质评价将得到进一步完善；第三，在考试机会上，为有不同需求的高中生提供多次选择，以减轻学生高考压力；第四，在招生名额的分配上，继续维护考试招生公平公正；第五，要加快建成多渠道的升学模式，为高中生成长、成才提供多次选择机会；第六，要完善和规范自主招生，选拔出真正具有特长和潜质的优秀学生。

新高考改革后的教育目标实现统一性与多样性的结合，如果新高考要保持其长久的生命力，那么就需要在坚持统一考试的前提下，适时适度的逐渐进行改革——实行分类、分层的多样化形式，以适应不同课程、不同层次学生的水平，这样就可以适应不同层次高等院校的要求。高考改变了以往文理分开的考试格局，采用统一考试与学业水平测试相结合的评价方式，同时增加了考试次数，这种考试评价方式灵活、人性化，从学生立场考虑，增加了学生的选择权，减轻了学生的学业负担。结束了"一考定终身"的选拔模式，使得投机式的教育方式无法占据教育的高地。普通高中的教育终于从"育分"转变成"育人"。

2. 新高考改革下普通高中的教育内容

长期以来，由于受到"一考定终身"的高考制度的影响，学校、社会和学生都以高考升学取胜为荣，这种以考试为目的的教育方式，完全忽视学生的个性、特长与未来发展，追求分数，忽略学生个性培养，对学生的兴趣培养不但没有发挥促进作用，反而压制了学生的兴趣。

（1）以必修课程为主、选修课程为辅

按照新高考改革结合国家的课程方案的要求，学校的教育内容以必修课为主、选修课程为辅，构建了国家、地方、学校的三级课程体系，同时开展活动类和实践类课程，如综合实践、研究性学习、社区服务等课程，丰富多彩的选修课程滋养学生个性、提升学生能力。新课程改革促使各省的高考改革形成了格局统一、形式多样新局面，例如，海南省高考采用"3＋文理综合＋基础会考"，北京高考采用"3＋文/理综合"，山东省高考采用"3＋文/理综合＋基本能力"，江苏省高考采用"3＋学业水平测试＋综合素质评价"等。

（2）加强了各个学科之间的内在联系

新高考改革使各学科之间的内在联系加强，相互之间的架构也逐渐完善，这样才真正符合从知识立意转向能力趋势。此次新高考方案的许多科目中首次出现了新材料题型，即新题型通过开放式问题形式，没有标准答案，给学生发挥的空间，让学生根据自身所掌握的各科知识去分析所给的材料作答。这种命题方式既能巩固学生的基础知识，同时还能培养学生个性的发展，较好地体现了新课程所需要的多样性和选择性，巩固基础知识的同时，又能够兼顾对学生能力的考查。

（3）实行选择性的课程安排

新高考改革中教育内容实行选择性的课程安排，实现选择性课程安排体现了新时期高中教育是以学生为本，注重学生个性发展，注重全面培养学生综合素质。课程安排的改变促使高中考试内容发生改变，同时也带来了高中入学考试内容的改变。考试内容从过去的单一形式，转变为附加内容，内容呈现多元化。我国多处地区，如广东、宁夏、海南、江苏，都开始实施针对不同的专业设置不同的考试内容。新的考试内容与安排打破了过去"一考定终身"的模式，迫使学校在课程安排上做出改变。根据学生的选择来实施课程安排体现了以人为本，一切为了学生的国际教育新理念。

3. 新高考改革下的高中教育评价

新高考改革下的高中教育评价，采用形成性评价、终结性评价相结合的方式，改变了以往终结式评价带给学生的压力，终结性考试评价的结束意味着过程性评价的开端，以往分数至上的教学模式失去了生存根基。这样，教育评价的重心开始转向注重学生成长，而不是原有的专注于学科成绩，新高考改革的教育目的的这种转变必然将培养学生的综合素质推向前台，确立了高中生综合素质的地位。主要表现在如下四个方面。

（1）文理不分科

文理不分科，改变了学生只重视应考学科的学习的情况，改变了高中教学的高考"单一导向"，也改变了学生的偏科现象，有利于基础文化知识的教学与学习，从而有力地推进了素质教育全面发展。

（2）部分学科实行多次考试

新高考改革下的高中教育评价实行：部分学科实行多次考试，考试记录可以存档多年，保留学籍，在考试时间限制上放宽了政策，解决了"一考定终身"在考试时间、次数上的限制。新高考评价制度规定：外语每年可以进行两次考试，这样增加考试的次数的同时，高中生也可以根据自身的情况自主地选择考试的时间，这在一定程度上也减轻了高中生的负担。对于学业水平考试的其他科目，采用总结性考试的方式，即学完就考，在选择大学时，可以自选三科成绩进行组合考试，这种多元的考试评价方式祛除了"一考定终身"的顽疾。

（3）对学生综合素质进行多方位评价

学生评价内容转变为综合素质评价后，应试教育的格局必然发生转变，评价作为教育的导向，影响教育的内容。新高考对学生综合素质的评价包括学生思想品德、身心健康、社会实践活动、兴趣爱好等多方面内容，例如，浙江省高中生评价内容包括学生公民素养、学习能力、实践与创新、交流与合作、审美与表现等不同侧面的表现。新时期普通高中阶段教育的这项改革迫使在评价上不仅关注学生所掌握的知识，同时学生的多元智能的发展得到关注，评价内容的改变，势必会使多种形式的量化内容融入新时期的高考之中。

（4）实行学生自主选择

新高考实行学生自主选择模式，学生在统一考试的语、数、外之外，可以自主选择3科学业水平考试的成绩，（自选的三科包括：物理、化学、生物、历史、地理、政治），这样一来，促进了学生专业特长的发展，同时也实现了新时期高考改革"3＋3"模式的实现。这样的设计实现了高中生从文理选择转向了自主选择，学生的兴趣特长将得到重新组合，新的高考实现了从"标配时代"进入"自选时代"。

（二）新高考改革下普通高中教育功能的应然样态

通过分析新高考改革的特点，能够帮助我们深刻地剖析在新高考改革之下，普通高中教育的应然样态——新高考改革的最高价值目标在于服务于考生，真正地促进高中生的发展，实现普通高中教育的真正育人功能；在高考的内容上、方法上要具备充分反映考生在新时期普通高中阶段教育应该具备的知识、能力和素质的发展特点，采取多种渠道全面评价高中生的发展情况，从使高考的选拔功能向选择功能转化；在教育的评价上要让高中生具有更多选择的机会，考试结果不能全部体现考生的真实水平和素质发展的情况，因此应该从以往只是关注学生的学科成绩向关注学生的成长进行转变。厘清新高考改革下普通高中教育功能的应然样态，才能反思其实然存在的问题，最终提出有效的解决办法则是问题的关键所在，从而使普通高中教育向更好的方向发展。

1. 教育目标：实现从关注学习成绩向关心学生能力转变

新高考改革后，教育目标上要实现从关注学习成绩向关心学生能力的转变。摒弃高考一考定终身模式给学生带来的身心伤害，大大增强了高考对学生能力的评价功能，削弱了高考中投机的可能性，引导普通高中教育回归素质教育。从新高考选考模式角度出发，从学生综合素养自我提升需要出发。鉴于普通高中的教学实践以及培养学生的目标，课程结构适应高考改革，其包含的三种课程，即基础必修课、基础选修课和拓展选修课，分别从不同方面满足了高中生的选择需要，学生可以根据自己的特长及发展的潜能，选择适合自身发展的个性化课程体系。从课程选择话语权角度，新的高考改革以学生兴趣为中心，尊重学生选择，使学生的学习态度由被动负担转为主动承担，这才真正是实现从关注"育分"向关心"育人"转变。

2. 教育内容：实现从选拔向尊重选择转向

新高考改革实现了教育内容从实现选拔向尊重选择的转型。由于录取模式的转变，从前"高校+专业"转变为"专业+高校"的模式，这种模式的转变，从目标导向上，促使高中教育模式转向以学生素质培养为中心的教育模式。普通高中教育存在问题的根源，就是考试制度所导致的结果。长期的分层选拔和录取模式，导致了学生目标导向的歪曲，学生的个性与兴趣长期被压抑，只是"一心一意"地追求更高层级的大学，而不是去弘扬个性和实现自我。为了顺应新的录取模式，学校必须从政策上进行自我调整。新的录取模式要求学生只有掌握自我认知能力，才能够具有清晰的知识观，由兴趣导向而形成的知识观，会让学生珍惜学习的机会。为此，学生所掌握的教育内容就不再仅仅局限于学科知识，还要包括自我认知能力，从而形成自我效能感，而不仅仅只是在各种各样的选拔考试中追求"成功"。不再是单纯的以学科为中心组织教育教学活动，也不再刻意追求学科体系的严密性和逻辑性，而是从整个普通高中阶段学生发展的实际需要出发，同时结合社会及学科发展的实际情况，选择适合新时期普通高中学生终身发展所必备的知识，这样的教育内容才能体现其时代性，反映其基础性，还要突出其选择性。同时，新高考改革要求学校结合学生的性格与兴趣，对学生的学习方法、职业规划进行指导，引导家长关注学生的个人性格和兴趣。由此看来，虽然学校只是为学生的未来人生发展进行了宏观的指引，但学校有义务为学生提供多样性的专业选择和多元化的人生发展路标，以供学生参考。

3. 教育评价：实现从"终结性评价"向"发展性评价"转型

新高考主张从注重结果的终结性评价，转向注重学习过程的发展性评价。这些转变使评价考试的形式、结果的利用、评价的标准、评价考试的频率都发生了转变。新的教育评价不是"一考定终身"，这在一定程度上也意味着要求学生"只要学不死，就往死里学"的那种孤注一掷的教学与学习的模式将难以为继。以往我们总是把高考视为假想敌，于是要求学生"为了打倒这个敌人"而不懈努力。可是，现在变成每个学期都有高考了，这意味着每个学期都有了"敌人"，战胜"敌人"最好的办法，就是要让学生有战胜"敌人"的能力，要学会战胜过去的自己，这就回到对培养学生的综合素质中来。也就是说，新高考改革下对教育的评价应更多地给予学生成长的关注。

新高考改革是一个系统而复杂的工程，这在实行过程中并不是一蹴而就的，只有把方方面面的关系都捋顺了，才能找出高考改革的正确之路。现阶段普通高中教育中高考教育功能的正常实现，首要的就是让公众对高考自身的功能有一个清晰认识，才不会把本不属于新时期高考的功能强加于它，才能让新时期高考正常发挥其自身的功能。

四　新时期普通高中教育的正向功能与负向功能

莫顿认为，功能是一个中性的概念，有可能是正向的，也有可能是负向的。从正、负这两个维度上来看，功能上的正负向必然导致教育功能也有正、负向之分，即分为教育的正向功能与教育的负向功能。其中，普通高中教育的正向功能指在促进个人、社会和教育发展角度发挥积极作用。具体体现为教育促进人与社会的共同发展。教育的负向功能表现为，对个人和社会现状所起的否定作用，以及与环境关系的变迁与恶化等。正向功能和负向功能是教育功能中的一对截然相反的概念，作为一种社会事实客观地存在着，并且二者也具有其存在的理论基础。我们对现阶段普通高中教育的正向功能和负向功能进行更为深入的阐释，有助于深化我们对普通高中教育功能的认识，也有助于我们能够全视角地厘清现阶段普通高中的教育功能。

（一）预期：新时期普通高中教育的理想诉求

普通高中教育的历史演进轨迹中，主要的价值取向表现为：教育在社会的发展、人的发展过程中起着积极的作用，这种作用是通过教育对社会的政治、经济和文化等各个方面的影响而具体显现出来的。现阶段普通高中教育功能的理想诉求主要表现在如下四个方面。

其一，普通高中教育在实现促进人的发展的同时，也促进了社会的进步，普通高中的教育在升学上起着承上启下的作用。该双重功能体现个体与社会之间的相互依赖、互相促进的关系。只有个体不断发展，社会还会不断进步，个体的发展要与社会的发展相互统一。因此培养学生个性发展的同时需要培养学生的社会个性，即合格公民。

其二，在培养目标上着眼于素质教育，以"学习领域、科目和模块"构建了新的课程结构，又以必修课程为主，必选修相结合的方式，这些处处都体现出现阶段普通高中教育是以学生终身发展为准绳、以学生全面发展为依据、以各种发展需要为根本，使普通高中的教育更加具有基础性与发展性、均衡性与综合性、选择性与多样性，从而使新时期普通高中教育对学生基本素养的培养更加宽泛和深入，在普及高中教育过程中加强了基础性，把培养公民作为高中教育的基本功能，把发展学生特长与个性作为高层次的基础教育的总要功能。

其三，普通高中教育在新高考改革之下，其教育功能从培养目标上，其应然状态应该是从关注"育分"向关心"育人"进行了转变，在教育内容上，其应然状态应该是从选拔向尊重选择进行转型，在教育评价上，其应然状态应该是实现从学科成绩向学生成长转型。

其四，应该使普通高中教育的正向功能与负向功能平衡，恰如其分地平衡二者之间的关系，尽量在推进普通高中教育正向功能的同时，弱化其负向功能。

目前，人们对现阶段普通高中教育功能产生了越来越高的期望，以上总结的四点虽说都是普通高中教育功能在应然状态下的本然样态，但是，教育功能的实现也是需要具备一定条件的，其效应的发挥也是具有一定限度的，方方面面的因素都影响并制约着它，这些也只能成为我们预先所期望的，但仍然有一些是超越了学校及教育系统的能力范围之外的，并不能给新时期普通高中的教育带来实质性的改变，但是通过对新时期普通高中教育功能进行预期，能够深化我们对普通高中教育功能的认识，同时对推进新时期普通高中的教育改革也具有十分重要的意义。

（二）推进：新时期普通高中教育的正向功能

教育促进政治、经济、文化的发展。教育对于国家的繁荣所发挥的作用是举足轻重的。新时期普通高中教育的正向功能，在某种意义上推进了现阶段普通高中教育质量的发展。

现阶段普通高中教育的正向功能表现在：其一，从人本主义考虑，普通高中的教育肯定了个人的价值，同时肯定了个人价值对于社会发展所发挥的价值，使整个社会价值与个人价值趋向稳定，例如，教育传统的功能、社会化功能、教化功能等；其二，从个人与社会需要的角度来考虑，普通高中不仅促进社会与个人的发展，同时也促进社会精神文明和物质文明发展；其三，从教育管理角度，普通高中的管理能够很好地统筹教育资源，做好教育资源的人财物管理，从自身角度，即能够去满足社会和个人对教育的需要，同时在体系内部发展方面，从社会和个人中得到人、财、物等的回报，以便达到教育系统本身的发展；其四，从普通高中阶段教育的功能角度，普通高中教育能够发挥其教育的中成功能。

新时期普通高中教育正向功能最为主要的表现在于质量上正面的影响与积极的作用。首先，新时期普通高中教育发展的价值取向，为推进我国普通高中教育质量建设与质量保障提供了明确的努力方向与实现目标，大大地减少了普通高中教育建设与质量保障的盲目性、随意性和无序性，这是在质量推进上所表现出的普通高中教育正向的"导向功能"。其次，从新课程改革的标准来看，为我国现阶段普通高中建设与质量保障提供了清晰的内容要求，为普通高中教育的质量水平的提升铺平了道路。再次，从新高考改革的内容、方式与评价来看，为普通高中的改革路径提供了科学的、合法的依据。最后，从人、社会、自然的和谐统一的视角来看，为我国新时期普通高中教育的实施所遵循的路线给出了明确的方向。这为新时期普通高中教育质量建设与质量保障的战略重点和战略任务的有效落实准备了良好的条件和基础。

现阶段，我国是一个发展中的国家，以发展经济作为国家的首要任务，但是，想要发展经济必须依靠人才，而人才的培养又以高质量的教育为基础。由此可见，建国君民，教育为先，教育长期以来在我国一直处于优先发展的战略地位，发展普通高中教育的同时亟须充分的发挥教育的正向功能，充分调动各方面的积极作用来发展我国普通高中的教育事业。

（三）弱化：新时期普通高中教育的负向功能

马克思说，凡事有度，从质量推进角度，过度强调普通高中的教育正向功能，势必夸大了普通高中的教育功能。从教育实践上来说，教育的正向功能并非万能，在某些具体特定的教育事实面前仍然缺乏足够的说服力。这是因为在现实中，计划中的教育与现实中的教育存在一定的差距，现实中的教育不可能完全按照我们所预期的那样，产生完全符合我们预期的结果。如普通高中教育的选修课其目的是为了更好地促进学生身心全面地发展，然而，也会带来选修课导致高中生身心发展不一致的事实，这又说明了教育的正向功能在现实中往往缺乏说服力，这将会导致高中阶段教育质量的阻滞。可见，现阶段普通高中教育的负向功能也一直客观存在着，并对普通高中的教育起着一定的阻碍作用。

现阶段普通高中教育的负向功能主要表现在：其一，从学生健康角度，普通高中的教育系统，在评价内容、评价方式、评价结果利用等方面都对学生的自身发展具有损害作用。例如，脱离社会和个人需求的教育使普通高中的教育变为病态的"应试"——片面追求升学率，从而导致新时期普通高中教育功能出现发挥上的偏差。其二，普通高中的教育在事实上起着对个人和社会现状的否定作用，例如，教育的创新功能、个性化功能。其三，从个人与社会关系角度，普通高中的教育阻碍了个人发展和社会进步，同时将个人需要与社会需要相背离。例如，教育中大量病理现象产生的副作用：严格的登记制度、机械的记诵之学、统一的应试教学方法导致了种种极其荒谬的结果，一次最终的考试就能决定一个高中生的终身，同时，一个偶然的失误就能断送一个高中生的前途，这显然是不公平的，可见，新时期普通高中的教育功能正在受到严峻的挑战。其四，从教育机制角度，教育内部的各要素之间的冲突均能够对普通高中的教育产生负向的作用。由此，我们可以看出，当下的普通高中的教育功能发生了巨大的偏差——只是过分地强调学校的选拔功能，导致学校变成一个对社会、对个人进行鉴别的筛选器。所有的高中学生都被迫通过这样一个机制来证明自己的能力，从而实现自己的价值。在当下激烈竞争的大环境之下，必将导致高中生的人格遭受扭曲，这在一定程度上阻碍了高中生身心的健康发展，这正是当前普通高中教育普遍存在的问题。

教育负向功能作为一种实实在在的客观结果存在于新时期普通高中的教育之中，这并不是以我们的主观意志为转移的。目前普通高中教育的负向功能具体体现在，当学校把教育功能倾向于升学，那么将会导致普通高中的教育在"片面追求升学率"思想和长期的重智轻德的影响下，虽然不少学生顺利通过了升学考试，但是，高中生在思想道德品质和人格等方面却没有得到健全的发展，不得不承认，普通高中教育所展现出的应试色彩依然十分显著，这就必然导致教育负向功能蔓延。此外，当我们片面强调要普及高中阶段的教育，从而过分地扩张普通高中教育，结果也将会导致教育投资的大量投入，最终却没有取得预期的结果，这样将会出现过度教育现象，这也是普通高中教育的负向功能的表现。为了保证新时期普通高中的教育能够促进社会进步与协调发展，同时在人的发展中发挥积极的作用，保证我国普通高中教育事业的健康而有序的发展，推动社会的发展和人的发展，我们要尽可能弱化普通高中教育功能的负面影响，这就要求：首先，尽可能按照规律办事；其次，要清醒、正确地认识和对待新时期普通高中教育功能的负面影响；再次，正确调控教育的功能，积极推动当前普通高中教育的正向功能，弱化教育的负向功能。

（四）平衡：新时期普通高中教育的正负功能

综上所述，我们可以看出，正确审视新时期普通高中教育的正、负向功能，对于我们平衡普通高中教育功能具有一定的积极作用。我们可以看出，现阶段普通高中教育存在的问题的关键是学校教育功能的失衡问题。因此，首要任务的就是要协调学校教育功能的发挥，使普通高中的教育功能达到一个适度的平衡。

从发展论角度，事物发展有利必然有弊，探究普通高中教育正向功能的同时，需要思考，怎样的教育才能更好地促进发展，因此，结合教育实践情况，我们也要审视它在某种程度上所产生的对个人和社会的发展阻碍作用。换而言之就是，我们不仅要认识到教育的正向功能，更要承认教育的负向功能，我们需要做的就是客观的看待它，同时分析其原因、存在的基础、对现实教育的影响，以及解决办法。教育正、负向功能具有其相对性，我们必须考虑到二者的统一性问题和多样性问题，这需要在教育的正、负向功能之间寻求动态的平衡，与此同时，为保障普通高中教育与社会发展相协调，保障教育的正向功能，减少负面功能，普通阶段高中教育需要结合各地教育的实际需要，统一教育功能。只有这样，一起从实际出发，普通高中教育的正向功能才能在实践的土壤上不断生根发芽，茁壮成长，普通高中教育才能不断地焕发出勃勃生机与活力，进而普通高中教育的理想与使命，会早日实现。因此，需要我们做到恰如其分的平衡二者的关系，尽量在提高现阶段普通高中教育正向功能的同时，尽量减少其负向功能。

现阶段的普通高中教育不断调整与改革既促进了当下社会的发展，也满足了学生的需要，又着力促使普通高中教育自身的不断发展与完善。普通高中教育不断地调整其与人、社会、自然以及与教育自身的关系，在对现实的不断否定和超越中得到不断的优化。这种教育功能不断优化的过程并不是简简单单的一个重复过程，而是回到协调、均衡的阶段，不断地使普通高中的教育功能走向一个更高水平的协调而有序的状态。

第四章　我国普通高中教育功能存在的主要问题及成因分析

我国普通高中发展到今天，虽然取得了长足的进步，但也显露出许多问题，尤其在教育功能上出现了种种消极的影响。

一　普通高中教育功能存在的主要问题及其表征

普通高中的教育功能即是回归教育的本来目的——育人，让人自由而全面的发展，而普通高中的教育功能存在的问题即是教育功能的缺失，即偏重于教育的社会功能，忽视了教育的个性功能，这两种功能的失衡导致教育本来的目的与教育结果产生背离，所谓南辕北辙。升学、就业、培养个性发展的全人本应是普通高中教育的三个主要功能，实际上却是升学主导了学校教育，就业、培养个性发展的全人功能完全虚化。这种教育功能的单一致使教育模式化，人则成了教育流水线上的产品，而不再是自由成长、全面发展的纯粹的人了。

（一）普通高中教育功能问题表象——以典型个案透视问题

案例 1：W 是一所示范性普通高中，坐落在辽宁省的一个县城，这个县有 100 万人，W 高中是这个县的最高学府，学生基本来自周围的农村，90％以上学生住校。学校每年都有考入清华、北大的学生，重点大学、一本上线率都排在全省前列，升入三本以上学生90％以上。

学校的办学理念高悬在教学楼上——"全部学生成人，部分学生成星，部分学生成才"。学校对分数的追求赫然写在墙上，高分数、重点大学升学率成了学校的唯一目标，学校的培养目标就是让学生升入大学。

近年来，全国各地纷纷爆发高中生源大战，这所高中也不例外。每年6月开始，该校就开始了抢夺生源大作战。先是开展宣传战，把当年的高考成绩和高分考生作为吸引眼球的噱头，在校园门口、围墙上张贴标语、横幅，在校园网首页上滚动播放，在报纸、杂志、电视台、电台、网站、路牌、大屏幕等各类媒体上进行地毯式轰炸宣传。

除了线上宣传，他们还通过请进来、走出去的线下方式招揽生源。请进来是指在学校召开高中招生咨询会，通过各种渠道把广大考生和家长请到学校进行实地参观考察，让高分考生现身说法。走出去是指学校以校领导为组长带领多名老师组成招生组到周边地区进行招生。到一个地区后，就通过当地媒体进行宣传，举行各种招生见面会，与相关学校的领导、初中毕业生还有家长进行面对面的会谈沟通，片面夸大该校的教学优势和高考成绩，希望能够以此在当地抢到优秀的生源。

为抢生源，该校还有绝招，就是重金悬赏。针对高分考生，他们制定了奖励政策，除了跟一些高分学生签订协议，保证将其录取到实验班外，还对特优生实行全免费政策，不仅不收学杂费，还提供全额奖学金，包括高中3年的学习、生活等一切费用。如果考上清华、北大等国内顶尖大学，还会给予额外重奖。

好生源抢来了，该校并没有按照他们公开宣传的"德育为

首，全面发展，特长突出"的学生培养目标来进行育人教育，而
是开始实施"拔尖"教育，一切围着高考指挥棒转，一切为升学
让路。该校开学初就会制定发展计划，规划学校重点上线率、本
科进线率，并落实到每个教师。该校学生入校后，首先进行摸底
测验，然后按照分数进行分班，先是文科、理科分班，将文科、
理科前 50 名学生编入实验班，虽然教育行政部门一直在强调规范
办学，不能过早分班，不能分实验班，但为了升学率，该校还是
有自己的对策，文理高一分班，为保学校有清华、北大学生，实
验班还是要分。把优秀教师、资源一律集中在极少数高考有望的
尖子生身上。

在高考的压力下，该校学生的一天是这样渡过的：

5：30　　　　　　起床

6：00—6：30　　吃早餐

6：30—7：30　　早自习

7：30—12：00　　上课

12：00—12：30　午餐

12：30—13：00　午睡

13：00—17：30　上课、自习

17：30—18：00　晚餐

18：00—23：00　晚课

每周休息只有周日下午 1：30—17：00。学校为住宿学生提
供自习室，晚课下课后，想继续自习的学生可以到自习室学习，
学校里昼夜灯火通明。

学生每天的作业是数、理、化等各科的卷子若干套。每周有
周考，每月有月考，期中、期末考试，每天的小考若干。"一周
一小考，一月一大考。"每次月考后，各科排名、总分排名、班
级排名、年级排名公布在学校的走廊。

据调查，该校 90% 以上的学生认为学校的作业太多，70% 以

上的学生每天完成课后作业需要 3 小时以上。走读的学生反映，每天做作业要到晚上 12 点左右。为了抓紧学习时间，该校暑假两个月缩短为一个月，另一个月在补课。寒假一个月缩短为半个月。国家要求开设的音、体、美课程，学校基本不开，校本课程、研究性学习、综合实践活动、社区活动、学生社团活动基本没有。学生自由支配的时间极少，生活内容单调，活动形式单一，学生的潜能、特长没有发展的机会，成了一个不折不扣的学习和考试机器。

争生源、拼时间、增课时、减活动、频考试、做卷子、比成绩，是这所学校的关键词。从这所学校所实际承担的教育功能我们发现，学生为高考而来，教师为高考而教，学校为高考而办，育人功能不见了，个性化功能没有了，只有以选拔为准则、以升学为目的的畸形的社会化功能。学校所做的选拔生源、组织学习、拔尖分班、密集考试，都不是为了真正地发挥教育的全部功能，培养身心健康、富有创造性的人，而是单纯地为了升学。虽然该校公开的学生培养目标是德育为首，全面发展，特长突出。表面上看来，这些培养目标符合国家的教育方针，体现着德、智、体、美、劳全面发展的人类美好理想和追求，体现着素质教育的要求，体现着既成人又成才的理想。而实际上，这些文字是供学校宣传和装潢门面、供上级检查和评估用的。该校实质上追求的是学生考高分，升入名牌大学，成为专才。该校对外宣传关于办学成绩的表述是这样的，近三年，50 多位同学考入清华大学、北京大学、北京科技大学等著名大学，平均升学率达 98%，一本（重点）线达 78.3%。这里没有提一句德育为首，全面发展，特长突出这些培养目标。

事实上，这所学校仅仅是普通高中教育功能异化的一个缩影。这样的例子比比皆是。

（二）普通高中教育功能问题的表象扫描

高中阶段学生的年龄在 15—18 岁左右，正处于由少年向青年过渡的成长阶段，高中阶段对他们个性和才能的显露与发展起着关键作用。普通高中教育要给学生提供更高更宽的基本素质教育，要为学生个性的全面发展及终身的发展奠定基础，要具有与时代相适应的基本素质和能力。但是，通过上面的个案我们发现，当前我国普通高中教育过分注重它的社会功能，缺乏基于学生个性发展与个体价值层面的关注，缺乏个性培养的功能，严重影响了学生个性特长和综合素质的发展。普通高中教育功能存在的主要问题表现为以下几个方面。

1. 学校同质化严重，特色稀缺，因材施教成口号

中国教育是行政主导型的发展体制，这极大地制约了学校的自主发展。长期以来，我国普通高中学校同质化现象严重，千校一面，万人一书，缺乏特色。

一是课程设置趋同，缺少特色。按照国家的课程方案要求，学校的课程要以必修课为主、选修课为辅，构建国家课程、地方课程、校本课程三级课程体系。但为了应对高考，普通高中课程设置的多样化和灵活性不够，许多学校只开设高考考试的科目，其他培养学生个性、特长的非高考科目，如音乐、美术、体育、技术、心理健康等学科少开或者不开。很多学校对于活动类和实践类课程，如综合实践、研究性学习、社区服务等课程开设流于形式，效果欠佳。丰富多彩的选修课程本是滋养学生个性、提升学生能力的有效载体，但很多学校的选修课程只针对高考考什么进行设置，学生根本没有选择性。大部分学校机械地执行国家课程，不能开发地方课程和校本课程。有些学校虽有校本课程的开设，但由于教师课程开发能力有限，校本课程普遍质量较低，没有达到应有的效果。各学校趋同的课程体系，不能满足学生个性发展的需要。

二是教学方式、方法模式化。为追求整齐划一和学习的速度，很多学校忽视了学生的认知发展规律，忽视学生不同的需求，按照同样

的标准，采用同样的教学方式，无法激发学生学习的主动性和积极性，学生学习效率不高，兴趣不强，课堂教学效率低下。在教学方法上，教师未能改变传统的讲授式，填鸭式和题海战术盛行，方法僵化，学生在学习过程中被动接受，对学习缺乏兴趣，缺少对学生创新意识和能力的培养。在教学组织形式上，小组合作互助、走班分层教学基本没有实施或流于形式。在教学模式上，新课程主张的注重学思结合，知行统一，因材施教的自主、合作、探究的课堂教学模式尚未形成，应试倾向严重。

三是学校的校园文化建设趋同。多样化、特色化的学校文化是学校特色形成的核心，但是，在学校文化建设方面，很多学校没有充分利用环境资源、历史资源、人文资源，提炼、表现具有地域、民族、人文特色的学校文化内容，而是在文化建设上，赶潮流，照搬照抄其他学校的文化，没有形成自己学校的特色。

总之，普通高中办学同质化严重，缺少特色，个性化教育功能缺失，对学生创新精神的培养严重缺位，不能满足我国社会发展对各类型不同人才的需要，普通高中"满足不同潜质学生的发展需要"的目标难以实现。

2. 评价机制缺失，评价结果使用形式化

作为基础教育的重要一环，普通高中的教育最终要落实到促进学生综合素质的全面提升上，但长期以来，学校对学生的评价往往唯分数论、唯成绩论，评价指标比较单一，不能全面反映学生的综合素质。由于政府一直是学校评价的主体，整齐划一的评价标准限制了学校个性化的发展，没有个性化发展的学校就无法培养个性化发展的学生。特别是一些地区政府部门和领导把高中学校的升学率作为评价学校教育质量、评价校长和老师工作业绩的主要甚至唯一指标，只要是清华北大或一本升学率上去了，就一好百好，不做增值性评价或过程性的评价。"清华、北大"式的升学评价，使各高中学校面临着生存与发展的巨大压力，越来越凸显升学应试的工具性，这也导致绝大部分学校都弱化了就业、全面人才培养的教育功能，片面追求升学率，忽视了学生综合素质的培养，忽略了学生个性的发展。

实施学生综合素质评价是普通高中教育重要的组成部分，国家的政策也一再强调实施综合素质评价是推动高中育人模式和目标转变以及健全高中功能实施的重要手段。2002 年的《教育部关于积极推进中小学评价与考试制度改革的通知》中，明确指出全国各地区要对普通高中评价与考试制度的改革进行实践探索，建立综合性的评价体系。除考试成绩以外，录取时还要参看学生成长记录、社会实践纪实和综合实践活动等综合评价结果。同时，还要增加学生在校期间的研究性学习、社会公益活动等，真实记录学生的成长信息，逐步使学生评价记录成为高等学校招生录取的重要参考依据。2003 年，普通高中课程改革启动，要求学校逐步"建立发展性评价体系，实行学生学业成绩与成长记录相结合的综合评价方式"。到 2008 年《教育部关于普通高中新课程省份深化高校招生改革的指导意见》的颁布，标志着普通高中综合素质评价由探索建立标准进入实质推进阶段。随着《国家中长期教育改革与发展规划纲要（2010—2020）》颁布，对普通高中综合素质提出新的举措，即从改革高等学校考试招生制度入手，从以往"一考定终身"向关注学业水平考试和综合素质评价转变。各地区也纷纷制定科学的考核体系，引导学校营造学生多元发展的环境，将学生是否具有选择权，是否能够实现个性发展，作为考核学校的核心指标。

但是，在"应试教育"的培养模式下评价方式也呈现单一化趋势。各普通高中学校在对学生实施评价时过于重视与高考的联系，分数几乎成为评价学生的唯一标准，而学生的综合素质评价不足。一是关注较多的仍然是学生的学业成绩，学生的创新精神、获取新知识的能力、实践品质等方面的发展仍然无法给予科学的评价。二是对于学生综合评价的维度混乱，评价主体更多地强调教师，主体单一，注重排名，忽视学生个性发展的差异性。三是过程性评价和终结性评价的指标体系、评价工具、施测方法、数据采集、评价信息处理、评价结果应用等方面还没有系统化、科学化，在评价的信度和效度上还不能令各方面满意。四是评价结果使用不明确，综合素质评价、学业水平测试及高考在学生升学和发展中使用不明确，结果流于形式。

总之，多样化评价机制的缺失，使普通高中现有的过程性评价流于形式，不能科学地诊断学生发展问题，有效指导学生成长。而且，对不同学校的学生使用同一个评价标准，作为世界观、人生观、价值观都处在形成和确立阶段的高中学生，这样不仅压抑和磨灭学生的个性和天性，而且更不利于学生的全面发展。

3. 目标偏离，拔苗助长，培养模式一元化

普通高中教育作为我国教育事业中的重要一环，承载着使初等教育和高等教育能否顺利对接的重要职能。长期以来，由于家长和社会对学生综合素养培养的重要性还缺乏充分认识，盲目追求升学，影响了学校的正常办学行为。普通高中教育千篇一律，以升学为唯一指向，普通高中教育作为把学生输送到大学的工具而存在，这种一元的发展模式使学校把培养目标仅仅定位在为高等学校输送人才，只重视学生的成绩，忽视学生的全面发展，充满了迎合社会的功利性色彩，不仅不利于高中生的未来发展，更使我国的高等教育陷入发展势头不足、挖掘潜力有限的瓶颈处。在这种单一培养目标的影响下，学校的培养模式也发生异化。

一是普通高中在培养模式上依然沿袭着重智育、轻德育，重认知、轻实践，重知识、轻能力，重文化、轻体育的传统。二是学校没有为学生提供多样化的培养方式，在纵向上，学校与大学没有有效衔接，没有建立合作的培养体系，大学的实验室开放、课程先修等都没有实现，无法为学有余力的学生提供有针对性的教育。横向上，普通高中和职业教育相互割裂，升学教育未能与职业教育有机融合，渗透职业的课程，对不能升学的学生缺少职业技能的培养。三是违背学生的身心发展、成长的规律，拔苗助长，对学生实施高难度、高速度的学习训练，过早成人化培养。只关注少数拔尖学生，而忽视全体学生的发

展，强调精英教育模式。

总之，由于学校的教育理念和教育教学方法没有得到根本的转变，多种因素导致学校教育的培养目标比较单一，严重阻碍了学生的个性发展。

4. 社团活动缺失，社会实践弱化，学生缺少阅历

高中阶段是青少年学生成长的重要时期。在这个阶段，丰富成长的经历会使学生的兴趣、个性、能力、社会责任逐步形成，而这些素质又是学生未来人生必须具备的基本素质。学生社团在传承和培育学校文化、价值精神，开发学生个性、潜能，实现自我教育、自我管理等方面起着重要的作用，是学生个性张扬、增强动手实践能力、发展特长的载体。但是，目前很多普通高中对社团活动意义认识不到位，害怕社团活动影响学生的学习，社团活动缺失，或者社团活动覆盖领域窄，参与率低，很多社团活动仅仅限于几个特长学生的培养，流于形式。调查数据显示，42.9%的学校社团数量在 10 个以下，参与社团活动的学生占 10%左右，也充分证实学校社团活动未达到常态化、普及化、制度化的状况。[①] 这些问题，导致普通高中学生的动手能力较差，在校经历整体上十分单调。

而社会实践活动在绝大多数普通高中也是个奢侈品。多数学校为了给高考让路，挤占了正常的非高考学科如音乐、美术、体育等学科的时间，对于社会实践这种纯课外活动更是舍不得给一点时间。学生的社会知识基本来自网络和课外书，这无疑使学生的思维活跃度、视野、阅历、社会经验、人际交往能力接近于零，与社会脱节，对未来的全面成长与对社会的适应能力埋下了巨大的隐忧。

5. 学生发展指导缺失，用管理代替指导

为适应普通高中教育功能的变化，普通高中教育内部自身也应发生变革，其突出的表现就是，学生指导的产生与发展，并逐渐成为现

---

① 辽宁省教育厅高中处：《辽宁省普通高中多样化发展调研报告》，http://www.lnen.cn/jyzx/stxw/272480.shtml。

代学校教育的一项基本职能。随着我国经济的快速发展，社会变化加剧，与国际社会的交流日趋增多，国际竞争日益激烈，帮助学会选择，选择好与自己思维、学科优势相匹配的职业，为学生提供生涯教育与规划，为学生提供心理教育与辅导，为学生的个性发展和自主发展提供支持与指导，是普通高中教育应有的内容。

高中学生处于一个特殊的发展时期，由于社会环境复杂、家庭教育缺失等各种原因，使处于青春期的高中学生面临着很多的思想与心理问题，如缺失理想和信仰、学业压力、恋爱问题、学业倦怠、过分自我中心、盲目崇拜、暴力叛逆等。高中学生面对越来越多的成长烦恼时显得无所适从，面对未来的职业规划更是迷茫且困惑，很多人在填报大学志愿时，因为对大学专业缺少了解，对自身的未来职业发展缺少规划，甚至不知道自己对哪个专业更感兴趣，只是参考父母的意见或行业的薪资水平选择专业。进入大学后，对专业学习不能很好地适应，从而影响了在大学的学习和个人未来的发展。而那些未能考入大学的高中毕业生由于缺少职业教育培训，没有职业技能，又缺乏社会经历，对自身的未来发展没有规划，使他们未来的生活混乱不堪，茫然无序。可以说，现在大多数的高中毕业生对各种社会职业缺少应有的了解，更无从选择，对于社会的需求知之甚少，又没有明确的生活目标，不知道如何确定自己未来的发展方向，他们亟须来自学校和教师的指导。

学生指导制度，主要在于引导和促进高中学生的全面发展，帮助他们对自身的学业、生涯和生活等各个方面有正确的认识和合理的选择。国外普通高中的学生指导源于 19 世纪末 20 世纪初的欧美国家，从开始以心理辅导、职业指导为主要内容，到现在已扩展到学生的日常学习、个人生活等多方面，目前，各国均建立了一支专业化的学生指导队伍，指导人员素质普遍较高。

建立健全学生指导制度也是我国当前普通高中教育改革的一项重要内容，也是我国普通高中教育功能转型中亟须解决的一个重要问题。尽管国家提出了要在普通高中建立学生发展指导制度，但是，目前在学生指导方面，除个别发达城市的普通高中学校成立了学生发展指导机构，为学生在学业、升学、职业生涯等方面提供指导，其他的普通高中一般只是在学校的日常行为规范方面有一定的要求，在高考填报志愿期间提供填写建议，在职业选择方面缺乏主动的专业性指导。

而且，在高考指挥棒下，学校围绕应试教育办学，难以实施真正的学生发展指导教育。一是实施有效的学生发展指导，需要具有实施指导能力的教师，但大部分学校缺乏开展学生指导的专业教师，很多学校由政教处的老师来做学生的指导教师，很难达到指导学生发展的效果；二是一些学校开展学生发展指导的有效性较差，一些学校将学生管理等同于学生指导，如班主任谈心工作、政教处（德育处或学生处）的检查评比、思想政治教育、社会考察、综合实践活动等，这些管理工作旨在制止学生的不当行为，存在着随机、零散、强制、非专业、意识形态味浓等问题。管理无法代替指导，学校管理部门只能处理学生的日常事务，不能真正履行学生指导职责。学生发展指导是指引学生正确的行动方向和行为方式，结合自身的兴趣爱好、能力潜质，主动适应社会需要，逐步实施自己的人生规划。

学生指导作为学校必须为学生提供的一种服务，丰富学生生活阅历，是学校的重要任务和职能。但现阶段我国普通高中学校学生发展指导功能总体缺失，使学生没有明确的生活目标，不了解自己，缺乏职业认知和规划，造成了学生未来发展目标迷失，不利于学生全面发展。普通高中在自身发展的过程中，需要切实强化学生指导工作，完善自身职能。

二　普通高中教育功能问题产生的消极影响

上面我们提到，普通高中的教育功能出现如此众多的问题，以至于普通高中教育功能基本丧失了全面属性，只剩下功利性极强的选拔属性而沦为单纯的考试工具，学生的个性发展、全面成长受到严重束缚而演变成畸形的模式化发展，并由此产生了与教育目标相背离的种种消极影响。

（一）消极影响一：成材变成"成柴"，学生自我进化能力严重不足

处于青春期的高中学生可塑性极强，这个时期正好是培养学生个性、兴趣、爱好、综合素质全面发展的关键阶段。然而，由于普通高中教育功能存在的问题，不仅没有达到素质教育的作用，反而使原本有望成为形状各异、用处多样的参天大树，变成了一个模样，只适用于一种用途的柴火棍。在以选拔功能为主、唯分数论的应试教育环境下，学生们除了学习考试，什么都不会，既不会主动思考，更不会创新思维，而老师们为了尽快提高学生的成绩而多采用填鸭式、满堂灌的教学方式，致使学生只会被动接受，不会主动学习，这在当前一个终身学习的社会里，无疑使学生的全面发展、终身成长受到严重的自我束缚。

不会学习，能力单一，高中生的自身素质与大学、社会严重脱钩。据调查，大学新生中学习适应不良问题十分突出，在没有老师保姆式的督促管理下学习动力不足，自我学习管理能力极弱，高考高分生挂科现象严重。课堂学习上，高中时是只管听和记，不用想和做，而大学课堂里的课堂研讨、分组讨论、辩论式发言、课前课后的资料收集整理和调查式作业布置都是大学新生们前所未见的，原来以教师讲授为主体变为教学互动、自学为辅，习惯了填鸭式教学的新生们离开了老师这个拐棍后，往往难以适应，容易产生厌学心理，逃课现象普遍存在，更严重的是部分新生由于无法适应新的学习方式导致学习困难，出现焦虑、抑郁等心理问题，有的甚至因此休学和退学。

不会学习，不仅影响到大学里的学习和生活，甚至影响未来的就业与工作。由于习惯了被动思考，学生们创新能力普遍不足，适应环境的自我进化能力严重不足。对于不会自主学习的学生们来说，如果大学还是以理论学习为主的环境尚能勉强适应的话，那么工作之后高分低能的问题就特别突出了。

案例 2：以东北最大的都市报《辽沈晚报》为例，近年来招

收的最有名的高校毕业生是小娜（化名），这名毕业于北京大学的学霸初期被报社领导寄予厚望，安排到社会新闻的重要岗位锻炼和使用，然而事与愿违，顶着北大学霸光环的小娜由于只会考试，不会随着环境的改变而主动学习进化，每项工作都做得非常不理想，常常遭到部门领导的批评甚至训斥，得了适应不良症的小娜心理承受能力非常脆弱，几乎每天都在哭鼻子，成为同事间的笑谈。最终无法适应工作环境的小娜，被迫选择了辞职，重回象牙塔考研"深造"去了。

像小娜这样的例子比比皆是，甚至有更极端的例子。

案例3：据2015年4月26日《北京晚报》报道，2015年4月23日下午3点，一位中国籍的留美女博士被两个高壮的美国警察押解遣返回国，没有行李，只有一盒治疗精神分裂的药。这位来自大西北的女孩儿小兰，曾是当地最有名的学霸，从初中起就一路被保送，在北京最好的一所学府读到博士，又去美国一所著名大学拿了个博士后。女孩称自己在美国过得异常凄凉，并反复念叨自己除了学习，什么都不会。

而近年来兴起的考研热恰恰折射了多数学生的心理："除了学习、考试，我啥也不会。"教育功能存在的问题导致学生自我进化能力的严重不足由此可见一斑。

（二）消极影响二：墨守成规，评价结果单一，创新能力严重退化

教书、育人是教育的两大基本功能，所谓教育就是育人为本，然而在一切围着高考转、唯分数论的今天，普通高中教育的育人功能基本丧失殆尽。《国家中长期教育改革和发展规划纲要（2010—2020年）》提出了实施素质教育的主导思想，即"育人为本、德育为先"，且明确指出把"育人为本"作为教育科学发展的本质要求。要以学生

为主体，以教师为主导，充分发挥学生的主动性，把促进学生健康成长作为学校一切工作的出发点和落脚点。关心每个学生，促进每个学生主动地、生动活泼地发展，尊重教育规律和学生身心发展规律，为每个学生提供适合的教育。努力培养造就数以亿计的高素质劳动者、数以千万计的专门人才和一大批拔尖创新人才。①

李克强总理提出"大众创业、万众创新"的理念后，在全国掀起了创业热潮，然而在 2009 年，教育进展国际评估组织曾对全球 21 个国家进行了调查，结果显示中国学生的想象力和创造力均严重落后。这些严重缺乏想象力和创造力的孩子们，如何能承担起创业创新的时代重担？究其原因，是学校过分重视学生的学习成绩，评价学生好坏唯分数论，综合素质评价流于形式，忽视学生的个性、心理、潜能的差异，忽视对学生综合能力尤其是社会实践能力的培养，学校社团活动和社会实践活动严重弱化致使培养和育人功能异化导致的。

现场调研访谈中发现，校长的办学理念直接影响教师对学生培养的执行力，描述举例如下：

校长甲：我校大力推进学生社团活动，组织了超过 30 个学生社团，定期安排时间举行社团活动。社团活动丰富了学生的课余时间，拓宽了学生的视野。从存在的问题看，出于安全问题考虑，学生社团活动还主要集中于校内活动。一般情况下，我们不支持学生外出搞活动，避免意外情况的发生。社团活动内容还主要以思维训练、业余爱好等内容为主，避免强对抗性活动。

校长乙：我校充分调动教师的积极性，开设了多种校本课程，并将学生社团活动和校本课程相结合，鼓励教师参与到学生的社团活动中去，起到指引、辅导等作用。我校在去年投资改建了学生的实验教学楼，大幅度地改善了实验教学条件，建成了先进的

---

① 《国家中长期教育改革和发展规划纲要（2010—2020 年）》，http://www.moe.edu.cn/public-files/business/htmlfiles/moe/moe_ 838/201008/93704.html。

理化生实验室。但从实际应用情况来看并不是很理想。由于教学课时紧张，相关实验辅助人员配置不足等原因，理化生实验课很多都并不能完全按照教材要求开设。而很多新引进的比较先进的教学仪器设备，由于多数教师自身技术水平所限，也未能得到充分利用。所以我们鼓励个别有能力的老师，利用课余时间，通过校本课程和学生的社团活动，把这些器材设备使用起来，从而达到带动学校整体水平提高的目的。

校长丙：在学校管理上，我校实行严格的规章管理制度。学生在校期间不允许出校门，有特殊情况上学期间必须离校的，必须持班主任签字的请假条，并经主管主任批准，在通知家长的前提下，方可允许离开学校。学校在校内的活动必须严格遵守学校规定。即使在下课期间，在教室内也不允许大声讲话。实行"无声走廊"制度，在走廊内严格禁止大声喧哗，更不允许跑跳追逐。学校操场禁止踢足球，避免由于激烈对抗导致的运动伤害。

校长丁：我们学校在学生活动方面，每年都会有秋季运动会、艺术节等活动。但在运动会上的一些特别剧烈的运动项目，比如5000米和10000米长跑等已经被取消了。现在学生的身体素质太差，承受不了特别大的运动量。像春游等校外活动，由于考虑到安全因素，这些年已经基本取消了，况且这些活动也得不到上级部门的批准。

培养和育人功能的缺失导致学生创造能力差，动手能力较差。辽宁省教育厅高中处所撰写的《辽宁省普通高中多样化发展调研报告》中的调查结果显示，有80.7%的校长认为需要加强社团活动，有77.1%的校长认为需要校外参观、考察等社会实践活动，有72.1%的校长认为需要加强研究性学习。[①] 但是事实上，一方面有而不用，在

————————

① 辽宁省教育厅高中处：《辽宁省普通高中多样化发展调研报告》，http://www.lnen.cn/jyzx/stxw/272480.shtml。

实际调研的 47 所学校中，大多数学校物化生等实验室配套齐全，但实际使用率并不高，甚至可以说，大多处于闲置状态；另一方面危而不行，在安全是第一要务的当下，校长们谨言慎行，不敢组织学生外出，学生的动手实践活动大多是一种概念；还有一种情况，就是唯"书本论"的传统的升学考试思想，让许多校长不愿意拿出更多的时间用于学生实践动手能力的操作。学生动手能力差，缺乏探索精神，创新意识不强，难以适应新时期的挑战。

培养和育人功能的缺失使学校的管理简单化，学生成长经历单调。调查显示，为了保证学生就餐安全、行为安全，大部分学校对学生采取了严格"封校"策略，除非特殊情况，普通高中学生上学后，走出校门的机会实在不多。学生每天在校时间超过 12 个小时，寄宿制学生在校和在教室时间则更长，学生整天在学校里，对社会、对职业，甚至对自己都知之甚少。学生参加社会实践的机会和社会实践活动时间几乎没有。学生除了围绕高考科目上课、复习、做卷子、解习题外，很少有其他活动。甚至有一些学校，学生不能随意地使用手机、MP3等设备。在社会多元化的背景下，学校的这种程序化、规范化、功利化的学习生活，给予正在成长和成熟中的学生苍白、无趣的人生经历，学生的个性被泯灭，分数成为成长的唯一考量标准，这种单一化的学校生活经历，不仅能够影响学生学习兴趣和学习习惯的养成，以及学生正确的价值观、人生观的树立，更使学生的个性、特长及其差异也难以得到表现、鼓励和加强。

（三）消极影响三：人生发展目标迷茫，职业与特长爱好错位

高中阶段是人生发展的重要选择期和培育期，爱好、兴趣、性格、特长发掘、专业选择，甚至职业方向都是在这个时期定型、萌芽。然而，普通高中教育功能中不可忽视的学生发展指导功能却普遍缺失，几乎所有的普通高中都没有提供专业的、主动的职业规划、升学指导（仅有的指导是学校教师提供填写高考志愿的建议）、生活指导和有效的学生日常行为规范的指导等。

　　教师甲（班主任）："作为班主任，我每天在班级所做的事情基本上是以对学生的日常管理为主，每当月考或模拟考试成绩出来以后，会针对学习有困难的同学进行个别的交流，看看学生在学习中存在哪些问题，加以指导。而对于学生的生涯指导，平时由于学生学习时间紧张，教师教学工作繁忙，没有特定的教师和时间去做这方面的工作。只是在高三毕业填写报考志愿时，我会给学生作指导，这种指导是基于学生考试成绩，可能会被哪类高等院校、哪几个专业录取，给出一些相应的建议。"

　　教师乙（班主任）："作为班主任，我除了要做班级的日常管理外，还要完成本学科的教学工作，因此工作量很大，很难抽出时间去关注每个同学的兴趣、爱好等个性发展，对于学生职业的追求，偶尔我们会以班会的形式，让学生说出自己的理想，但后续对学生未来人生的探讨和职业规划的指导也就缺失了。"

　　教师丙（任课教师）："我是一名英语学科任课教师，作为学科教师，一般我都教 2 个班级的课程，我跟学生的接触时间相对班主任要少，与学生的交流一般是在课上或辅导课的时间，交流的内容一般也与学科内容相关，至于像学生的人生目标这样的问题，可能只会与科代表在平时交流的时候才会偶尔提到，因为科代表与任课教师接触的时间相对要多。至于学生的兴趣，作为英语教师我也会开展一些与学科相关的活动，如模拟联合国，那时会有一些优秀的学生展示出自己的才华。"

　　教师丁（任课教师）："我是一名体育教师，体育课是高中学生最喜欢的课，因为学生整天在教室里学习，他们非常想借体育课的时间出来活动放松，但即使这样体育课的时间也经常会被其他课程所占用。体育课上，我有时会发现个别有运动天赋的学生，也跟他们聊过，希望他们在体育的某个方面进一步发展，但学生和他们的家长则认为从事体育项目对学生今后的发展不是很有利，所以学生在体育方面的特长也就埋没了。"

　　由于学校指导功能的缺失，导致学生的人生发展目标迷茫，自身的爱好、兴趣、特长得不到有效定位，与未来的人生及职业规划的连接形成断层。在与教师的访谈中，集中反映了这一普遍现象。

　　如果说在过去计划经济的时代，个体的发展服从于社会的整体需求，即"我是革命的一块砖，哪里需要哪里搬"的"一块砖理论"，使个体缺少选择性发展的空间而不注重人生及职业规划还有情可原的话，那么随着社会主义市场经济的确立和深入发展，随着改革开放和多种经济所有制乃至混合所有制并行成为经济体系的主流，"一块砖"理论显然已经过时。然而理论虽然过时，但现阶段普通高中教育指导功能的异化却使"一块砖"理论仍然大行其道，即"我是学习的一块砖，哪里需要哪里搬"，并不可避免地导致种种违背社会发展规律的恶果呈现。现代社会的发展需要复合型人才，市场看中的是人的综合素质和专业技能的完美结合。但是由于在高中阶段学生缺少人生发展指导，不知道人生的发展目标是什么，不清楚未来的职业方向是哪里，更谈不上人生发展和职业规划与自身的兴趣、爱好、特长相结合。因为在高中时期没有明确规划、没有从自身特长兴趣考虑报考专业，许多大学新生上学的第一件事就是为转专业做努力，造成大量的时间成本浪费和学业负担加重。而缺少规划的另一个后果就是不能学以致用，所学专业和未来从事工作缺少紧密性和连贯性，导致工作能力低下，专业技能不足。而即使专业对口，但由于职业和爱好特长严重错位，导致综合素质达不到职业要求，对所从事的职业兴趣不浓，只能做工作，不能做事业。

三　普通高中教育功能存在问题的成因剖析

　　普通高中教育功能存在问题的成因非常复杂，既有教育理念落后、学校管理水平低、资源配置不足等内部因素制约，也受国家制度、文化传统、社会评价、教育行政管理体制、高考模式等外部因素影响。

（一）内部成因分析

1. 办学校还是办公司：校长角色错位导致教育功能紊乱

"火车跑得快，全靠车头带。"一个学校办得好或坏，教学质量的高低，是否能培养出全面有用的人才，校长显然是最关键的大脑。只有校长的角色定位准确了，才能真正实现学校教育功能的优化。作为高中的校长，什么样的角色定位才是准确的呢？作为高中校长，必须从高中的教育功能上去定位自己的角色。育人是高中教育的第一功能，也是最主要的功能。作为校长，一定要把自己定位为教育家，用教育家的精神办学，把培养全面而自由发展的人作为自己的基本和主要角色。

北京师范大学教育学部教授苏君阳指出："提倡教育家办学，并不是意在苛求让教育家办学或让校长成为教育家，其实质是让校长能够用教育家的精神与品格办学。教育家精神是指在培养人的过程中体现出来的那种持续不断地探求教育教学规律、引导人从善求真，并最终使教育对象能够发生积极变化的精神。教育家品格是指捧着一颗心来不带半根草去，恪守学为人师、行为示范的品格。学校是一个国家与社会培养人才的重要机构，若想完成这一使命，除了需要那些在教学一线懂得教育教学规律、辛苦工作的教师之外，更需要对学校发展方向具有重要影响的领导者——校长，在办学过程中懂得教育教学规律，养成教育家的精神、情怀与品格。"[1]

校长成为教育家，并不是可望不可即的。什么是教育家？温家宝曾经说过一句话："教育家得一辈子从事教育，有教育理想，能够把自身、家庭、国家，甚至天下的利益都统一起来，并且为了这个理想，长期去坚持，去实践。"曾任盘锦市实验中学校长、盘锦市教育局长的魏书生就被誉为当代教育家。魏书生当过知青，做过工人，从未上过大学，长年战斗在教学第一线，却最终成为一个出色的中学校长，成为一个名满天下的教育家，凭的就是对教育事业的热爱与执着。

---

① 苏君阳：《校长用教育家精神办学》，《中国教师报》2016 年 1 月 27 日。

1977 年，教师职业仍处于弱势地位的年代，在他被确定为厂级领导接班人有望走上仕途以后，他却毅然辞去了职务，写了 150 次申请要求做教师，终于圆了自己的教师梦。他热爱教育事业，有教育理想，把全部身心都投入到教书育人、教育改革当中。没有这份热爱，他怎么会身居教育局长高位之时仍然担任班主任和语文老师。没有教育理想，他怎么会在荣誉等身之后仍然保持一颗平常之心，日复一日、年复一年地钻研教育知识与教学改革。

魏书生之所以取得这么高的成就，就是他准确地定位了自己的角色。而今天，普通高中的教育功能之所以缺陷诸多异化，其中一个重要原因就是学校的带头人——校长的角色错位导致的。我们看到，现实中很多高中校长不是把自己定位在培养全面自由发展的人才、以教书育人为己任的教育家，而是头衔众多的杂家。有的校长在教育行政化的体制下，把学校变成了官场，把自己的角色定位为官员，一切唯上不唯实，一切工作的出发点不是培养出优秀的人才，而是通过应试教育搞政绩工程，为自己的升迁做准备；有的校长在市场经济的大潮下，把办学校变成了办公司，心里想的不是做教育家，而是做企业家，把教学工作扔给管教学的副校长，自己则热衷于搞基建、拉赞助、做生意，不是以育人为职责，而是以挣钱为荣；有的校长把学校办成帮会，自己做帮主，不研究教育教学，而是拉帮结派，搞小团体，为一己私利而不惜损害学校的发展大计；还有的校长热衷于当外交家，不思考如何办好教育搞好教学，而是利用自己的校长身份大搞交际，穿梭于不同的场合拉关系、走后门，为自己和家人谋私利。

以上种种，由于校长不能正确地定位自己的角色而导致角色错位，不仅导致学校教育功能的异化和紊乱，甚至还滋生腐败和犯罪，近年来这样的例子比比皆是。因此只有校长定位好自己的角色，教育功能的异化现象才有可能减少，学校教育功能的优化才有可能实现。

2. 投入分配不均的无奈：学校资源配置不足致部分教育功能缺失

普通高中教育要满足学生全面发展的需求，培养个性化的人才，就要求学校开设多样化的课程、组织多样化的活动，而课程的开设和学生活动的组织实施需要更多的上课和活动的场所、设备器材以及相应的教师等。在现阶段，一方面学校原有的师资配备、硬件设施无法满足课程改革的需要，音乐、美术等专用教室数量不足，器材匮乏，综合实践活动课程的基地和场所缺乏，学校普遍存在着选修课开设设施缺乏和师资无法保障的现象。另一方面，部分学校规模过于庞大，使原本资源配置不足的问题进一步凸显，导致教育功能的失衡。辽宁省的调查数据充分证明了学校资源配置不足和部分学校规模过大的问题。

一是辽宁部分城市资源配置不足。按照规定，生均校舍建筑面积不少于 16 平方米，从 2014 年的统计数据来看，达到规定要求的 5 个城市，其中表现比较好位居前三的是沈阳、大连、辽阳，分别是 21.2、20.4、17.14，而没有达到规定标准的有 9 个城市，后三位的是葫芦岛、阜新和铁岭，分别是 10.61、11.33、11.34，最大的沈阳比最末的葫芦岛多 11 平方米，达到一倍以上（见图 4-1）。生机比上，达到省规定标准 6∶1 的城市有 4 个，分别是沈阳、大连、抚顺、本溪，还有 10 个没有达到要求，其中尤为严重的是辽阳，生机比在 20.2∶1（见图 4-2）。对学校的调查也显示，30% 以上的校长认为本学校的活动场所不能满足学生活动的需要。这无疑使学校培养全面人才的教育功能无法得到全面实施。

二是校均规模过大，学生走班选课成为问题。部分城市的省示范性高中校均规模过大，其中校均规模在 3000 人以上的有 5 个城市，按照从高到低的顺序分别是葫芦岛、盘锦、丹东、铁岭、本溪，它们的省示范高中校均规模分别是 3741、3408、3329、3176、3059，与它们全市平均校均规模相比有的高出将近一倍（见图 4-3），庞大的校均规模势必导致师资紧缺、教学资源供不应求、走班选课无法实施等一

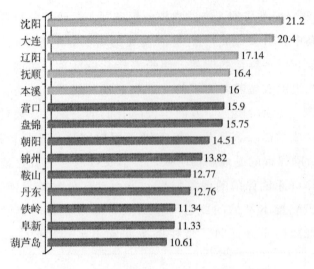

图 4－1　辽宁省城市生均校舍建筑面积[①]

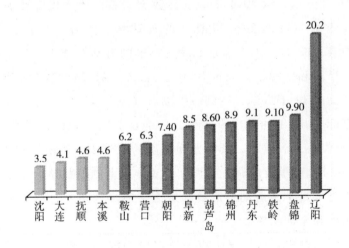

图 4－2　辽宁省城市生机比[②]

系列问题。在这种情况下，学校资源配置不足的矛盾进一步扩大，教

①　辽宁省教育厅编：《辽宁省教育统计年鉴（2014）》，大连理工大学出版社 2015 年版。

②　同上。

育功能的失衡问题愈发严重。

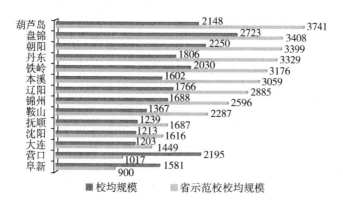

图 4 - 3　辽宁省城市校均规模与城市省示范校校均规模比较[①]

　　三是部分学校信息化水平不高。信息化手段是促进学生个性发展、全面成长的有效载体，但部分学校信息化水平较低，无法为学生提供个性化的教育。调查数据表明，83.7%的学校已有较好的多媒体设备，但是在信息化应用方面与改革方面还很落后，如只有38.8%的学校尝试进行"翻转课堂"、"慕课"、"微课"改革，8.6%的学校尝试建设"智慧教室"，18.7%的学校建设学生在线自主学习平台，实行个性化教育（见图4-4）。这种信息化水平的落后，无疑极大制约了学校教育功能的优化与完善，导致教育功能的失调不可避免。

　　3. 师资力量结构性短缺：整体教学水平欠缺影响教育功能的形成

　　普通高中教育功能的优化要充分考虑学生的实际需求，给予学生多样化的课程选择，这就要求教师必须要根据学校和学生的实际情况恰当地对课程资源进行整合和开发，设计有差异性的课程目标，建立可操作的课程评价体系，这就对教师的整体教学水平提出较高的要求。而问卷调查显示，对于教师整体教学水平非常高的评价仅占10.7%，评价为高的占55%，一般的为34.3%（见图4-5），由此可见，教师

---

① 辽宁省教育厅编：《辽宁省教育统计年鉴（2014）》，大连理工大学出版社2015年版。

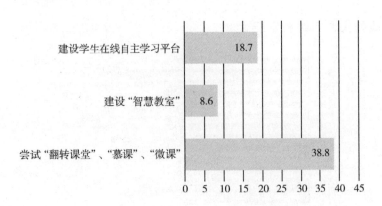

图 4 - 4   学校在信息化建设方面的改革情况①

队伍整体专业化能力水平已成为影响教育功能的一个重要因素。但是，由于教师在职培训、继续教育等措施未能有效落实，学校教师的教学能力难以达到课程改革要求，无法开发课程改革要求的选修课程，无法实现课程改革的目标。

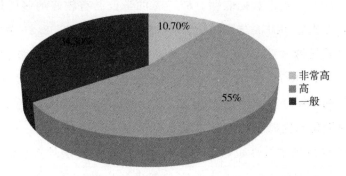

图 4 - 5   辽宁省各学校对教师整体教学水平的问卷调查分析①

同时，教师结构性缺乏致使学校课程目标无法落实。课程的多样化要求走班分层教学的实施，学校音、体、美、信息技术、通用技术

---

① 辽宁省教育厅编：《辽宁省教育统计年鉴（2014）》，大连理工大学出版社 2015 年版。

② 辽宁省教育厅高中处：《辽宁省普通高中多样化发展调研报告》，http://www.lnen.cn/jyzx/stxw/272480.shtml。

等师资配备严重不足，加之综合实践活动课程、研究性学习、学生发展指导、选修课程、校本课程的开设，更是加剧了普通高中师资结构性短缺的矛盾。学科是学生个性培养的重要载体，缺乏教师直接制约了学生的发展。师资力量结构性的短缺，无疑使教学质量难以达标，教育功能难以完善，各种问题的出现也就不足为奇了。

4. 单一模式下的隐痛：普通高中类型匮乏限制教育功能的发挥

普通高中的教育功能决定了普通高中教育必须多样化发展，尤其在学校类型上必须改变目前的单一模式。以辽宁省为例，近年来，辽宁在办学模式上有了很大进步，单一的办学模式有所改观，截止到2014年，辽宁省无论是在办学体制上，还是办学层次、办学类型以及办学特色上，都已走在了多样化发展的道路上。其中，在办学体制上，辽宁省有公办高中327所，民办高中88所；在学制设置上，有普通高中329所，完全高中68所，十二年一贯制18所；在办学类型上，国际化高中4所、集团化高中2所，职普融合高中9所；在办学层次上，省级示范性高中138所，一般高中267所；在特色高中建设上，分别有人文特色、科技特色、外语特色、美术特色等9大特色类别，总计涉及50所实验校（见表4-1）。

表4-1　　　　　辽宁省普通高中多样化办学模式一览表

类别	内容	数量
办学体制	公办高中	327
	民办高中	88
学制设置	普通高中数量	329
	完全高中	68
	十二年一贯制	18
办学类型	国际化高中	4
	集团化高中	2
	普职融合高中	9
办学层次	省级示范性高中	138
	一般高中	267

续表

类别	内容	数量
特色高中	人文特色高中实验校	6
	科技特色高中	6
	外语特色高中	1
	美术特色高中	2
	艺术特色高中	5
	课堂教学改革	2
	多元发展特色高中	1
	体育特色高中	7
	数理特色高中	2

　　然而，尽管辽宁省普通高中办学模式的多样化有了很大进步，但从上表可以看到，无论办学体制，还是办学层次、办学类型、办学特色的比例来看，办学模式的单一化仍然十分严重，普通高中仍然占有绝对优势，综合高中数量很少，特色高中所占比例极小。导致这种情况的因素很多，但不可否认的是，国家方针政策对于高中模式的单一化有着重要影响。1977 年，我国恢复高考制度后，在国家快出人才政策的推动下，普通高中取得快速发展。一批重点高中应运而生。但是，到 20 世纪 80 年代中期，单一的普通高中办学模式已经难以适应经济社会发展的需要。于是国家又做出大力发展中等职业教育的决定，并强制性地要求普通高中与职业高中招生之比达到 4∶6。此后中等职业教育获得大发展。如辽宁省的中等职业教育在此时期曾走在全国的前列，得到有关方面的肯定，一些经验还在全国推广。然而，随着经济体制改革的推进，辽宁的国有企业和集体企业遇到了前所未有的挑战，职业高中毕业生就业面临困难。在此情况下，职业高中的发展面临挑战，而普通高中越来越受到重视。

　　1999 年，国家做出扩大高等教育招生规模的决定后，普通高中热随即出现，而职业高中却门庭冷落，以至于出现职业高中无须考试，登记入学也没有人上的尴尬局面。与此同时，党的十六大又将普及高中阶段教育作为全面建设社会主义小康社会的奋斗目标之一。在这种情况下，我国高中阶段教育出现了一系列困难，成为我国教育发展的"瓶颈"。于是各地响应国家号召，采取多种措施大力发展高中阶段教育，到 2014 年全国高中阶段毛入学率已达到 86.5%。制约我国教育发展的"瓶颈"已被打破。但是，在高中阶段毛入率不断提高的同时，中等职业教育招生和在校生人数占高中阶段招生和在校生数的比例仍然没达到预期的目标。2011 年，普通高中招生人数达到 850.8 万人，比中等职业教育招生数多 41.8 万人，占高中阶段教育招生总数的 51.3%。普通高中在校生有 2454.8 万人，比中职学校多 257.8 万，占高中阶段教育在校生总数的 52.5%，比中职学校高出 5.5%。普通高中数与中职学校数将近 1∶1，大体相当，但是，发达国家普通高中与职业学校的比例，德国是 1∶4。

在发达国家，办学模式已经实现了多元化发展，形成多类型的高中。如美国的高中类型主要有综合中学、普通中学（亦称学术性中学）、职业或技术中学、选择性中学等。日本高中结构复杂、类型多样，有普通高中、专门高中、综合高中、学分制高中等。韩国的高中主要为三种：普通高中、职业高中和综合高中。[1]

除了高中类型多样，国外还强调普通教育和职业教育相互结合，相互融通，一体化成为发展趋势。如美国的 25000 所综合高中兼顾了普通教育和职业教育，学校课程分为学术科、职业科和普通科，使所有的学生在综合高中内接受基础性的普通教育后，一部分学生可以为升入大学做准备，另一部分的学生可以接受职业技术教育为就业做准备。总之，让学生掌握必备的文明素养和职业素养，为学生做好升学、就业和未来生活的准备。英国《1988 年教育改革法》改变了高中教育以往单一的大学预备教育性质，增设了大量自然科学课程和职业技术性课程，使英国高中教育具有升学与就业教育的特征。同样，德国完全中学的高级阶段已具有升学与就业的双重任务，同时还兼顾了学生

---

① 张瑞海：《也谈普通高中多样化发展》，《基础教育》2013 年第 2 期。

的共同基础教育与个体发展兴趣。

而我国这种相对单一的普通高中模式，则使绝大多数学生只能以升学为唯一选择，学习枯燥，方法陈旧，技能单一，出口狭窄，必然导致了普通高中教育功能种种问题的产生。

（二）外部影响分析

1. 阿喀琉斯之踵：社会制度决定的一元化办学体制

阿喀琉斯之踵（Achilles'Heel），原指阿喀琉斯的脚跟，是古希腊传说中的英雄阿喀琉斯身上唯一的弱点，现在一般指致命的弱点、要害。

在教育功能异化的诸多原因之中，最深层次的原因，也是最根本的原因，就是我国社会经济制度所决定的一元化办学体制，它就像阿喀琉斯之踵一样，成为我国普通高中教育健康发展的致命脉门。

什么是办学体制？办学体制是指在国家教育基本法规定的原则之下，教育行政部门对各级各类学校的兴办进行管理的一套制度体系。办学体制所突出强调的是办学主体，即由谁出资，由谁兴办学校，在此基础上办学体制还涉及办学主体在什么样的制度环境中办学，办学过程中享有什么样的权利，应履行哪些义务和遵守哪些规章制度等。[①]

我国作为社会主义国家，新中国成立初期，教育领域始终是以公有制为主体的一元化的办学体制，政府是唯一的办学主体，各级各类学校由政府包揽，统一规定学校的办学规模、专业设置和教学内容等。这种国有化的办学体制与当时单纯公有制的经济体制是相适应的。但随着经济、社会的发展，尤其是改革开放之后，我国的经济体制已经从单纯的公有制转变为以公有制为主体、多种所有制和混合所有制并存以后，这种一元化的办学体制却没有明显改变，据统计，2011 年我国政府主办普通高中共计 11087 所，占普通高中总数的81.0%，民办普通高中 2394 所，占普通高中总数的 17.5%。[②] 其他办

---

① 魏士亮：《高等职业教育办学体制改革的探索与实践研究》，河北师范大学硕士学位论文，2007 年。

② 陈如平：《中国普通高中教育发展报告》，教育科学出版社 2012 年版，第 17 页。

学方式，如中外合作办学、委托办学、股份制办学等形式很少，这说明总体上我国普通高中模式比较单一，传统升学的高中仍然占据主流地位。

这种一元化办学体制越来越不适应经济体制的转变和社会的快速发展，其导致的普通高中教育功能问题暴露得越来越明显。首先，由于普通高中教育是在国有化办学模式下由国家包办，导致学校缺乏活力和动力。随着近年来普通高中教育规模的不断扩大，国家财政负担越来越重，也直接严重影响了普通高中教育的发展。其次，由于教育完全由政府兴办，在政府全方位的管理和约束之下，学校缺乏必要的办学自主权，不能很好地适应环境的变化。再次，随着我国经济形势的变化，学校在市场经济条件下所表现的不适应的状况也凸显出来，例如，学校在外部运作及内部管理上缺乏竞争机制，导致效率低下，教师教学积极性不高，毕业生不受市场的认可和欢迎等问题广泛而普遍存在。这也从根本上决定了教育功能的缺失不可避免，因此改变一元化的国有办学体制，实行一主多元，即以国有化办学为主体，国有民办、公办民助、混合股份等多种所有制办学为辅的办学体制改革也就迫在眉睫了。

2. 钱学森之问：教育行政化的管理体制之觞

"为什么我们的学校总是培养不出杰出人才？"这就是著名的"钱学森之问"。

钱学森是世界著名科学家、中国航天事业的奠基人、两弹一星功勋奖章获得者，由于钱学森回国效力，中国导弹、原子弹的发射向前推进了至少20年。2005年，钱老曾经对时任总理的温家宝提出了著名的钱学森之问："为什么我们的学校总是培养不出杰出的人才？"

"钱学森之问"是关于中国教育事业发展的一道深刻命题，虽然答案很多，但不可否认的是，教育管理体制行政化是阻碍人才培养的重要原因之一。

管理体制是指管理系统的结构和组成方式，即采用怎样的组织形式以及如何将这些组织形式结合成为一个合理的有机系统，并以怎样的手段、方法来实现管理的任务和目的。① 那么什么是行政化呢？《现代汉语小词典》（第五版）第 617 页解释"行政"：①行使国家权力的行政机构。②指机关、企业、团体等的内部管理工作行政人员。第 226 页解释"化"：③后缀，加在名词或形容词之后构成动词，表示转变成某种性质或状态。行政化就是指行使国家权力的或指机关、企业、团体等的内部管理工作的性质或状态。

而教育管理体制行政化，即教育体系被纳入行政体制内，教育被行政体制所主导。政府部门对学校管理的行政化，是指学校工作过多地受行政命令的干预与指导，学校缺乏办学自主权。教育有其自身内在的发展规律，要想让教育功能完善，教育健康发展，必须按照教育规律办学。然而中国的政治体制是中央集权制，行政权力无所不在，尤其在公办学校占绝对多数的情况下，校长等学校负责人的任免权在政府，办学经费由财政拨付，学校成为教育行政机构的下属单位，学校在教育行政部门的"统、包、管"的管理模式下，很难真正发挥其办学自主性。

教育管理体制行政化，还指学校内部管理的行政化，学校以行政权力为主导，而非以学术研究为主导，学校的管理人员在行政权力的庇护下，能够获得更多的资源，从而使学校形成"官本位"的文化。在中国，公办学校的校长、主任都是有行政级别的，乃至出现厅局级校长、处科级主任。这种行政级别导致学校内官本位盛行，只对上负责，不对教育本身负责，出现外行领导内行、领导意志大于学术权威的普遍情况。这也导致学校老师把主要精力放在沽名钓誉、投机钻营上，而不是研究学术、提高教学水平上，导致教学质量下降、教学方法僵化，教育功能的人才培养自然也就无从谈起了。

教育管理必须去行政化，通过健全法律法规，通过法制管理规范学校的办学行为，给学校以充分的办学自主权，加强民主监督，鼓励

---

① 张耀卫：《文化视角下信阳景区管理体制研究》，《经济管理者》2011 年第 5 期。

社会力量参与办学，让学校回归按照教育规律办学的本质，才能使失调的教育功能得以纠正。

3. 弗弗西斯代价："一考定终身"模式下的唯分数论

弗弗西斯是希腊神话里的人物，他因为得罪了众神之王宙斯，而被判罚每天从山底推一块圆石头到山顶，当推到山顶时，石头从另一端滚下来，弗弗西斯再从山底向山顶推去，周而复始，永不停息。

中国当今的教育模式实际上就是"一考定终身"，高考成为唯一的指挥棒。这也是教育功能问题最直接、最显性、最致命的原因。高考这种科举制的人才选拔模式，其存在既受到有着 1000 多年历史传统的影响，也是现实的社会经济制度决定的。

中国的科举制度最早起源于隋朝，其初衷是隋朝统一中国后，为了加强中央集权，把官吏的选拔机制收归中央而采取的措施。科举制度从隋朝开始发端，到唐朝发展完善，直至明清走向没落。科举制度对我国中央集权制度下的封建社会的人才选拔与社会发展起到了巨大的推动作用。不过随着社会的发展，尤其是明清之后资本主义萌芽的出现及商品经济的日趋发达，科举制度却没有与时俱进，还日益僵化，导致科举制度逐渐成为束缚社会经济发展的羁绊，最终于清末废除。

科举制度历经隋、唐、宋、元、明、清，无论朝代如何更迭，社会如何变迁，作为一项特定的社会规范制度，是唯一没有被动摇过的基本社会制度。持续了 1000 多年的科举制度虽然最终被废除了，但其对中国社会和中国人的影响非常深远、根深蒂固，甚至已经变成文化基因遗传了下来，直至今天影响仍然无所不在。

科举制度对中国教育的影响主要集中在几个方面：一是学而优则仕的理念的确立，书中自有颜如玉，书中自有黄金屋，"万般皆下品，唯有读书高"，只有读书考试才能出人头地成为古代社会的主流认识，而当今社会的"唯文凭论"就是这种理念的变种；二是"一考定终身"的模式，对于科举制度下的人才选拔，考试是最终的选拔方式，可以说一次考试就能决定一生的命运，所以才会出现"范进中举"这样的悲剧故事。高考制度实际上就是传承了科举制度的"一考定终身"模式，在这种模式下，高考失利自残轻生的例子并不少见，现代"范进中举"的悲剧也就难以避免了；三是唯分数论的教育功能目标，"一考定终身"的模式，自然会使唯分数论成为学校教育的终极目标，科举制度的模式就决定了除了考试成功别的都没有意义，尤其明清时期的八股风，更是使死读书、读死书成为教育的死结。

教育功能的就业、育人等功能，在"一考定终身"的模式下，必然让位于考试功能。尤其在当今的社会制度下，政府也把高考成绩作为政绩工程，以高考成绩作为对学校和管理者的主要甚至唯一评价，而学校也把高考成绩作为对教师的唯一考核标准，明面强调素质教育，实际上还是搞应试教育，教育功能也完全因此异化成选拔功能。从一开始我们提供的个案就可以清楚地发现这个问题所在。因此，"一考定终身"的高考模式不改变，其他任何要改变教育功能问题的努力都像弗弗西斯悲剧一样，都是在做无用功。

4. 丛林法则心态：社会保障体系不健全下的自我防卫机制

丛林法则是自然界里生物学方面的物竞天择、优胜劣汰、弱肉强食的规律法则。它包括两个方面的基本属性：一是它的自然属性；二是它的社会属性。自然属性是受大自然的客观影响，不受人性、社会性的因素影响。自然界中的资源有限，只有强者才能获得最多，它体现在植物界方面。它的社会属性一般体现在动物界，弱小的动物总是被强大的动物吃掉，形成残酷的食物链体系。

人作为高等动物，随着科学技术的发展和道德水平的提升、民主制度的建立和社会保障体系的完善，已经可以改变丛林法则的社会属性了，丛林法则已经不完全适用于现代社会，丛林法则是弱肉强食，而现代社会则要保障所有群体和所有人尤其是弱势群体的基本利益和合法权益。

在社会保障体系非常完善的国家，丛林法则基本不适用，由于基尼系数低，贫富差距小，基本做到了各行各业只有分工不同、没有高低贵贱之分，人们可以自由选择职业，不必为生老病死担忧，所以反映到教育尤其是高中教育方面，高校教育更注重育人功能和选拔功能、就业功能并重，而高中生和家长也不必担忧考试成绩不理想找不到所谓高人一等的工作，因此并不需要千军万马挤过独木桥只走升学一条路，所以对于分数和文凭看得并不重，而是更多地随着个人的爱好、特长、兴趣自由成长和发展。

然而当今中国，由于社会保障体系仍然不够完善，导致基尼系数偏高，贫富差距偏大，各行业之间收入悬殊，在奢侈消费大行其道的同时，许多人仍在为生存而拼搏，而因病返贫的现象也屡见不鲜，丛林法则的弱肉强食规则仍然不同程度地影响着人们的生活和思维。

那么什么是基尼系数呢？基尼系数是 1912 年由意大利经济学家基尼（CorradoGini）提出的，是用来表示国民收入分配差异的一个指标。它是一个比值，数值在 0 和 1 之间。基尼指数的数值越低，表明社会贫富差距越小。一般发达国家的基尼指数在 0.24 到 0.36 之间。

根据国家统计局 2013 年公布的数据显示，2012 年中国的基尼系数为 0.474。而按照国际标准，基尼系数一旦超过 0.4，就表示收入差距处于较大水平，越过了贫富差距的警戒线。

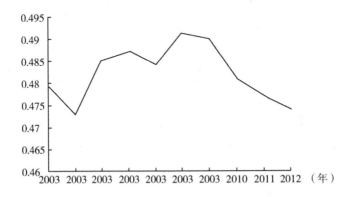

图 4 - 6　2003—2012 中国基尼系数[1]

① 中国国家统计局，2013，http：//news.youth.cn/gn/201301/t20130119_ 2818506.htm。

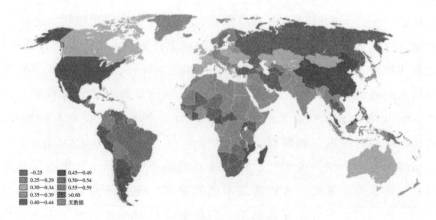

图 4 - 7　2009 年世界各国基尼系数比较

从数据上看，从 2004 年开始，中国的基尼系数快速增大，到 2008 年达到顶峰，以后开始逐年下降。世界银行公布的 2010 年全球基尼系数平均为 0.44。

世界银行发布的数据显示，各国收入最高的 20% 人口与收入最低的 20% 人口其平均收入比，中国为 10.7 倍，美国为 8.4 倍，俄罗斯为 4.5 倍，印度为 4.9 倍，日本仅为 3.4 倍。

基尼系数越高，表明社会分配越不公，社会保障体系越不健全，上面说到的中国社会保障体系不健全引发的贫富差距大、各行业间收入差距大、因病致贫、基本生活保障不够等种种问题，对于学生尤其是家长来说，无论是穷人还是富人，对未来有着非常强的不安全感，丛林法则的心态强烈，因此家长都望子成龙，希望孩子通过学习和高考未来在社会上处于强者的地位，避免成为食物链的末端而被强食，形成了普遍性的、事实存在的自我心理防卫机制。同样，学生们面对毕业后的选择，在唯文凭论仍然盛行的当今社会，自然也把应试高考作为第一甚至唯一的选择，这也从受教育者层面上导致了教育功能存在严重问题。

5. 学而优则仕的现代变异：传统文化基因下错位的社会评价体制

"学而优则仕"出自《论语·子张》："子夏曰：'仕而优则学，学而优则仕。'"其本意是指学习了还有余力，就去做官。后指学习成绩优秀然后提拔当官。

"学而优则仕"是国人遗传了几千年的思想观念，尤其是科举制度实行后，更是成为融化在国人骨子里的文化基因。在这种思想支配下，学生只认"文化课高考"，耻于其他的发展途径；学校只关注学生在高中阶段的分数得失，忽视学生的综合素质和个性化发展。这样的思想观念不适宜社会进步的潮流，严重地束缚着多样化办学。

虽然"学而优则仕"在现今的社会环境中并不意味着学习好了就能当官，但它却是代表着"万般皆下品，唯有读书高"等传统文化基因在当代社会中的变异。"学而优则仕"这种观念在当今社会仍然处于主流，既有几千年来的文化基因遗传的因素，也有现今社会政治经济文化体制和社会评价机制的现实影响，显然。从当今中国的人才选拔机制来看，一个是门槛论，即学历仍然是企事业单位招人的先决条件，不看能力看学历仍然是普遍现象，许多企事业单位的招聘都要求研究生甚至博士生文凭，有的招收清洁工甚至都要求本科文凭。即使有的单位招聘面向本科生，也要求必须是毕业于"985"、"211"这样的重点高校，众多能力出众却因为不是毕业于名校或者不是一本以上文凭的学生连参加应聘的资格都被剥夺了，这无疑使家长和学校对于学历和分数的追求热情无法降温。另一个是逢进必考制，由于中国是个人情社会，为了确保就业的公平、公正、公开，避免腐败发生，政府机关、事业单位和国有企业以至于一部分规模较大的民营企业，在招聘中都实行逢进必考制，相比较于高考或许形式活泼了许多，但考试模式基本上仍然属于应试教育范畴，从社会上众多的公务员考试培训班的招生十分火爆也能看出应试教育的影响多么可怕，这也无疑让学校、家长和学生对于应试教育情有独钟。

同时，在传统文化的影响下，社会评价机制明显处于错位状态。对于一个人的评价，不是看性格和品德，而是看财富和权力，对学生的社会评价来讲，尤其是在求职过程中，不是看能力，而是看文凭和学校，而中国的文凭获得和名校的考取，基本都是通过应试教育模式取得的。这种应试教育模式和混杂了传统文化基因后变异的社会评价体制的结合，无疑在很大程度上助推了教育功能失调的发生，使学校教育尤其是普通高中教育偏向于考试选拔功能，而弱化甚至忽略了育人等其他功能。

6. 教育衔接的断裂：高校专业设置对高中教育的制约

普通高中作为我国教育体系的重要组成部分，其发展必然受到其他各级各类教育的影响。普通高中在整个教育体系中处于承上启下的地位，它的发展要受到义务教育和高等教育的影响。

义务教育的发展水平决定了普通高中的发展水平。没有义务教育奠定坚实的基础，要办出高质量的普通高中是不可能的。义务教育的发展规模决定着普通高中的发展规模，义务教育的质量影响着普通高中的质量，而普通高中的快速发展又会带动义务教育的发展，二者是一种协调发展的互动关系。而普通高中的教育教学质量又直接影响到高等教育的质量。

高等教育与普通高中教育之间也是互动关系。普通高中的规模和质量，影响着高等教育的规模和质量。高等教育的发展速度也影响着普通高中的发展规模和速度。高等教育的规模扩张将拉动普通高中的快速发展。如 1999 年的高等教育扩招，对普通高中的生源产生了巨大的需求，导致各地采取措施大力发展普通高中教育，普通高中毛入学率因此大幅上升，满足了高等教育扩招的生源需要。

高等教育对普通高中的影响不仅体现在办学规模上，还体现在对普通高中教育功能的制约上。前面我们提到，特色高中偏少，其中一个重要原因就是特色高中的毕业出口偏少，在目前我国的经济体制和社会环境下，选拔人才仍然是高中主要的教育功能，升学仍然是大多数学生的第一选择，然而我国的大学类型仍然是以综合性大学为主，专业大学所占比例较小。而综合性大学也是以理工科为主，特色专业凤毛麟角，即使有也处于弱势地位。

　　以辽宁为例，根据辽宁省普通高校本科教育网的数据统计，辽宁高校本科专业设置的情况为：普通高等学校本科专业覆盖了除军事学以外的哲学、经济学、法学、教育学、文学、历史学、理学、工学、农学、医学、管理学 11 个学科门类，共设有 65 个专业类别，232 种专业（根据辽宁本科教学网统计为 182 种，教育部获批新增 50 种）。专业大类占国家颁布本科专业大类总数的 89.04%，专业数占国家颁布本科专业总数的 29.4%（不算新增加专业的比例，除军事学以外，国家有 73 个专业类别，620 种专业种类，见表 4 – 2）。

表 4 – 2　　　　普通本科高校开设的专业数量及在全国的排名

学科门类	专业数量（辽宁）	专业数量（国家）	所占比例（%）	排名
哲学	1	4	25.0	11
经济学	8	21	38.0	5
法学	12	38	31.5	9
教育学	16	54	29.6	10
文学	36	108	33.3	6
历史学	2	6	33.3	7
理学	32	59	54.2	2
工学	117	206	56.8	1
农学	16	50	32.0	8
医学	22	41	53.7	3
管理学	28	53	52.8	4

　　按专业大类分，辽宁省普通高校共有本科专业科类 65 种，占国家本科专业总数的 29.35%。其中，专业数量最多的前 3 位学科是工学（117 个）、文学（36 个）和理学（32 个）。所设专业数覆盖国家颁布本科专业比例较高的学科是工学、理学、医学和管理学，工程类本科专业在辽宁普通高校中占有相当大的比重，集中体现了长期以来振兴辽宁老工业基地的区域特色。此外，所设专业数覆盖国家颁布本科专业总数 100% 的专业科类有：体育学类、数学类、力学类、材料科学

类、心理学类、统计学类、海洋工程类、草业科学类、环境生态类、口腔医学类、法医学类、护理学类、农业经济管理类，表现了辽宁省对这 13 大科类专业的充分重视和良好的经济社会发展多元化需求态势。与此同时，为适应国家产业结构调整与经济发展方式的转变，以大连理工大学的高分子材料与工程专业为代表的一系列与新能源、新材料、信息技术、环保技术等战略性新兴产业相关的特色专业建设已成为重点领域。此外，2012 年辽宁高校获批新增 50 个专业，涉及 23 个专业方向，这些专业，多数是针对辽宁省生物医药产业集群、新能源、新材料、节能环保等创新型产业集群、装备制造业产业集群和现代农业产业集群等重大产业布局而新增的特色专业。需要指出的是，辽宁目前高校专业设置法学门类中的马克思主义理论类；理学门类中的天文学类、地质学类、地球物理学类、系统理论类；医学门类中的基础医学类等领域尚存空白。

表 4-3　　覆盖国家颁布本科专业目录专业总数 100% 的专业科类

专业类	专业名称	布点数
体育学类	体育教育	6
	运动训练	7
	社会体育	11
	运动人体科学	2
	民族传统体育	2
	运动康复与健康	1
	休闲体育	1
数学类	数学与应用数学	17
	信息与计算科学	24
力学类	理论与应用力学	3
材料科学类	材料物理	5
	材料化学	5
心理学类	心理学	1
	应用心理学	9

续表

专业类	专业名称	布点数
统计学类	统计学（部分）	9
海洋工程类	船舶与海洋工程	3
	海洋资源开发技术	1
草业科学类	草业科学	1
环境生态类	园林	5
	水土保持与荒漠化防治	2
	农业资源与环境	3
	动物科学	4
	蚕学	1
口腔医学类	口腔医学	8
	口腔修复工艺学	1
法医学类	法医学	2
护理学类	护理学	12
农业经济管理类	农林经济管理	3
	农村区域发展	1

表 4-4　　　　2011 年辽宁省高等学校特色专业建设点名单

学校名称	专业名称	备注
2011 年第六批高等学校特色专业建设点名单（2010 年审批）		
大连理工大学	高分子材料与工程	
	电气工程及其自动化	
	港口航道与海岸工程	
	生物工程	
东北大学	采矿工程	
	电子信息工程	
大连海事大学	法学	
大连民族学院	土木工程	
辽宁大学	法学	
沈阳大学	材料成型及控制工程	

续表

学校名称	专业名称	备注
大连大学	机械设计制造及其自动化	
	化学工程与工艺	
辽宁工程技术大学	机械工程及自动化	
	土木工程	
沈阳工业大学	工业工程	
沈阳建筑大学	给水排水工程	
	工程管理	
辽宁石油化工大学	过程装备与控制工程	
	油气储运工程	
大连交通大学	土木工程	经费自筹
沈阳化工大学	无机非金属材料工程	
	高分子材料与工程	
辽宁工业大学	机械设计制造及其自动化	
沈阳航空航天大学	电子信息工程	经费自筹
沈阳农业大学	农业机械化及其自动化	经费自筹
中国医科大学	预防医学	
辽宁中医药大学	针灸推拿学	
沈阳药科大学	生物工程	
	中药学	
辽宁师范大学	数学与应用数学	
沈阳师范大学	学前教育	
	汉语言文学	
渤海大学	汉语言文学	
东北财经大学	工程管理	
	旅游管理	
沈阳工程学院	电气工程及其自动化	
辽宁医学院	临床医学	
大连外国语学院	英语	
沈阳体育学院	运动人体科学	
沈阳音乐学院	作曲与作曲技术理论	

续表

学校名称	专业名称	备注
辽宁对外经贸学院	国际经济与贸易	
2011 年第七批高等学校特色专业建设点名单（2011 年审批）		
大连理工大学	功能材料	
	能源化学工程	
东北大学	热能与动力工程	
	环境工程	

表 4 - 5　　　　2012 年本科新增专业布局情况

学校名称	专业名称	相对应服务的产业集群
大连大学	对外汉语	现代服务业产业集群：如纺织服装产业集群，五金制品产业集群等
	光电信息工程	电子信息产业集群
沈阳航空航天大学	新能源科学与工程	新能源产业集群
沈阳理工大学	电气工程及其自动化	装备制造产业集群
辽宁科技大学	机械工程及自动化	
辽宁工程技术大学	智能电网信息工程	装备制造产业集群、电子信息产业集群
大连交通大学	机械电子工程	装备制造产业集群
	工程力学	
大连工业大学	光源与照明	新能源产业集群
沈阳工程学院	机械电子工程	装备制造产业集群
	物联网工程	
	房地产经营管理	
大连科技学院	汽车服务工程	汽车零部件产业集群
	通信工程	电子信息产业集群
大连东软信息学院	智能科学与技术	
沈阳农业大学	化学	农业产业集群
	大气科学	
	风景园林	
	种子科学与工程	
大连海洋大学	船舶电子电气工程	装备制造产业集群、电子信息产业集群

学校名称	专业名称	相对应服务的产业集群
中国医科大学	制药工程	生物医药产业集群
	药物制剂	
	公共事业管理	
大连医科大学	数字媒体艺术	
	临床药学	
沈阳药科大学	生物医学工程	生物医药产业集群
	生物制药	
	药物分析	
辽宁医学院	运动康复与健康	生物医药产业集群
	食品质量与安全	
辽宁何氏医学院	生物医学工程	
辽宁师范大学	播音与主持艺术	
	广播影视编导	
	数字媒体艺术	
沈阳师范大学	雕塑	
	古生物学	
渤海大学	新能源材料与器件	新能源类产业集群，如光伏产业集群
	工业设计	装备制造产业集群
鞍山师范学院	汉语言	
大连外国语学院	商务英语	
大连艺术学院	美术学	
辽宁对外经贸学院	商务英语	
大连理工大学（招生办）城市学院	土木工程	
东北财经大学（招生办）津桥商学院	税务	
东北财经大学津桥商学院	审计学	
	资产评估	

续表

学校名称	专业名称	相对应服务的产业集群
沈阳农业大学科学技术学院	电气工程及其自动化	装备制造产业集群
	食品质量与安全	农业产业集群
	农村区域发展	
沈阳化工大学科亚学院	社会体育	

　　从以上表格可以看出，辽宁普通高校本科专业布局仍然存在许多问题，主要是工学和理学类专业覆盖面较广，一些专业存在不同程度的同构化现象，而与特色高中接轨的特色专业则非常少。

　　从高校所设置专业的绝对数量看，辽宁开设专业数量最多的是工学，共有117个专业，占有绝对优势。工学专业设置中，又以电气信息类、机械类、环境与安全类、化工与制药类、轻工纺织食品类、土建类、交通运输类和材料类的专业布点最多、在校生人数最多。紧随其后的是理学和医学。高校在专业设置方向选择上追求"短、平、快"，投入少、教学成本低的专业增长过快、专业重复设置较多，高校专业布点数前三位依次是计算机科学与技术、英语和市场营销（见表4-6）。这些专业的重复设置与布局，不但造成了教育资源的浪费，而且使高校自身传统优势与办学特色也逐渐消失。与高中教育对接的专业太少导致特色高中学生升学出口较窄，进而成为制约特色高中发展的一个重要因素。

表4-6　　　普通高等学校本科专业布点超过30个以上的专业

学科门类	专业名称	布点数
经济学	国际经济与贸易	35
文学	英语	41
	艺术设计	37
工学	自动化	32
	计算机科学与技术	44

续表

学科门类	专业名称	布点数
管理学	信息管理与信息系统	32
	工商管理	31
	市场营销	39
	会计学	36

7. 政府功能的缺失：高中缺少就业平台导致毕业出口单一

普通高中教育的三个重要功能就是育人功能、升学功能和就业功能。然而目前普遍的情况是，普通高中教育是选拔功能为主，育人功能为辅，就业功能几乎可以忽略不计。从以上论述我们知道了教育功能问题的主要原因是哪些，但是就业功能缺失的一个重要原因，就是政府对于高中生的就业不重视，没有发挥应有的引导功能，没有搭建适合高中生就业的平台，这也导致高中生的就业出路少，高中教育的就业功能缺失的原因也就不言而喻了。

目前我国对大学生的就业问题非常重视，出台了众多的优惠政策，成立了大学生就业局、大学生就业指导中心这样的政府职能部门，打造了大学生专场招聘会等就业平台。这些举措极大地拓展了大学生的就业渠道，丰富了大学生的就业选择。

高中生相对于大学生来讲，年龄比较小，受教育程度低，掌握技能单一，就业面更窄，更多是从事维修、销售、餐饮服务等技术含量低、偏重于体力劳动的蓝领工作。在科技日益发达、技术进步日新月异的当代社会，高中生的就业问题更加突出。这样就要求政府部门更加重视解决高中生就业的路径和平台问题。

但是遗憾的是，对高中生的就业来讲，政府没有给予应有的重视，没有针对高中生就业的专门的职能部门，也没有打造专门针对高中生就业的平台，导致高中毕业生除了升学外出口单一，就业渠道狭小，就业选择单调。由于这些问题存在，导致普通高中更加注重教育中能够相对容易显示政绩的升学功能，而不是费力不讨好的就业功能。而这种局面的发生，政府功能的缺失无疑是一个重要因素，对于普通高中教育功能中就业功能缺失是个催化剂，这也在很大程度上阻碍了普通高中类型多样化的发展。

第五章　我国普通高中教育功能的达成策略

随着我国经济社会的快速发展，进入 21 世纪以来，我国普通高中在普及程度、投入水平以及师资队伍等各个方面都有了明显的提高。普通高中的教育功能呈现多样化发展态势，普通高中的教育功能在普通高中改革的未来趋势下逐步凸显更为细腻的发展要求。为适应新形势下的普通高中教育，实现普通高中教育功能的释放，及时调整办学目标的科学定位、转变现有的普通高中办学模式、优化普通高中的课程体系以及确立高中考试、招生、评价及用人制度改革策略将成为普通高中教育改革的重中之重。

一　科学定位我国普通高中教育的办学目标

作为连接九年义务阶段教育和高校教育的承接纽带，普通高中教育具有不可忽视的承上启下的作用，其发展态势关乎整个教育系统的总体框架和目标设定。当前阶段，我国高中教育的逐渐普及和扩大使得它的功能和作用也在不断发生变化。基于此，重新审视普通高中教育的定位和功能，探索适应我国国情需要，适应全球化、信息科技急速发展及当今日益多元化价值社会的科学高中教育就成为今后中国教育发展与人力资源开发所面临的紧迫性任务。

（一）普通高中教育的体系定位：国民教育的枢纽

一般认为，普通高中教育作为国民教育的枢纽，它一端是基础教育发展的高级阶段，检验着基础教育的质量；另一端是高等教育的准备教育，决定着高等教育的起点。普通高中教育的这一枢纽性作用越来越被人们所重视。

1. 普通高中教育是基础教育的延续

首先，该说法有其历史的合理性。在我国高校扩招政策实施以前，高等教育发展的规模和数量一直制约着普通高中教育的发展，使得普通高中教育只能在基础教育领域谋求发展。这是因为在未能达到高等教育大众化的历史条件下，高等教育一直以精英教育的方式发展，招生规模和招生数量都在精英教育的原则下指导进行，"天之骄子"在一定程度上是事实的写照，当年不管是高等教育的毛入学率，还是录取率，都非常低。用"千军万马过独木桥"来形容高考是绝不为过的，大多数高中毕业生不可能获得接受高等教育的机会，能够接受高等教育的也只能是凤毛麟角。因此，在高校规模和数量没能达到井喷式增长的条件下，普通高中教育作为高等教育的预备功能很难得到实现或是发挥，所以退而求其次的选择只能是使普通高中过多承担基础教育延续和提升的功能。也正是在这种被动选择下，普通高中教育一直被纳入基础教育来管理，众多教育行政管理部门高中处（室）的成立也只有近十年的光景，也从一个侧面说明了当年高中教育定位的不得已而为之。即使时代发展到了今天，高考实行大规模扩招，高等教育跃进式的发展大众教育，截至 2014 年底，全国共有普通高校 2529 所，其中本科院校 1202 所，高职院校 1327 所，高等教育毛入学率达到 37.5%，高中升学率急剧上升的趋势下，高中及以下毕业生依然是当前我国学历构成的主体，普通高中教育的基础教育地位仍然没有改变。

其次，普通高中教育的基础教育定位受社会发展水平制约。现阶段我国经济发展遵循有中国特色的社会主义市场经济体制，在从中国制造到中国创造的转型过程中，对普通劳动者的文化水平和知识程度的要求不断提高，这一变化直接影响了普通高中教育的功能定位。但是这种需求的转变是个过程，在人口红利还可瓜分的条件下，劳动力市场对劳动者体能的需要超过对其知识水平的需要，即使在某些跨国制造企业对劳动力的知识水平有所要求，高中阶段教育也完全能够胜任。我国当前的经济发展态势只能属于工业化前期的阶段，因此所需的劳动力更多的是技术工人，而不是高科技和高文化素质水平阶段的大学生。因此，当前我国的普通高中教育应着重基础教育的发展，而不是全力推向高等教育的准备。

再次，普通高中教育是我国义务教育的延续和提升。长期以来，我国的普通高中教育更多地体现和注重了义务教育的衔接和一致性。从课程设置上，普通高中教育所涉及的知识内容具有承接性，属于初中各学科的递进和延伸；从教书育人要求上，普通高中教育鼓励学生积极从被动性学习向自主性学习转变，这一过程不是一蹴而就的，而是从高中一年级开始的循序渐进的教学实践，最终养成对知识掌握的相对主动性学习；从个体身心发展上，普通高中教育遵循青少年阶段性发展连续性和衔接性，严格遵从其成长和成熟规律。此外，普通高中教育在各个层次上全面提升青少年素质和能力的培养要求。具体体现在教育教学大纲的制定上、学科教学内容的安排上、文理科分课教学的设置上等。一方面提高该阶段青少年的科学知识文化水平，提升其思想道德素质；另一方面为适应未来走向就业和走向升学不同选择的拔高要求，加大力度与高等教育和职业教育接轨做好准备。

2. 普通高中教育是高等教育的预备阶段

在争论普通高中教育功能定位的众多观点中，有观点认为普通高中教育是与基础教育和高等教育完全不同的单独教育。普通高中教育应该回归教育本身，以提升高中学生的学科素养和全面素质为目标，而不应该沦为大学的预科。在终身教育和学习化社会的框架下，当前教育改革大力呼吁的就是改变以升学为旨向的普通高中教育，改变普通高中教育只是大学教育的学习准备的单一观念。但是我们不得不审视的是，在整个教育系统中，普通高中教育又怎么能孤立的直接脱离高等教育而独立存在呢？

全面发展的教育真正贯彻到普通高中教育，就是要充分认识到这一阶段学生成长的身心发展规律。高中阶段是青年身体发育的黄金期，是人生三观形成的关键期，是知识吸收和能力培养的最优期。普通高中教育做得好，大学教育才能有基础，普通高中教育奠定了学生关键期的发展，大学期间才能接力开发学生的潜能。为高等教育作准备与提高学生综合素质两者并不矛盾，体现了提高国民素质与培养创新人才的要求，与我国当前的教育发展规律相一致。[①] 普通高中教育的发展水平和质量直接关系到学生的未来发展，是有其现实的绝对意义的。

（二）普通高中教育的选择定位：升学、就业和育人

普通高中教育的定位问题是一个在学术界热议的问题，一直以来百家争鸣，众说纷纭。可以说，对这一带有原理性和哲学本体论追问性质的回答直接关系着高中教育目标的制定和发展的根本方向，关系着高中教育改革的发展与前行。综合已有的学术探讨，结合当下的普通高中教育实际，笔者认为我国的普通高中教育应定位于升学、就业和育人三个维度。

1. 普通高中教育的"双重任务"：升学与就业

普通高中教育的两个重要教育功能和任务是升学和就业，这亦是长期以来人们比较一致的看法。新中国成立以来，我国相继出台了一些教育政策集中反映了"双重任务"在 20 世纪之前相当一段时期内所体现的重要作用。1952 年颁布的《中学暂行规程（草案）》规定：中学教育的任务是"使年轻一代的身心获得全面发展，以便为升入高等学校或参加建设工作打好基础"[②]。1954 年 4 月在《中央人民政府政务院关于改进和发展中学教育的指示》中明确："中学教育不仅要供

---

① 谢维和：《从基础教育到大学预科》，《中国教育报》2011 年 9 月 29 日。
② 何东昌：《中华人民共和国重要教育文献（1949—1975）》，海南出版社 1998 年版，第 139 页。

应高等学校以足够的合格的新生，并且还要供应国家生产建设以具有一定政治觉悟、文化教养和健康体质的新生力。"① 1963 年《全日制中学暂行工作条例（草案）》再次指出："全日制中学是为社会主义建设事业培养劳动后备力量和为高一级学校培养合格的新生。"② 1978 年 1 月教育部颁发的《全日制十年制中小学教学计划（试行草案）》对中学任务的规定是"为国家培养合格的劳动后备力量和为高一级学校培养合格的新生"③。

　　然而，现实的教育理论学者纷纷发表看法反对这一"双重任务"论，明确指出升学和就业偏离了普通高中教育的本质，违背了教书育人的教育宗旨，应着重培养学生全面发展的身心素质。还有学者认为，就目前高校大规模扩招的现实情况来说，普通高中教育俨然成了大学教育的"预科教育"。笔者认为，相关学者的确指出了普通高中教育在现阶段所存在的弊端，但是绝对不能因此而夸大弊端的影响力，普通高中教育还是有其本原的实质，不足只是过重的偏向了其中一个教育功能的指向。拿"预科教育"举例子，其内涵应界定为，为接受高一阶段教育做准备的教育，按此推理，正规教育中所有学段都具备这一项教育功能，那么由此是否我们也应把小学、初中的义务教育阶段也都定性为"预科教育"呢？答案显然是否定的。

　　笔者所持的观点是，升学和就业依然应该成为现阶段我国普通高中教育应有的功能定位。具体理由如下。

　　第一，当前我国人数众多的普通高中教育对象决定了升学和就业这两种普通高中阶段毕业生的出路依然存在，尽管它们之间的比例在不同地域、不同高中之间还存在很大不同。即使未来高等教育完全进入到大众化阶段，不可否认的也必然存在并不是所有的高中毕业生都进入到大学继续教育，直接走向就业市场的局面一定存在，而且这也

---

① 何东昌：《中华人民共和国重要教育文献（1949—1975）》，海南出版社 1998 年版，第 305 页。
② 同上书，第 1155 页。
③ 何东昌：《中华人民共和国重要教育文献（1976—1990）》，海南出版社 1998 年版，第 1593 页。

是学生的一种自我定位和选择。现实中，劳动力市场对于高级技工人员的需求也在逐渐扩大，高中学历意味着更多的机会和可能性，所以很多家长和学生都从这一角度选择了高中毕业后择业。

第二，当前我国高等教育出现了越来越形式多样的学业完成形式，相信在不远的将来，普通高中教育完全有可能步其后尘。高中的学习形式会愈加丰富，先学习后工作，先工作后学习，边工作边学习都是存在着很大的可能性的。既满足了个性化的学习与发展需求，也适应了终身学习的框架模式。这种学习形式和状态，在许多西方国家已经正在进行和实施中。

第三，普通高中教育的定位应符合青少年身心发展和教育的间断性与连续性的统一，而且这也是符合现阶段高中教育的实际的。美国教育家杜威认为教育的不同阶段与不同部分之间如果缺乏过渡或衔接，就是一种教育的隔离，而这种隔离是教育中最大的浪费。[①] 升学和就业，一个是普通高中教育向高等教育连续性的体现，一个是普通高中教育自身的相对独立性的结果。从事物本身发展态势来看，二者紧密联系，缺一不可。

2. 育人：普通高中教育应着力发展青少年综合素质

教育的本质功能是育人，作为个体的人不仅有自然属性，更有社会属性，普通高中教育应一概关注之。《国家中长期教育改革和发展规划纲要（2010—2020 年）》明确指出："高中阶段教育是学生个性形成、自主发展的关键时期，对提高国民素质和培养创新人才具有特殊意义。普通高中教育应注重培养学生自主学习能力，克服应试教育倾向，达到全面提高普通高中学生综合素质。"[②] 这就要求我们的教育不但要注重科学文化知识教育，更应注重思想道德素质教育；不但要注重阶段性的素质提升，更应注重从终身教育的视野培养和造就学生。

---

① 谢维和：《从教育的间断性与连续性看高中改革——再论高中教育的定位与选择》，《中国教育报》2012 年 3 月 2 日。

② 《国家中长期教育改革和发展规划纲要（2010—2020 年）》，http：//www.moe.edu.cn/public-files/business/htmlfiles/moe/moe_ 838/201008/93704.html。

终身教育将人的发展看成是教育的核心，强调发展教育是为了促进人自身的发展，满足个体有尊严地生活和工作的需要。育人的教育定位更多的是从终身教育的视野发展学生的综合素质。那么这是否与升学和就业的"双重任务"论相抵触呢？答案是否定的。一位知名大学教授曾经这样评价刚刚从普通高中升入大学的一年级新生："学生们的思维起点低，视域狭窄，仅限于有限的教科书知识，自主学习的能力和动力不足，普遍缺乏年轻人应有的激情和热情。"可以看出，单纯的升学并没有提升学生的综合素质，这就像没有地基的大楼一样，发展一定是摇摇欲坠的。综合认为，普通高中教育普遍地提高学生的综合素质只能是更好地为升学和就业服务，为升学就业努力必然会帮助学生提高各方面的综合素质。只有大力提升高中生的内涵教育，才能更适合未来的高等教育，才能更快融入未来的职业生涯。提升素质是基础，升学就业是方向，三者并不矛盾，互为所用。

（三）普通高中教育的形态定位：多样化发展

人类发展进入 21 世纪，价值观的多元化成为时代特点，在人本主义思潮的引领下，尊重多元的价值选择是当今教育的必然趋势。我国也明确提出要推动普通高中多样化发展，满足不同潜质学生的发展需要。[1] 在这样的时代要求下，充分认识普通高中多样化发展模式的价值和多样化的发展趋势，是摆在我们面前的一个重要命题。

1. 多样化发展是国际高中教育的重要特征和发展趋势

近年来，世界各国都开始重新思考"高中的价值"，在各国新一轮高中教育改革中普遍性关注普通高中教育的独立价值、质量与内涵发展以及时代所需要的合作意识、实践能力和创新能力等；普遍性的设置多种类型的高中教育学校；开始重视高中教育在制度、政策及实践层面上的改革和发展；多元化与个性化成为普通高中课程设置的亮点。普通高中教育应该强调向学生提供尽可能适合其个人情况的培养

---

[1]　《国家中长期教育改革和发展规划纲要（2010—2020 年）》，http：//www. moe. cn/public-files/business/htmlfiles/moe/moe_ 838/201008/93704. html。

途径，不应该只是一种单纯的过渡型教育。只有这样，多样化发展的普通高中教育才能真正体现教育的本义。

2. 社会需求促进普通高中教育多样化发展

普通高中的培养模式在我国至今并没有面对学生个体需求与社会需求的变化做出及时有效的调整，应试教育倾向明显，这在一定程度上阻碍了人才培养的进化和普通高中教育自身的发展。随着普通高中教育逐渐进入大众普及阶段，人们对普通高中教育提出了实用性的需求，以多元的人才培养模式为社会提供多元的选择可能。就实用性而言，普通高中教育不能仅限于传统的学术性标准，而应当从满足经济社会需求和人民群众需求出发。高中学历不应再停留在一纸文凭的表面层次，而是应当成为可以实际表明毕业生素质的金字招牌：可以就业，可以升学，可以体现能力，可以体现素质。因此只有提供适合个体多样化的需求和社会多样化需要的普通高中教育才能同时兼顾满足社会、个人和教育本身的需求。

3. 普通高中教育的多样化发展是高中教育从精英化向大众化过渡的必然

20 世纪 90 年代后期开始，我国普通高中教育和高等教育快速发展，由"精英化"转向"大众化"已是不争的事实。在这种背景下，以往普通高中教育的目标定位与基本功能已与时代和教育发展相脱节。近年的就业市场对于职业性人才的需求量逐年攀升，学生在升学时的选择也日趋多元，单一的学术型高等院校也不再是所有学生的首选，越来越多的职业院校、特色高校逐渐漏出端倪。这样一来，不同高校对于高中毕业生的素质能力就有着不同的要求。面对不同类型的高等教育对接和就业市场的能力需求，普通高中以多样性、差异性培养和造就人才，让不同的学生获得适合其可持续发展的育人功能，既是普通高中教育发展的现实需要，也是大众化阶段的必然趋势。

4. 多样化发展的普通高中教育着眼于学生的身心差异与个性发展

教育是培养人的社会活动，年轻一代在不同的年龄阶段具有不同的身心发展特点。人的智能是多元的，学生的潜质是不同的，他们发展的起点也是有差异的。因此，教育要适应青少年身心发展的客观规律，努力做到"因材施教"、"长善救失"，使得每个学生都能获得迅速的切实的提高。高中阶段是学生个性和才能发展的关键阶段，针对学生发展的多元和学生未来的分化，应着眼于为学生的个性差异和身心发展提供多种选择。普通高中教育多样化就是为每个人提供适合的基础教育，在普高与职校、大学以及社会之间建立联系和对接的途径与机制，以为其未来发展打下坚实的基础。

（四）普通高中教育的趋势定位：特色化发展

在上述时代背景下，普通高中教育必须走特色发展之路。只有坚持特色发展才有可能培养全面发展而又有创造精神和创造能力的人才。这一共识也已成为普通高中教育发展的战略目标。促进其特色发展，满足不同学生的差异化教育需求已经成为满足社会发展和个体发展的不二选择。

首先，普通高中教育特色化发展是其自身发展的选择。多样化的普通高中才有可能出现特色鲜明的教育，一定程度上特色化发展是普通高中教育多样化发展的结晶。从这个意义上说，多样化与特色两个普通高中教育发展的内涵概念是紧密相连，不可分割的。倡导多样化，必然出现特色化；反之，特色化体现了多样化发展的正确性和导向性。

其次，高校自主招生形式的出现使得各高校对于选拔人才的要求和标准日益多样化。这对进一步推动普通高中的特色发展有着直接的促动作用。普通高中在高考制度改革的参照下必须办出特色，这既是学生发展的需要，也是学校发展的需要。

再次，普通高中实施特色化办学和差异性发展也是破解长久以来普通高中教育千人一面、千校一面的出路所在。整齐划一毫无特色可言的高中教育曾经使不同学校之间存在的文化差异、地域差异和传统差异消失殆尽。唯有特色发展才能摆脱高考对普通高中教育的束缚，从而实现其真正变革。

最后，普通高中特色发展实际上是一条错位竞争的差异发展之路。高中学生在这种差异化办学格局中可以实现自己的最大潜能的挖掘，从而使家庭和社会的人才需求相应都得到满足，学校本身也会在素质教育的大平台上赢得社会的认可。可以说，特色高中的办学理念是学生、社会、学校本身三方共同受益的创造之举。既符合当代教育崇尚素质教育、终身教育的宗旨要求，更符合创新教育发展机制的需求。

二　转变普通高中教育的人才培养模式

基于对普通高中教育功能和办学目标的重新定位，笔者认为现有的办学模式也应相对应地进行调整。《国家中长期教育改革和发展规划纲要（2010—2020）》提出要促进普通高中教育办学体制多样化，推进办学模式多样化以及通过变革现行普通高中教育教学体制和内涵，创新办学模式等要求。[①] 可以说，走多样化发展之路是实现普通高中发展战略转型和实现教育功能最大效能化最为可取的方式和途径。

（一）普通高中办学模式发展的现实困境和弊端

新中国成立以来，我国普通高中教育经过几次较大的调整，但是办学模式这一决定高中发展的根基始终没有变化，普通教育就是为学生毕业后就业和升学打好必要的文化基础。实际上，这是在当时的历史条件下国家对普通高中办学模式的具体限定，即普通高中教育为培养高级人才做准备的同时也为社会输送建设者。然而，近几十年来尤其是改革开放这 30 年间，我国整体社会环境发生了巨大的变化，国际上普通高中教育的发展趋势和我国普通高中教育发展已经重新定位，但在实践中办学模式的千年不变严重制约了普通高中教育的转型与发展，在实际运行中出现了种种弊端。

1. 办学模式功利：升学教育功能"绑架"了基础教育功能

长期以来，我国的普通高中教育被高考"绑架"，升学功能被强

---

① 《国家中长期教育改革和发展规划纲要（2010—2020 年）》，http：//www.moe.edu.cn/public-files/business/htmlfiles/moe/moe_838/201008/93704.html。

加和固化，使得普通高中教育的基础教育走向负功能，应试教育的办学模式成为唯一，学生把高中当成升入大学的考试机构，以高考为导向的高中教育得到承认和盛行，教育的其他功能完全被抛弃，从体制到学科的应试教育与传统的基础教育完全背离。

2. 办学模式僵化：理论教育占据主体，素质教育流于形式

现实的普通高中教育中，对高考知识点的强化和对高考分数的过度追逐使高中教育面目全非。一方面，学校教育忽视了学生个性差异发展，办学目标设置整齐划一；另一方面，教育活动违背了学生成长的自然规律，过多强调精英教育模式。办学模式在高考的指挥下日益趋同，课程、教材、教法更是日益同质化，这些问题都阻碍了普通高中多样化、特色化发展的教育实效。

3. 办学模式缺位：教育功能实效难以适应社会需求

整体来说，我国的普通高中教育已经进入大众教育时代，社会需要普通高中教育"生产"多种类型的适应知识经济时代的"产品"。然而单一的升学任务和简单的职业教育培养并不能使得这一阶段的学生迅速成为社会所需要的人。培养具备学习能力和工作能力的素质教育功能流于形式，还没有形成有效的实施机制，普通高中教育的负功能倾向明显。相对升入高一级院校的学生，未来的发展趋势可以期待，但是对于高考落榜生、职业高中和中专毕业生来说，步入社会不等于迅速适应环境，普通高中教育与广大家长的职业期待存在很大差距。

（二）适应普通高中教育功能重新定位的办学模式

关于普通高中的办学模式，早在1995年全国普通高中教育工作会议上就已经决定将升学预备教育、综合高中、侧重就业预备教育高中和特色高中作为普通高中的四种办学模式。综合有关教育理论和实践研究以及国内外高中教育的发展现状和趋势，笔者认为目前我国的普通高中教育模式应向以下几种办学模式进行转变，即升学高中、特色高中以及综合高中。

1. 升学高中的办学模式

（1）升学高中的基本内涵

升学就是"供应高等学校以足够合格的新生"，"为高一级学校培养合格新生"，"为高等学校输送合格的新生"。① 传统意义上，升学和高中合并作为一个专有名词出现，升学几乎是所有普通高中共同的主要任务。笔者认为，升学高中的含义应界定为，以为高等院校培养输送合格新生为主要办学目标的普通高中教育。升学高中不仅包含以学术教育为主的普通高中，也应包含职业高中、技术学校以及中等职业技术教育在内的职业教育。普通高中侧重培养高中生升入高一级学术型高等教育，职业教育侧重培养高中生升入高等职业技术教育学校。

（2）"基础教育+升学引导"的办学模式

在大众化视野，升学教育模式，并不是更加关注人的全面、多样以及有个性的发展，崇尚单一工具性培养目标，属于应试教育的范畴。笔者认为，升学高中的办学模式应遵循"基础+升学引导"的框架设计。随着普通高中教育大众化的不断拓展，应试高中不再是未来的首选，现代升学高中应属于内涵式发展的普通高中教育，侧重培养学生科学文化知识素养的培养，侧重高等教育的预备教育。

第一，办学目标聚焦升学教育，围绕高等教育培养学生相应的科学知识素养和职业技能素养。创新多样化的教学模式，鼓励学生开展自主学习，培养学生获取新知识的能力、思维能力、创新能力和实践能力。

第二，普通高中具备学术型、研究型的师资队伍，职业教育高中具备双师型师资结构。相应的师资队伍构建培养学生的内涵式发展和技能式发展，为升入上一级高等教育做好准备。

第三，课程设置和结构适应新时期教育改革的需要，同时积极构

---

① 这些说法分别是 1954 年教育部召开的全国中学教育会议、1978 年教育部颁发的《全日制十年制中小学教学计划试行草案》和 1996 年颁布的《全日制普通高中课程计划（试验）6》对"升学"任务的解说。

建与高等教育相配合的拓展课程。完善基本的学术科目，加大多学科领域的素质培养，鼓励学生开展阅读涉猎和图书馆学习，提高学生学习兴趣，鼓励其在技术技能方面不断探索未知领域，对整个世界保持认知开放。

（3）升学高中突出了基础教育功能

第一，长远的价值型高中教育将取代功利型应试教育。升学高中将着重点放于内涵式创新式的基础素质教育，大众化的高中教育面临未来多样的高招政策，将不再把重点放在应试学科的学习，培养学生适应未来的素质型高等教育，为那些有更多理想在高一级学府中深造的学生打造学习环境。

第二，时代转型期，社会需要还有相当比例停留于学历教育层面，短期内升学教育还将成为普通高中教育的主体。因此，在高中教育改革的过渡时期，放弃传统的普通高中教育模式不是一蹴而就的，也不符合教育发展的客观规律。在课程设置和教学安排上向素质教育倾斜，逐步转变是升学高中未来发展的模式。

第三，高中教育改革建立在学生分流的基础之上，因此满足不同类型高中学生的发展需求要求升学高中的必然存在和发展。这也适应当代多样化发展的普通高中教育的整体趋势，升学高中在意义上已经不同于以往。

2. 特色高中办学模式

（1）特色高中基本内涵

关于特色学校的理论表述主要有以下几种。

"所谓特色学校，是指在全面贯彻国家的教育方针，面向全体学生，全面提高教育教学质量的前提下，充分发挥本校的优势，以点带面，逐步形成自己学校的独特风格。"①

特色高中是指"学校根据自身办学理念、发展需求，开发特色项

---

① 郭继东：《学校特色与特色学校的辨析——学校创建特色研究中概念界定的再思考》，《中小学管理》2000 年第 11 期。

目，形成独特的、优质的教育品质和风格的普通高中"，是普通高中建设发展的主体追求。①

（2）"基础教育＋特长发展"的办学模式

目前，特色高中受发展水平、办学条件以及当地经济文化水平制约，其形成、去向以及类型也是千差万别。综合有关研究，其主要特征呈现以下形态。

第一，学科教学特色化。随着高考招生政策的改革，统考为主，多元录取的高招局面业已形成。普通高中教育为了适应多样化发展的大学教育，促进升学教育的对接和贯通，让部分学有余力的学生选修个人感兴趣的特色课程。课程是学校特色的重要支撑，特色高中很多具有校本课程开发的能力，形成独具特色的项目教学，其中体音美特色高中建设很多学校已进行了非常有价值的尝试和实践，如沈阳三十一中学的篮球特色项目、大连十五中学的美术特色等。

第二，人文教育特色化。这一类的特色高中本身拥有不可复制的深厚的人文教育资源，而且学校所在地区本身就具有浓厚的人文气息。如古城文化、粤闽赣边三角地区的客家文化、丝绸之路文化以及长城文化等高中教育借助课改契机，开发和拓展人文教育形成独特气息的人文教育氛围，在学校德育建设上发挥特长，形成有特点的德育学校。

第三，高中教育国际化。教育的国际化成为当今教育发展的潮流，高中教育可以从世界领域内获取更高层次更具特色的教育资源，适应全球化的整体趋势。这一类学校主要体现在与外方高中教育办学模式的衔接上，形式多种多样，既有国外高中分校形式，也有不同学制合作模式，更有国内高中聘用外籍优秀教师任教模式。借助全方位教育资源的整合，普通高中教育积极引进全世界范围的优秀课程资源，极大提升了学校的国际化人才培养水平，国际化的办学特色日益凸显。

（3）特色高中突出了全面发展教育功能

普通高中教育具有培养个性化、差异化、素质化高中学生的个体

---

① 李颖：《特色普通高中建设的问题分析及实施策略》，《辽宁教育行政学院学报》2014年第3期。

发展的教育功能，特色高中在基础教育的高点上进一步突出和强化了个体的全面发展，尊重个体差异性，使得全面发展的普通高中教育成为现实。

第一，特色高中发展是社会对人才多样化需求的必然诉求。"培养和造就规模宏大、结构合理、素质优良的人才队伍"①，成为我国对人才发展目标的追求。这使得普通高中必须打破过去标准化的人才培养模式，形成各具特色的发展格局。

第二，特色高中自身的发展是解决困扰高中教育发展的诸多教育难题的破解之道。目前，普通高中教育发展的不均衡，教育资源分配不均等教育公平问题以及学生学业负担重、综合素质不高等教育问题已经困扰普通高中教育多年，这也导致一直倡导的普通高中教改很难迈出实质性步伐。特色高中建设让高中学生有更多学习的选择，每所高中都有自己的特色，学生择校难，优秀教育资源垄断等问题被打破。

第三，特色高中契合高中学生个性发展和性格独立的身心发展规律。高中阶段，是学生个性形成和自主发展的关键时期。高度统一、完全同一的教育显然违背个体自然发展的客观规律。这就需要不同类型、不同特色的优质高中教育为人才培养的多样化提供条件，使得个体的潜能得到充分开发。

3. 综合式高中办学模式

（1）综合高中的基本内涵

学者常宝宁认为："综合高中是一种改校际分流为校内分流，在为所有学生提供共同教育的基础上进行课程分流，同时开设升学导向课程和就业导向课程的高级中等学校。"②

学者毛文燕认为："综合高中是在普通高中教育中引入职业教育因素，以市场需求、服务社会为培养方向，以培养既有扎实的文化基

---

① 《国家中长期教育改革和发展规划纲要（2010—2020 年）》，http：//www. moe. edu. cn/public-files/business/htmlfiles/moe/moe_ 838/201008/93704. html。

② 常宝宁：《我国综合高中发展的现状、问题及对策研究》，《教育发展研究》2015 年第 2 期。

础知识，又达到一定的专业技能标准的综合性人才为目标，具有升学预备教育和就业预备双重功能的一种新型办学模式。"①

（2）"普通教育 + 职业教育"的办学模式

长期以来，我国高中教育单一的功能定位使得学校类型简单地分为普通高中与职业高中。在实际的教育活动中，二者的融通始终比较困难，尝试举办综合高中，兼顾基础和职业两个方面的教育成为教育界共识。笔者认为，"普通教育 + 职业教育"的办学模式设计兼顾知识与功能两个方面的考虑，是适应我国普通高中综合化发展的未来趋势的。

第一，教育理念应体现普教和职教结合。这种结合不单单是教育教学上的课程结合、教学方法结合，更应该是升学、就业诸方面的结合。即普教可以升入学术性大学，职教可以升入职业性大学；普教可以适应管理类、文字类工作，职教可以适应技术类、专业类工作。

第二，课程改革应着重基础性和专业性并重。基础性侧重于面向全体高中学生的教育，专业性侧重于高中学生的个性选择。基础性应贯穿于综合高中的全部教育期间，专业性则是在一定基础教育之上以及学生依据自身做出的选择。通过二者的有机结合，培养高中生较好的综合素质以适应未来社会的需要。

第三，建立双师型师资架构。综合高中的办学理念决定了其师资架构的特殊性。双师型的师资构成是非常适合综合高中的教育发展的，教师可以分为基础学科教师和专业技能教师，同时也鼓励聘用兼具二者能力的新型教师。良好的师资是综合高中办学的软件基础，也是学生发展的必要条件。

第四，鼓励在综合高中开展学分制管理。学生在相应课程领域的学习经历可以通过学分制管理得到体现，可以通过优化基本学分与选修一定量的学分保证学生的基础学习，有能营建学生多方面的兴趣选择，培养学生的动手创新等专业能力，进而发挥教育效果、提升教育

---

① 毛文燕：《综合高中是实施普职渗透的重要举措》，《教改前沿》2007 年第 4 期。

质量以及适应个性发展的共同要求。

（3）综合高中兼具普通高中和职业高中的双重教育功能

关于普通高中教育改革的探讨中，综合高中从来都是高中教育理论和实践领域关注和探讨的焦点。综合高中兼具普通高中和职业高中的双重教育功能，可以为学生提供比较扎实的基础学科教育，也可以帮助学生科学合理选择未来发展方向，解决了现行高中与职业高中双轨制教育制度存在的问题和矛盾。

首先，从普通高中教育在教育体系中的位置来看，综合高中的建立从横向上实现了普通教育和职业教育的相互协调发展；从纵向上，综合高中作为联结普通教育与职业教育的桥梁，拓宽了高中教育的内涵和外延，探索出普、职一体化的新思路①，对于我国整个教育体系的完善和未来发展是具有前瞻性的。

其次，综合高中的办学目标聚焦于培养学生的综合素质。综合高中的课程设置主要立足学生必备的而不是所有的技能和文化知识，通过通识类课程与专业技能类课程整合，引导学生进行合理分流。在这一基础上，再根据高中阶段学生的个性发展构建适合的分类分层的课程体系，比如人文类、理工类、语言类等，为学生提供多样化的发展空间和条件。

再次，我国目前具备综合高中发展的时机和条件。其一，普通高中教育发展到现在，大众化的普及趋势已经成为社会的广泛共识，一味地追求升学已经成为上一个时代的标签，社会需求已经明显偏向学生综合素质的塑造，提倡通过素质提升达到更好的职业就业和不同类型大学的选择。其二，普通高中教育经过三十几年的不断探索和经验积累，业已形成对于适合我国国情的高中的普遍认识，综合高中在一定程度上不再是高中教育的试验品，而是具备一定软件和硬件基础的真正教育形态。

---

① 毛文燕：《综合高中是实施普职渗透的重要举措》，《教改前沿》2007 年第 4 期。

三 优化普通高中教育的课程体系

新一轮普通高中课程改革始于 2000 年，教育部随即在 2003 年颁布了《普通高中课程方案（实验）》和 15 个学科的课程标准（实验）。从这一点上可以看出从改革之初教育部门就已经充分意识到了课程在高中教育改革中的重要性，但是在具体的实践中，影响课程改革进一步深化的因素还有很多。

普通高中课程体系的改革不是一蹴而就的事情，需要从细微入手，从需求入手，从课程本身入手，从培养目标入手。这就要求改革不但要从顶层设计着手，还应从学生特点着手；不但从宏观的课程架构着手，还要从微观的课程开发着手。本书综合国内外的研究，认为普通高中课程改革应从以下方面入手。

（一）课程改革基调：适应新时期高中教育发展趋势

课程的改革首先是观念理念的改革，然后才是方法技术创新等其他问题。倘若涉及教育愿景的基本问题得不到解决，课程改革就是毫无价值和意义可言的。

1. 关注学生的全面发展，遵循高中阶段学生身心发展的客观规律

现阶段，世界范围内高中课程改革越来越强调全人发展。高中阶段的教育要适应学生的身心发展需要，普通高中课程相应的要从促进学生身心和谐健康发展处着眼，培养学生终身学习的能力和素养。因此，在课程价值体系中，不仅仅包括升学和就业，更应该包含素质教育、文化教育、生存教育、创新教育等多方面，体现课程价值的多重性和全面性。

2. 培养学生终身学习的能力，为学生获得终身发展创造条件

教育要始终着眼于未来，不仅需要解决今天的现实问题，还要考虑社会发展的明天。进入 21 世纪，在终身教育的时代背景下培养学生终身学习的能力，为其终身学习打基础成为普通高中教育的时代选择。具体来说，就是普通高中的课程要兼顾性的为学生接受高等教育、将

来的就业和生活以及成为具备健全人格的人做好准备。

3. 课程建设的多样化、综合化和动态化发展是未来的主旋律

高中阶段学生未来发展的倾向性开始形成，这就需要选择性的、多样化的课程系统来促进其个性发展，多样化的普通高中教育模式应运而生。普通高中发展的核心是课程体系，因此只有建立多样化的课程体系，才能给高中学生更多的个性选择和发展需要，最大限度地激发其内在潜质和多方面的才能。

21 世纪是科技成果爆炸性涌现的时代，要把最先进的科技成果传递给学生就必须通过课程这一载体，多样课程的融通就显得尤为必要，综合课程的出现使得普通高中课程突破学科疆域的束缚，培养高中学生向着复合创新型人才的方向发展，打破学科界限，形成其关于世界的整体认知。

高中课程回归生活世界，重新树立学生的主体意识，是当代普通高中课程发展的一个重要理念。课程强调引导学生能动的自主学习、体验式学习、合作式学习和探索式学习，课程侧重具体的动态的教学实践过程。

4. 教育信息化和民主化呼唤高中课程建设的科学化和自主化

教育信息化是近年来逐渐在教育领域里广泛发展的趋势，即在教育系统的各个方面全面深入的运用现代化的信息技术手段进行教育教学的行为。普通高中教育应注重信息素养培养与课程教学的融合，改变传统的标准化、同步化和单一化的集体授课模式，网络课程和自主学习成为可能。新一轮的高中课改不再是书本的、文字的，它更应该是网络的、电子的。信息技术的应用课程将极大地加速教学进程，减少时间消耗，提高教学效率，增减教学效果，同时也为教学的个别化和个性化创造了可行性环境。

教育民主化关注平等的受教育机会，更体现在课程体系的整体建设上，其已经成为世界各国教育改革的共同趋势和高中课程改革的显著特征。教育民主要求赋予每一所高中合理充分的课程自主权，具体

体现在特色发展的学校选修课程的研发、学生选课指导制度、校本教学研究等多个方面。

（二）普通高中教育课程体系优化的实现策略

普通高中的教育功能要求培养具有思想道德素质和科学文化素质能够适应未来升学、就业发展的中等人才，而课程是教育实现功能释放的关键。建立适合学生发展的课程体系，是更好实现普通高中教育功能的必要环节。

1. 课程标准的优化策略

普通高中教育是多样化发展的，高中的课程改革取向亦是多元的，而不是一元的。第八次课程改革非常强调课程标准，课程改革都是在课程标准的指导下进行，但是由于我国的课程设置一直是苏联模式，与当代课程发展的需要脱节严重，不能兼顾学生个人和社会发展对教育的需求，对普通高中课程标准的重新研发已成为当前高中教育所面临的最紧迫、最重要的课题。

第一，课程标准制定应考虑高中学生未来多元的发展需求。普通高中教育的未来发展趋向升学、就业、素质养成多个方面，其课程标准设计亦应涉及学生未来的发展选择。不同类型的高中教育模式，同样在人才培养目标上各有特点，课程标准的设计必然不能是统一模式。课程标准既应考虑到高中学生基础知识的学习，也应考虑到学生的职业定位，更应考虑到学生的素质倾向和个性特征发展，在增强课程内容有效性的基础上体现出课程标准的未来应用型取向。

第二，课程标准应侧重学科展望和学科素养的培养。就目前而言，我国的高中课程标准还没有形成一个体系，标准本身大多作为制定教材的主要依据，缺乏动态的学科素养建设和未来发展的整体设计。学科课程的更新能力不强，新知识融入速度很慢，不能满足科技更新的速度；学科教材的开发不足，课程标准不是仅仅对应一本教材，它可以是系列教材，可以是发展变化的教材体系。把科学的知识体系，改造成学科的知识体系是课程标准在框架设计上的关键点。

第三，课程标准的研制应在普适性的基础上追求因地制宜特色化。由于我国幅员辽阔，经济发展不平衡，区域教育存在诸多差异。长久以来，我国一直实行统一的普通高中课程标准，很难满足各地区普通高中教育的差异性需求。因此，在课程标准的研制上，应在体现课程内容的共性要求上，鼓励各地方以国家课程标准为蓝本，结合本地区教育实际，制定出更为适宜的课程标准。

第四，课程标准制定应体现广泛的社会需求和建议。普通高中的课程标准应充分体现国家、教育系统、企事业单位、专家团体等多元的审议关系，考虑到整个社会对教育的现实需求和未来愿景。在制定过程中应充分发挥社会各方的作用，积极采纳有效的建议，保证课程标准在满足学生学习需要的基础上，满足社会层面对人才知识与技能的要求。

2. 课程结构的优化策略

课程结构优化既包括对课程内部结构形式的优化，又包括课程结构实质的优化，同时还要关注各构成要素间关系的改造。[1] 普通高中课程改革成功与否，突出体现在课程结构及其设置上的显著变化。

（1）探寻选修课与必修课的合理比例，进一步健全选课制度

世界范围内，增强普通高中课程的可选择性是国际高中课改的一个重要特征。调整选修课与必修课的比例关系，需要设置合理的课程数量。选修课的设置要依据教育实际，不是越多越好，而且不可以削弱必修课程的主体地位和基础功能。高中阶段，虽然学生的自主意识在增强，但自学能力还没有完全形成，因此积极加强选课指导制度，有利于学生合理的选择学习课程。

（2）合理安排不同类型课程，确保课程关系的科学设置

普通高中教育的多元化发展，促进了不同类型课程的出现。因此，在课程结构设置上，要合理安排好学术课程与职业教育课程之间的内容和比例，必修课程与选修课程之间的内容和比例，学术课程、活动

---

① 郭晓明：《整体性课程结构观与优化课程结构的新思路》，《教育理论与实践》2001 年第 5 期。

课程和综合课程之间的内容和比例。学术课程、必修课程的主体地位不可动摇，在此基础上，适度增强其他课程的比例设置，允许学生自主选择学习层次和课程模块。

（3）整合课程科目，整体设置三年高中课程结构

原有的普通高中存在课程分化过细过多的问题，科目过多，导致课程内容缺乏横向和纵向联系，学生对于零碎知识难以整体把握。因此加强课程结构调整，适度削减不必要的科目，处理好学习领域、科目和模块之间的关系就显得非常重要。高中三年作为一个独立学段，课程结构具有相对完整性，因此应在横向关系上把握好平衡性、互动性和组合型，在纵向关系上把握好连续性、衔接性，形成整体优化，实现课程结构的功能优化。

（4）优化模块知识内部，形成多层次课程结构

课程结构的微观层面主要体现在教材结构上，即该门学科的知识点的顺序和组合方式。课程结构的重置将打破原有科目的知识逻辑体系，给教学实践带来困难。因此，将教材结构按照适应学生基础性和选择性结合的原则来配置，形成多层次的框架就显得尤为重要。可以大胆的改变我国课程设置中的一纲一本现象，实行教材的多层次发展，将适应当前各个学校的多层次的需求。

3. 课程内容的优化策略

课程内容是课程的重要组成，也是课改的关键所在。课程目标的最终实现在于课程内容的选择和安排，课程结构的设计也是在课程内容的基础上进行的。普通高中教育课程内容的改革是普通高中教育是否走向成功的决定因素。

（1）课程内容的选择要建立在内在良性的逻辑关系上

顺应普通高中教育改革的整体趋势，课程内容的选择需要兼顾多方面的逻辑关系。其中，处理好书本知识与实践能力的关系，教师本位与学生主体的关系是课堂教学对课程内容的要求；适应社会与发展个体的关系，培养精英与面向全体的关系是课程目标对课程内容的要

求；共同基础与个性发展的关系，超越生活与回归生活的关系是课程理念对课程内容的要求。只有在此基础上的内容安排才是适合的、理性的和符合知识内在建构的。

（2）课程内容的选择要兼顾时代性和基础性

社会的经济发展、科技进步、文明成果都应在课程体系中与学生的经验建立联系，从而引导他们在课程的指引下进一步开发自身的创新精神和创新能力。时代性原则要求课程内容体现各学科的发展趋势，顺应时代发展需要及时调整和更新。基础性原则强调掌握必需的基础知识及灵活运用的能力，注重培养学生获取新知以及分析问题、解决问题等多方面能力，为每一位学生的发展奠定共同基础。选择性原则是指，课程内容应适应不同学生的发展需要，构建课程多样化、有层次、综合性的学习内容。

（3）课程改革重视职业教育课程、综合课程、实践课程的开发

普通高中教育课程内容上增设适应时代需要的新的课程领域或课程门类，加大促进就业的职业教育相关课程、提高综合素质的综合课程以及加强动手操作能力的实践相关课程的开发力度。多样化的普通高中教育模式需要多样化的课程内容的有力支撑，学生的个性才能得到充分发展。这三类课程在内容上要紧扣学科课程，依托基础知识拓展，形成教育教学的特色内容，为学生的特色发展打基础。

（4）课程内容重视学科内部与学科之间的整合

国际上普通高中教育的课程内容大多是相互渗透和融合的，一般是由不同学科的知识围绕某个核心知识组织起来，形成一个主题单元。综合课程在这方面有所发展，但是课程体系的建立仅仅依靠综合课程是远远不够的。高中课程的分科课程始终是内容的主体，在实际课程组织上打破学科之间的隔阂，用联系的思想串联不同学科知识，将社会问题情景化、完整化地呈现在学生面前应该是课程内容选择的趋势。

4. 课程实施的优化策略

课程实施的关键环节之一是课程实施策略的选择。麦克尼尔

（J. D. McNeil）总结出三种不同层面的课程实施策略模式，即自上而下策略、自下而上策略和自中而上策略。① 在课程改革的实施中，我国各级教育行政部门在课程计划、组织、管理中发挥着重要作用，一般是采取前两种策略相结合的模式，主要采取"先实验后推广"、"分步实施"、"为课程实施机构赋权"、"为课程实施者增能"三大策略。除此以外，笔者认为课程实施还应注意以下几个方面。

（1）加强课程实施的顶层设计，创设良好的课程实施环境

课程实施过程是具有开放性的，涉及课程观念的及时更新，也牵扯到教学行为的改进。需要多层级的整体规划，也需要基层学校的具体落实；需要在教育行政、教学研究、考试管理、师资培训等多方面助推，还需要具体实施的机制和措施保障。因此，笔者认为首先应积极开展教育系统内部调研，用系统论的思维规划设计课程实施，在此基础上结合我国高中教育的实际情况，重点谋划课程实施策略的选择和运用，创设出良好的课程实施环境，才有利于课程改革的全面顺利实施。

（2）建立多层面课程实施的运行系统，积极落实校长负责制

课程实施需要进一步划分各级教育部门的权利范围和责任指向，形成统一的课程实施运行体系，将课程实施分权到位，赋权到校，保障学校有充分的课程自主权，可以创造性的落实课程改革方案。在此基础上，要深入到位的明确校长负责制，让校长有在坚持国家方案的基础上自主的开发和实验校本课程的权责义务，这样才能够真正促进课程的有效实施。

（3）广大教师要在教学理念和教学方法上敢于突破创新

课程实施的重要环节是要落实到具体进行教育教学的教师身上，其效果是否良好，直接取决于教师本身对课程的理解和教授。在现实情况下，师资培训往往在实际的教学过程上下功夫，没有实际的引导

---

① John D. Mcneil, *Curriculum: A Comprehensive Introduction*, Harper Collins College Publishers, 1996: 241 – 261.

教师的理念和方式方法上的改变。教师在课程实施上缺乏教育专家的引领，容易出现为了课改而课改的局面。教无定法，教师应在坚持课改理念的基础上不断摸索和创新有效的教学途径，真正实现课程改革的落地。当然，这个过程不是一蹴而就的，加强教育研究，加强专家引领，加强教学实践是重中之重。

5. 课程评价的优化策略

课程评价是课程改革能否顺利进行的重要保障。普通高中教育课程体系的优化和实施必须建立在科学、合理和实际的评价体系之上。

（1）课程评价体系应多元化

课程评价多元化主要包含多元化的评价内容、评价手段以及评价主体三个方面。课程评价内容的多元化是指在课程评价时，除了关注学生的基础知识和基本技能，还应包括认知、情感、态度、个性差异等多个方面，意在促进学生综合素质提升。课程评价手段多元化是指采用试卷测试、调查报告、行为表现、档案袋评价、情景模拟等结合课程本身特点和学生个性化发展需要的方法。评价主体应包括教师、学生、相关社会人员、课程设计专家等，以体现评价主体的多元化。

（2）课程评价方法应采用发展性评价

课程评价应实行学生学业成绩与成长记录相结合的发展性、综合性评价体系，建立教育质量的监测机制。[①] 发展性评价是通过系统的整理分析评价信息，对评价者和对象均进行价值判断，实现促进人的发展的共同价值目标。"发展性课程评价通过课程评价促进学生知识与技能、情感与态度，以及个性等综合素质的发展提升，评价理念在于以人为本，是课程评价改革的价值追求。"[②]

（3）遵循课程开发和实施并重的原则

课程评价过程中，既要重视课程设计，又要重视课程实施，这两

---

① 教育部网站：《普通高中课程方案（实验）》（教基〔2003〕6号），http：//old. moe. gov. cn/ publicfiles/business/htmlfiles/moe/s8001/201404/167349. html。

② 周卫勇：《走向发展性课程评价》，北京大学出版社2001年版，第215页。

个是课程改革的重要环节。因此，课程开发的优劣直接促进课程能否更好的实施，课程实施反过来又可以促进课程开发的不断改进，两者相互作用，不可分割。因此对课程开发的评价直接关系到课程实施的进行，对课程实施的评价直接关系到课程开发的下一步改革。

（4）重视课程评价的反馈功能

查找出课程教学与教学目标之间的偏离是课程评价的主要目的。因此，加强课程评价的反馈功能显得尤为重要。具体说来，可以由评价者向评价决策者汇报结果，可以评价者向评价对象直接反馈评价结论，也可以评价者提供数据和信息公布，共有三种形式来进行评价反馈。从而促使课程评价顺利、有效地发挥其重要功能，凸显重要作用。

6. 课程管理的优化策略

课程管理是指课程管理者对课程进行的计划、组织、领导、实施和控制的全过程。课程管理策略是指课程管理部门和管理人员根据课程规章制度所采取的管理方式和方法。具体说来，主要包含以下策略。

（1）实行以三级管理体制为层级的课程组织管理

我国地域辽阔，人口众多，各地之间差异较大，普通高中教育主要实行国家、地方和学校三级课程组织管理模式。国家层面的管理侧重于宏观方面，地方管理侧重当地教育实际，学校则是课程管理的最直接单位。三级管理赋予了学校充分而合理的课程管理自主权，为学校管理创新留下了足够的弹性空间，为学生有效选择课程提供了保障。在这一体制下，可以创造性的实施国家课程，因地制宜的开发校本课程，建立起符合自身课程管理实践需求的模式，引领学校发展方向。

（2）加强课程的法制建设，依法管理课程发展

将课程管理纳入法制轨道是世界范围内普遍的做法，英国、美国、日本等很多国家都通过教育立法来实施课程管理和改革。我国近10年来，也颁布了一些规章，但其法律约束力和权威性远远不够。课程管理涉及多个利益主体，包括学生、教师、学校、课程研发者、教材出版者等，因此重视运用法律手段来为课程改革过程创造一个良好的法

律环境是十分必要而又重要的。

（3）课程实施管理侧重学校为本的课程建设

在课程改革管理方面，教育行政职能部门更多的应是提供资金支持、政策规范、信息服务和监督指导功能，创造出良好的外围制度环境。课程改革的实践主体是普通高中学校，因为学校是课程最终的实施机构，是办学主体，是国家课程和地方课程的贯彻者，不能简单地依靠行政命令推行课程改革。因此，坚持以学校为本，建设良好的学校课程实施环境，才是课程实施的有效管理。

（4）课程研发管理应注重多元参与、市场调节和行政监控相结合

课程研发管理是一项复杂的工程，保障课程的设计开发质量需要严格的体系管理。笔者认为，采取多元参与、市场调节和行政监控的手段相结合是有效的课程研发管理手段，即有关教育行政管理部门通过委托合作的方式，引入相关课程研发者参与到教材和课程的研制中；运用市场机制，鼓励更多的社会研究机构和团体参与到教材的编写和出版中；教材的质量、课程的建设由教育行政部门进行严格的监控和监督。

四　改革普通高中教育考试、评价、招生、用人制度

普通高中教育功能的释放和多样化发展包含着多方面的内容，教育模式、课程改革是其主体，同时也包含着考试、招生、评价、用人制度改革等各个方面。普通高中教育的发展需要多方面的共同努力，这是一项系统工程。

（一）考试制度改革支撑普通高中教育发展

普通高中的多样化发展在现阶段还处于起步阶段，发展过程中不可避免地遇到旧有的考试制度与普通高中教育未来趋势不相契合的地方。因此，改革高中教育相关考试制度刻不容缓。

1. 深化高考制度改革

高考制度无疑是普通高中教育发展的最关键因素之一。普通高中

教育发展多年，但是多数存在于口号的高调和政策的呼吁，真正实际的突破和发展很难落实，究其根本就是在于长久以来形成的高考制度上。高考升学制度阻碍着普通高中教育的全面发展，普通高中教育所形成的系统性思维理念不能说改就改，牵一发而动全局。

2014年9月颁布的《关于深化考试招生制度改革的实施意见》迈出了高招改革上坚实的一大步。在高考命题上，增加内容的基础性、综合性，着重考查学生运用所学知识分析和解决问题的能力。高职院校的招生考试可实行"文化素质+职业技能"评价方式，并与普通高校的招生考试分开。招生主要选拔具有学科特长和创新潜质的优秀学生。2014年启动考试招生制度改革试点，并逐年推进，到2020年全面形成分类考试、综合评价、多元录取的具有中国特色的现代教育考试招生模式，构建衔接各级各类教育、认可多种学习成果的终身学习"立交桥"[①]。

近年的高考招生制度改革正在积极寻求考试形式和内容的较大变化，力图体现普通高中教育教书育人功能的全面落实。但是在具体实施过程中，能够真正全面贯彻落实，避免教育公平缺失，有效解决平行机制的实施矛盾都值得进一步探讨和解决。笔者认为，下一步我们应该在命题引导、评价措施、多元录取的基础上，努力开发和创新具体的衡量标准和实施步骤，平衡考试招生各个环节的矛盾冲突问题，努力让高考指挥棒与普通高中教育办学体制和办学模式精确衔接，助推高中学生培养层次和培养素质的全面发展，为不同潜质的学生提供更为有利的成长环境。

2. 探索学业水平考试改革

最新的国务院《关于深化考试招生制度改革的实施意见》指出："学业水平考试主要检验学生学习程度，是学生毕业和升学的重要依据。考试范围覆盖国家规定的所有学习科目，引导学生认真学习每门

---

① 《国务院关于深化考试招生制度改革的实施意见》（国发〔2014〕35号），2014-9-3 http：//www.gov.cn/zhengce/content/2014-09/04/content_9065.htm。

课程，避免严重偏科。学业水平考试由省级教育行政部门按国家课程标准和考试要求组织实施，确保考试安全有序、成绩真实可信。各地要合理安排课程进度和考试时间，创造条件为有需要的学生提供同一科目两次考试的机会。"①

本书认为普通高中学业水平考试应引起社会各方面的重视，应加强其与高考环节的紧密联系，应建构多主体评价的方式，应加强终结性评价与形成性评价相结合的方式，积极寻求发展性的评价理念，力求公平、公正、真实的反映高中生的学业水平。建议学业水平考试避免百分制的形式，采用合格性和等级性的呈现方式；建立考核科目可以一科多考、优中选优的确定成绩方式，将最好成绩作为最终的成绩确定。在考试科目的设置上，探索增加考试的选择性，反映学生个体差异；在考试命题安排上，追求知识立意向能力立意的转变；在考试模式上，积极探索多元的考核方式；在评价方式上，量化评价和质性评价相结合；在评价周期上，开拓一次评价到多次评价的发展。

普通高中学业水平考试将定位于普通高中教育质量监控，在于考察高中学生的整体素质反映，同时服从和服务于高校招生考试制度。以往学业水平考试由于升学考试的趋向，表现的可有可无，对于学生的实际素质区分度不高，得不到相关教育行政部门的重视，更与高考指向相背离。普通高中多样化发展的今天，普通高中的教育功能指向促进全人的发展，因此将学业水平考试重新确立应有的高度，与多元化的高校招生相对应，才是符合现实和时代的发展要求的。

3. 完善普通高中招生考试制度

国家关于中等学校的招生制度政策改革一直在努力和拓展之中，2015 年教育部的中考改革方案指出："进一步修订课程标准，降低中考内容的难度，删除繁难偏旧，突出核心知识与能力的考察；物理、化学和卷考试，逐步体现科学综合，取消特长生加分政策，特长生入

---

① 《国务院关于深化考试招生制度改革的实施意见》（国发〔2014〕35 号），2014 - 9 - 3 http：//
　www. gov. cn/zhengce/content/2014 - 09/04/content_ 9065. htm。

学必须达到学校的最低分数线。"① 可以看出，中考招生正在逐渐突出基础教育的本质，即打造学生的学习基础，培养学生综合化、多样化的知识积累和发展。但是我们也不难发现，现今的招生政策对于细化的学生素质要求还表现得比较低，更多的是在德育评价中体现。初中与高中还缺乏更为细致的衔接，这也是进入高中后，学生普遍出现明显不适应的根本原因。

顺应大众化的普通高中发展趋势，未来的普通高中招生考试制度应进行相应的改革和完善，鼓励和允许更多的初中毕业生升入适应其个性发展的普通高中学习。中考的考试制度应在考试内容和考试形式上更多的体现学生素质化的表现倾向，不再以分数成绩论高低，而应建立以综合素质评价和考试成绩相结合的方式展开录取。在录取形式上，降低初中校际之间的竞争强度，鼓励大面积开展指标到校的升学方式，让更多的初中生有机会到较好的高中深造学习。同时积极构建适合普通高中发展的择校的录取原则和方式，让有一定愿景的初中生能够走入理想的高中学习。正确处理好指标到校和择校之间的矛盾关系，是当前中考招生的重点问题。

（二）重构普通高中教育评价体系

普通高中教育评价是高中教育得以不断前进和发展的支持平台，塑造高中学生知识文化不仅需要课程体系的重要支撑，更需要评价体系的检测和评估，从而使得高中学生实现个性化发展和全面发展，实现普通高中教育育人功能的充分发挥。同时普通高中的社会功能也融于评价活动之中，让多元评价取代单一评价是未来的发展趋势。当前我国普通高中教育还存在这样那样的问题，归其种种是体系问题，是建构问题，建立适应新时期普通高中教育功能的评价支撑是不可避免的。

1. 现行普通高中教育评价体系存在的问题

在评价理念上，我国普通高中教育评价单纯追求书本成绩，对学

---

① 教育部网站：《2015 中考改革方案》，http：//www.vixue.com/html/JJXW/zkjj/middleschoolex-amine/30366.html。

生的动手操作和文艺才能等综合素质缺乏引导和评价，同时评价活动相对单一固定，忽视了被评价对象的多维性，缺乏对教育活动发展变化过程中的动态评价。在评价主体上，目前还没有形成教师、学生、管理者、教育专家以及家长等多元主体共同参与的评价模式，还无法保证评价的客观性。在评价标准上，还不具有明显的科学性，标准过于机械和单一，关注整体和一般趋势，缺失了对评价对象自身特点的关注，无法体现全面和严谨的教育评价。在评价内容上，更多地体现在总结性评价上下功夫，没有结合诊断性评价和形成性评价，对教师和学生在教育活动中体现出来的综合素质进行有效评价。在评价方法上，单一的评价范式占据主体，那就是注重量化评价和实际成绩，不能体现多元主体的评价方法，不能体现先进理念的评价方法，无法凸显实际的评价。总之，单一的缺乏体系、缺乏理论支撑和实践改良的评价制度无疑会对未来的普通高中教育多样化发展造成一定的阻碍。

2. 普通高中教育评价体系的应然确立

《国家中长期教育改革和发展规划纲要（2010—2020 年）》明确指出教育要面向现代化、面向世界、面向未来，全面实施素质教育，推动教育事业在新的起点上科学发展。而目前的教育评价体系已经难以实现时代发展和人才培养的需要。建立科学的评价制度，形成完善的评价标准，加快评价体系的建设不可避免地成为重中之重。

我们的普通高中教育评价体系应着力于以下几个方面的改革：教育评价工作需要在专业理论和实践上齐下功夫，逐步健全教育评价机构，培养专业教育评价人员，做好教育评价互动开展的底层基础。今后我们应该建立多样化的体现个性发展的评价标准，提高教育评价的信度和效度，发挥教育评价的导向功能，积极形成普通高中教育各自的办学理念和风格，强化特色发展。在评价主体上，我们应加大力度促进主体构成的社会化，创造条件，让更多的社会团体和单位参与到教育评价中来，发挥多元社会力量共同参与的教育评价活动。建立科学规范的评价制度，形成完备的教育评价指标体系，在人员组成、技术构建、平台设计等多个方面努力完善，构建行之有效的不断发展的动态评价制度体系。同时，在教育评价的技术开发环节上下大力气，力争教育评价体现科学化、数值化，将定量评价和定性评价有机结合，寻求公平、公正和合理。最后，教育评价还应关注持续性，而不是应付性的走过场，有机联系学生成长生活的各个阶段，紧密联系，得出最切合学生个性发展路径的评价数据。

（三）完善普通高中教育招生制度的路径

普通高中教育功能选择应坚持社会制约性和人的主体性的辩证统一，在满足社会需要的同时，亦应满足个体需要，并在此之间保持一种必要的张力。普通高中教育招生制度既要体现国家和社会整体的人才需求，也要照顾到当今时代学生个体发展的现实要求，鼓励在人才选择上实现多样性和个性化发展。因此，加强中考招生制度的改革迫在眉睫。

1. 着力加强中考招生改革的专业化建设是今后发展的必由之路

普通高中教育招生改革不仅仅是教育行政政策的实施，更应该是科学化和专业化水平提升的理论和实践的融合体。长期以来，我国的中考招生大多停留在教育行政的经验层面，缺乏深层次的关于学生的评价和招生的理论研究。命题内容缺乏专业的学科素养和测量技术，评价分析技术的专业反馈能力较差；考试形式还停留在"一考定终身"的状态，提倡的素质评价举步不前，无法体现多样化选拔和促进人才发展的宗旨；特长生破格录取、职业中学提前招生没有培养人才的内涵体现，考评形式化趋势严重，停留低水平的表层设计上，招生政策缺乏科学性和合理性。

中考招生改革的专业化研究和建设应该被尽快提上普通高中教育的日程表。普通高中教育可以与基础教育行政、教研部门联合攻关，提升教育测量评价的理论和实践研究，共建专业化的研究队伍，完善相关考试测量技术，充分体现每一门课程的功能和价值，在命题形式、命题内容、命题设计上下大力气，在录取政策、录取原则、录取方式上加大改革力度；在素质评价、素质测量和素质鉴定上努力研发。同时，招生考试改革还应主动征求多方面的意见和建议，在教育行政部门和中考招生方案制定的负责机构基础上，广泛多元的吸取包括一线教师、家长代表、企事业单位在内的社会各级各界的要求和需求。最终实现中考招生考试的全面改革和突破。

2. 中招制度改革应在初中毕业生学业考试、综合评价和高中录取三方面实现创新

改革开放30多年以来，考试招生是现代教育体系的重要节点，中考制度改革是基础教育领域综合改革的突破口。但作为中考招生制度核心的初中毕业生学业考试、综合评价和高中录取三个方面一直以来始终存在不尽如人意的地方。学业考试由于试题整体难度较低，一直未列入高中招生参考数据，存在于中考相冲突的一面，导致学校、教师、学生多方面的不予关注，结果反映到教育行政部门，考试越来越趋于形式，失去了存在的实际意义。综合素质评价着眼于初中三年，耗时较长，很多指标和测量缺乏统一有效标准，参与人较多，操作复杂，难以体现定性和定量的衡量要求，一直停滞不前。中考招生录取长期以中考分数作为录取的直接标准，虽然政策文件呼吁多样化的录取方式，但由于来自多方面的压力和干扰，难以与学业考试和综合素质评价融合。

科学公平的中招考试制度是一项长期工程，需要逐步理顺多方面的关系，才能形成优良的考试体系。对于当下的中考招生，笔者认为应在以下方面加大努力：建立招生录取的档案袋，构建全面的素质评价和学业评价的统一体系，体现全方位的录取原则和开放的录取方式；按照普通高中多样化发展的前进趋势，对不同类型的学校和个性的学生采取符合实际的录取办法，合理安排好不同考试评价项目在总体评估录取中的比例，侧重不同的发展方向引导，体现考试的公平；积极开展多样化的考试录取实践，将学业考试、综合素质考核和升学考试统一起来，为学生个性发展和特色发展创建绿色通道，不拘一格降人

才；在招生录取过程中注重监督和舆论导向，建立起完备的诚信和保障机制，形成良好的中考招生录取体系。

（四）改革社会用人制度促进普通高中教育健康发展

普通高中教育的多样化发展是和社会用人制度的发展不可分割的，二者具有紧密的一致性，相互影响制约。就业高中和综合高中的办学模式发展始终处于过程中与普通高中教育的毕业生就业情况不佳有直接关系，而就业困难与社会用人制度改革滞后直接关联。当前的用人制度唯学历，唯能力，但是其认识程度停留在学历决定能力方面，用人层次不够分明，整体用人制度亟待改革。

第一，建立科学的人才观标准，根据工作需要和能力要求制定层次性的人才使用原则。普通高中教育毕业生属于中等学历，职业化倾向在就业高中和综合高中明显，但是现在还处于起步和摸索阶段。笔者认为社会用人单位应加强和普通高中教育的结合密度，加大录取高中学生作为未来技术性用工的主体，在此基础上促进普通高中教育的发展。与此同时，普通高中教育在了解社会用人尺度后培养适应社会用工的教学质量会相应提升，可以培育更为合格的人才。

第二，建立适合高中毕业生就业的劳动准入制度和劳动实习制度，促进就业活动的系列开展。普通高中毕业生年龄普遍偏小，建立适合的实习和准入制度，对于高中生来说，不无裨益。目前我国有比较完善的中等职业资格制度，但缺乏高中教育的对应职业制度，因此在校期间鼓励学生参加适当的资格职业考试，获取相应的技能职业资格，有利于未来的就业发展。

第三，制定相应的鼓励支持政策，影响用人企业主动聘用普通高中毕业生就业。普通高中办学模式的发展依托平台的支持，用人制度上的倾向和鼓励，有利于帮助普通高中教育发展，促进多元化办学模式的形成，也促进学生多方面素质的发展和形成。因此，用人制度改革直接关系高中和学生的双重发展，未来趋势十分突出。

参考文献

一 论文类

[1] 陈维仁：《构建三教并立的高中段教育体系，全面发展高中段教育》，《山东教育学院学报》2001年第3期。

[2] 崔允漷：《全球视野下我国普通高中课程改革的对策思考》，《教育发展研究》2013年第18期。

[3] 崔允漷、周海涛：《试论普通高中的独立价值：性质、任务和培养目标》，《全球教育展望》2002年第3期。

[4] 董凌波、冯增俊：《高中学业水平考试实施背景下的高考改革探析》，《教育学术月刊》2013年第3期。

[5] 范英：《论人的全面发展与社会自然的辩证关系》，《广东省社会科学》2002年第6期。

[6] 冯生尧：《普通高中课程多样化及其配套措施：美国的经验与启示》，《教育发展研究》2013年第18期。

[7] 傅禄建：《解决五项政策——谈综合高中的必要条件》，《教育发展研究》2000年第1期。

[8] 傅维利：《新教育目的观如何确立》，《光明日报》2015年9月8日。

[9] 何煦：《生态文明价值域内"自然—人—社会"的重新解读》，

《广西社会科学》2010年第2期。

[10] 胡贵勇：《教育功能的再思考》，《全球教育展望》2004年第7期。

[11] 胡庆芳：《决不让一个高中生掉队——美国高中课程改革研究》，《全球教育展望》2002年第3期。

[12] 江松贵：《论综合高中的开放性》，《教学与管理》2003年第19期。

[13] 雷鸣强：《教育的万能、无能、本能——对教育功能、价值认识的反思》，《南京师范大学报》（社会科学版）1996年第2期。

[14] 李建平：《新程体现均衡性综合性选择性——基础教育课程改革系列报道之（三）》，《辽宁教育》2002年第4期。

[15] 李润洲：《普通高中教育的定位："教育—人—社会"的视角》，《教育发展研究》2013年第22期。

[16] 李颖：《普通高中多样化发展的价值及模式改进》，《中国教育学刊》2013年第5期。

[17] 李长吉：《教育价值研究二十年》，《高等师范教育研究》2001年第4期。

[18] 廖元锡：《新课程高考方案及考试大纲对高中科学领域模块课程实施的影响研究》，西南大学博士学位论文，2010年。

[19] 林荣日：《中国教育对经济增长的贡献测算》，《现代大学教育》2000年第6期。

[20] 刘国瑞：《关于综合高中问题的学习与思考》，《辽宁教育研究》2000年第4期。

[21] 刘彭芝：《整体构建大中小学创新人才培养新模式的研究与实践》，《教育研究》2013年第1期。

[22] 刘万海：《我国高中教育改革：历史经验与未来选择》，《全球教育展望》2014年第3期。

[23] 卢立涛：《全球视野下高中教育的性质、定位和功能》，《外国教育研究》2007年第4期。

[24] 罗刚：《基础教育均衡发展政策的价值分析》，华东师范大学博

士学位论文，2009 年。

[25] 马庆发：《关于试办综合高级中学实施方案的若干构想》，《教育参考》2003 年第 3 期。

[26] 毛竞飞、盛兰芳：《新课改条件下的高考改革思考》，《理论与实践》2011 年第 11 期。

[27] 潘继斌、廖静文：《对新高考改革方案实施办法的探究》，《考试研究》2015 年第 4 期。

[28] 石伟平、徐国庆：《综合中学不是灵丹妙药——有关我国当前中职发展困境与出路的再思考》，《教育参考》2003 年第 10 期。

[29] 石中英：《关于现阶段普通高中教育性质的再认识》，《教育研究》2014 年第 10 期。

[30] 史智文：《走进美国的高中教育》，《教师新概念》2006 年第 11 期。

[31] 宋兵波：《我国高中教育改革价值取向：综合化全人教育》，《中国教育学刊物》2011 年第 4 期。

[32] 宋艳梅：《示范高中规范问题研究——以河南省南阳市省级示范高中为个案》，陕西师范大学博士学位论文，2012 年。

[33] 孙喜亭：《教育价值观问题再论》，《教育研究与实验》1998 年第 1 期。

[34] 孙震翰：《再论应关注综合高中的发展》，《职教通讯》2001 年第 5 期。

[35] 汤可发：《试论高中教育的综合化》，《教育发展研究》2001 年第 9 期。

[36] 唐荣德：《论教育哲学应然功能的现实化》，《广西师范大学学报》（哲学社会科学版）1998 年第 4 期。

[37] 童莉：《模块课程：高中新课程结构的亮点》，《绍兴文理学院学报》2008 年第 12 期。

[38] 王等等：《教育功能观研究述评》，《常州工学院学报》2004 年第 3 期。

［39］王伟、李松林：《学校特色发展的主要途径》，《教育导刊》2009
　　　年第 8 期。

［40］王勇鹏、皮华英：《新高中课程结构的公平审视与改革建议》，
　　　《湖南师范大学教育科学学报》2012 年第 3 期。

［41］王友航：《高等教育质量政策的话语策略》，《教育学术月刊》
　　　2012 年第 10 期。

［42］闻待：《论高中教育的多样化发展》，华东师范大学博士学位论
　　　文，2010 年。

［43］吴刚平：《反思普通高中课程：功能期待与结构设计》，《全球教
　　　育展望》2002 年第 6 期。

［44］吴康宁：《教育功能诸论述评》，《华中师范大学学报》（哲学社
　　　会科学版）1996 年第 3 期。

［45］徐爱杰：《论我国高中教育的功能定位》，《教育理论与实践》
　　　2012 年第 7 期。

［46］徐志高、朱琦：《面向全体——综合高中的办学方向》，《教育与
　　　职业》2001 年第 12 期。

［47］薛继民：《论现代学校职能的价值定位》，《江苏教育学院学报》
　　　（社会科学版）1998 年第 1 期。

［48］杨桂清：《普通高中定位之辩——对普通高中教育定位讨论的回
　　　眸》，《辽宁教育》2013 年第 6 期。

［49］郑金州：《教育两大功能关系之研究》，《教育发展研究》1995
　　　年第 6 期。

［50］余慧娟：《把"人"写进教育的核心》，《人民教育》2012 年第
　　　11 期。

［51］袁桂林：《对促进高中学校类型多样的思考：高中横向定位》，《中
　　　国教育报》2012 年 5 月 11 日。

［52］袁桂林：《对普通高中多样化发展的理解》，《人民教育》2013
　　　年第 8 期。

［53］曾超敏：《关于河北省普通高中课程改革的若干问题》，《考试与招生》2009 年第 9 期。

［54］张德伟：《略论后期中等教育的性质、地位、功能和作用——一个国际与比较教育的视野》，《外国教育研究》2004 年第 3 期。

［55］张华：《高中课程改革的问题、理念与目标》，《全球教育展望》2003 年第 9 期。

［56］张俊豪：《功能主义理论及其对教育的适用》，《湖北民族学院学报》（哲学社会科学版）2004 年第 6 期。

［57］张俊列：《普通高中课程结构改革的问题与对策》，《课程·教材·教法》2013 年第 3 期。

［58］郑金洲：《教育功能研究十七年》，《高等教育研究》1995 年第 6 期。

［59］朱艳新、张日：《罗杰斯的人本主义思想与人格理论》，《社会科学论坛》2003 年第 5 期。

［60］邹联克：《比较视野下贵州省高中课程改革策略研究》，西南大学博士学位论文，2010 年。

二　著作类

［1］［日］牧野笃：《当代日本中等教育》，樊爱香译，山西教育出版社1999 年版。

［2］［日］新崛通也：《现代教育的病理——教育病理学结构》，瞿葆奎主编《教育学文集——教育与社会发展》，人民教育出版社1989 年版。

［3］［英］范（Vanbergen，V.）：《美国顶尖学校》，林一译，南京大学出版社 2009 年版。

［4］陈理宣：《教育价值论》，四川大学出版社 2003 年版。

［5］陈如平：《中国普通高中教育发展报告》，教育科学出版社 2013 年版。

［6］冯平：《评价论》，东方出版社 1997 年版。

［7］ 冯增俊、陈时见、项贤明：《当代比较教育学》，人民教育出版社 2008 年版。

［8］ 傅维利：《教育功能论》，辽宁教育出版社 1990 年版。

［9］ 胡方：《学校变革之特色学校发展战略论》，重庆出版社 2008 年版。

［10］ 黄全愈：《"高考"在美国》，北京大学出版社、广西师范大学出版社 2003 年版。

［11］ 霍益萍、朱益明：《中国高中阶段教育发展报告》，华东师范大学出版社 2013 年版。

［12］ 霍益萍：《普通高中现状调研与问题讨论》，华东师范大学出版社 2010 年版。

［13］ 金哲：《世界新科学总览》，重庆出版社 1987 年版。

［14］ 康万栋、邵喜珍：《校长与学校发展》，河北大学出版社 2012 年版。

［15］ 赖德胜：《教育与收入分配》，北京师范大学出版社 1998 年版。

［16］ 李其龙、张德伟：《普通高中教育发展国际比较研究》，教育科学出版社 2008 年版。

［17］ 廖哲勋、田慧生：《课程新论》，教育科学出版社 2003 年版。

［18］ 刘复兴：《教育政策的价值分析》，教育科学出版社 2000 年版。

［19］ 刘远传：《社会本体论》，武汉大学出版社 1999 年版。

［20］ 卢现祥：《西方新制度经济学》，中国发展出版社 2005 年版。

［21］ ［美］罗伯特·金·默顿：《论理论社会学》，何凡兴等译，华夏出版社 1990 年版。

［22］ ［美］罗杰斯：《学习的自由》，贝尔霍韦尔出版公司 1983 年版。

［23］ 《马克思恩格斯选集》（第 1 卷），人民出版社 1995 年版。

［24］ 瞿葆奎：《教育学文集·教育与社会发展》，人民教育出版社 1989 年版。

［25］ 孙孔彭：《学校特色论》，人民教育出版社 1998 年版。

［26］ 王文：《零距离美国课堂》，中国轻工业出版社 2010 年版。

［27］ 文部科学省：《文部科学统计要览平成 20 年版》，国立印刷局 2008

年版。

［28］邬志辉：《教育全球化》，华东师范大学出版社 2004 年版。

［29］吴康宁：《教育社会学》，人民教育出版社 1998 年版。

［30］许云昭：《超越差距——中美基础教育课程比较》，湖南教育出版社 2006 年版。

［31］杨捷：《重构中学与大学的关系》，中国社会科学出版社 2008 年版。

［32］叶澜：《新编教育学教程》，华东师范大学出版社 1991 年版。

［33］于显洋：《组织社会学》，中国人民大学出版社 2001 年版。

［34］袁振国：《教育新理念》，教育科学出版社 2002 年版。

［35］袁振国：《教育原理》，华东师范大学出版社 2001 年版。

［36］袁振国：《中国普通高中教育发展战略研究》，教育科学出版社 2011 年版。

［37］约翰·I. 古得莱德：《一个称作学校的地方》，苏智欣、胡玲、陈建华译，华东师范大学出版社 2006 年版。

［38］张传燧：《中国教学论史纲》，湖南教育出版社 1999 年版。

［39］张德伟、梁忠义：《国际后期中等教育比较研究》，人民教育出版社 2006 年版。

［40］赵铮铮：《带你走进美国高中》，科学出版社 2007 年版。

［41］赵中建：《教育的使命》，教育科学出版社 1996 年版。

［42］中华人民共和国教育部国际合作与交流司：《外国基础教育调研报告》，首都师范大学出版社 2001 年版。

［43］中华人民共和国教育部：《普通高中课程方案（实验）》，人民教育出版社 2003 年版。

［44］祝怀新：《英国基础教育》，广东教育出版社 2003 年版。

［45］徐英杰：《综合高中办学模式探索》，山东教育出版社 2001 年版。

三　英文类

［1］Beeher T. , *Government and Professional Education*, ARHE and Open

University Press, 1994.

[2] Brian Holmes, Martin Mclean, *The Curriculum: A Comparative Perspective*, London: Unwin Hyman Ltd, 1989.

[3] Dan Lips, *School Choice in Sweden: An Interview with Thomas Idergard of Timbro*, official site of Heritage Foundation: http://www. heritage. org.

[4] Dian Reviteh, *Launghing are volution in standards and Assessment*, Phi Delta KaPPan, June, 1993.

[5] Fenwiek I. G. K. , *The Comprehensive School 1944 – 1970: the polities of secondary school organization*, London: Methuen, 1976.

[6] Walter P. Armstrong, *General Education in a Free Society Report of the Harvard Comunittee*, Harvard University Press Cambridge, Massaehusetts, 1946.

[7] Hodgkinson C. , *Educational Leadership, The Moral Art*, State University of New York: Aibany Press, 1997.

[8] Husen T. , *Problem of differentiation in Swedish Compulsory, School Seandinavian University Books*, Svenska Bokforlaget, Stoekhol, 1962.

[9] Jerry Wellington, *Secondary Education the Key Concepts*, Routledge Taylor Francis Group, 2006. 164.

[10] John D. Moneil, *Curriculum: A Comprehensive Introduction*, University of Califorlia, 1981.

[11] Kliebard H. M. , *Changing course: American curriculum reform in the 20th century*, Columbia University, 2002.

[12] Kowalski T. J. , Reitzug U. , *Contemporary school administration, An Introduetion*, Longman Publishing Group, 1993.

[13] Maria Rankka, *Scandinavian lesson*, The Australian (an Australian newspaper) , 2008.

[14] Milton friedman, *The Role of Government in Education*, Rutgers Uni-

versity Press, 1955.

[15] Sahlberg P. , *Secondary Education in OECD Countries*, European Training Foundation, 2007.

[16] Spindler G. D. , *Education and Culture Process*, 上海文艺出版社 1991 年版。

[17] Spring J. , *American education*, Boston: McGraw-Hill, 2000.

[18] Stephen J. , *Comprehensive schooling: a reader: Ball*, London: The Falmer Press, 1984.

[19] Steve Mcormack, *Swede dreams: the Tories'controversial plans for school*, The Independent (an England newspaper), 2008.

[20] The U. S. Department of Education, *America* 2000: *An Education strategy*, Washton. D. C, 1991.

附　录

访谈提纲

一　教师访谈提纲

（一）基本信息

1. 学校名称

2. 您的姓名

3. 您的性别

4. 您的年龄

4. 您任教学科

5. 您的学历

（二）访谈提纲

1. 您认为学校的办学定位合理吗？请谈谈贵校的办学特色。

2. 您认为学校的课程建设是否已体系化？您是否参加过校本课程的开发？请谈谈您参与的校本课程开发的情况。

3. 您赞同学生参加社团活动吗？谈谈你指导过学校社团活动开展的情况及效果。

4. 请谈谈您如何使用学生成长记录袋以及每学期如何对学生开展综合素质评价。

二　校长访谈提纲

（一）基本信息

1. 学校名称

2. 您的姓名

3. 您的性别

4. 您的年龄

5. 您担任校长（含副校长）有____年。

6. 您的学历

7. 你校学生人数为_____人，专职教师数_____人。

（二）访谈提纲

1. 请谈谈贵校的办学理念是什么？办学特色是什么？

2. 请谈谈贵校的课程体系建设以及校本课程开发的情况。

3. 请谈谈贵校社团种类、数量、学生参与度以及活动的状态。

4. 请谈谈贵校学生发展指导机构的建设以及在学生生涯指导方面做了哪些工作。

5. 请谈谈贵校如何实施普通高中学生综合素质评价。

国务院关于深化考试招生制度改革的实施意见

（国发〔2014〕35 号）

各省、自治区、直辖市人民政府，国务院各部委、各直属机构：

考试招生制度是国家基本教育制度。党的十八届三中全会对考试招生制度改革作出全面部署，今年《政府工作报告》提出了明确要求。改革开放 30 多年来，我国考试招生制度不断改进完善，初步形成了相对完整的考试招生体系，为学生成长、国家选才、社会公平作出了历史性贡献，对提高教育质量、提升国民素质、促进社会纵向流动、服务国家现代化建设发挥了不可替代的重要作用。这一制度总体上符合国情，权威性、公平性社会认可，但也存在一些社会反映强烈的问题，主要是唯分数论影响学生全面发展，一考定终身使学生学习负担过重，区域、城乡入学机会存在差距，中小学择校现象较为突出，加分造假、违规招生现象时有发生。为贯彻落实党中央、国务院决策部署，现就深化考试招生制度改革提出如下实施意见。

一　总体要求

（一）指导思想

高举中国特色社会主义伟大旗帜，以邓小平理论、"三个代表"重要思想、科学发展观为指导，全面贯彻党的教育方针，坚持立德树人，适应经济社会发展对多样化高素质人才的需要，从有利于促进学生健康发展、科学选拔各类人才和维护社会公平出发，认真总结经验，突出问题导向，深化考试招生制度改革，为办好人民满意的教育、建设人力资源强国提供有力保障，为实现"两个一百年"奋斗目标和中华民族伟大复兴的中国梦提供强有力的人才支撑。

（二）基本原则

坚持育人为本，遵循教育规律。把促进学生健康成长成才作为改革的出发点和落脚点，扭转片面应试教育倾向，坚持正确育人导向，践行社会主义核心价值观，深入推进素质教育，培养德智体美全面发展的社会主义建设者和接班人。

着力完善规则，确保公平公正。把促进公平公正作为改革的基本价值取向，加强宏观调控，完善法律法规，健全体制机制，切实保障考试招生机会公平、程序公开、结果公正。

体现科学高效，提高选拔水平。增加学生选择权，促进科学选才，完善政府监管机制，确保考试招生工作高效、有序实施。

加强统筹谋划，积极稳妥推进。整体设计从基础教育到高等教育考试招生制度改革，促进普通教育、职业教育、继续教育之间衔接沟通，统筹实施考试、招生和管理制度综合改革，试点先行，稳步推进。

（三）总体目标

2014 年启动考试招生制度改革试点，2017 年全面推进，到 2020 年基本建立中国特色现代教育考试招生制度，形成分类考试、综合评价、多元录取的考试招生模式，健全促进公平、科学选才、监督有力的体制机制，构建衔接沟通各级各类教育、认可多种学习成果的终身学习"立交桥"。

二　主要任务和措施

（一）改进招生计划分配方式

1. 提高中西部地区和人口大省高考录取率。综合考虑生源数量及办学条件、毕业生就业状况等因素，完善国家招生计划编制办法，督促高校严格执行招生计划。继续实施支援中西部地区招生协作计划，在东部地区高校安排专门招生名额面向中西部地区招生。部属高校要公开招生名额分配原则和办法，合理确定分省招生计划，严格控制属地招生比例。2017 年录取率最低省份与全国平均水平的差距从 2013

年的 6 个百分点缩小至 4 个百分点以内。

2. 增加农村学生上重点高校人数。继续实施国家农村贫困地区定向招生专项计划，由重点高校面向贫困地区定向招生。部属高校、省属重点高校要安排一定比例的名额招收边远、贫困、民族地区优秀农村学生。2017 年贫困地区农村学生进入重点高校人数明显增加，形成保障农村学生上重点高校的长效机制。

3. 完善中小学招生办法破解择校难题。推进九年义务教育均衡发展，完善义务教育免试就近入学的具体办法，试行学区制和九年一贯对口招生。改进高中阶段学校考试招生方式。实行优质普通高中和优质中等职业学校招生名额合理分配到区域内初中的办法。进一步落实和完善进城务工人员随迁子女就学和升学考试的政策措施。

（二）改革考试形式和内容

1. 完善高中学业水平考试。学业水平考试主要检验学生学习程度，是学生毕业和升学的重要依据。考试范围覆盖国家规定的所有学习科目，引导学生认真学习每门课程，避免严重偏科。学业水平考试由省级教育行政部门按国家课程标准和考试要求组织实施，确保考试安全有序、成绩真实可信。各地要合理安排课程进度和考试时间，创造条件为有需要的学生提供同一科目参加两次考试的机会。2014 年出台完善高中学业水平考试的指导意见。

2. 规范高中学生综合素质评价。综合素质评价主要反映学生德智体美全面发展情况，是学生毕业和升学的重要参考。建立规范的学生综合素质档案，客观记录学生成长过程中的突出表现，注重社会责任感、创新精神和实践能力，主要包括学生思想品德、学业水平、身心健康、兴趣特长、社会实践等内容。严格程序，强化监督，确保公开透明，保证内容真实准确。2014 年出台规范高中学生综合素质评价的指导意见。各省（区、市）制定综合素质评价基本要求，学校组织实施。

3. 加快推进高职院校分类考试。高职院校考试招生与普通高校相对分开，实行"文化素质＋职业技能"评价方式。中职学校毕业生报考高职院校，参加文化基础与职业技能相结合的测试。普通高中毕业生报考高职院校，参加职业适应性测试，文化素质成绩使用高中学业水平考试成绩，参考综合素质评价。学生也可参加统一高考进入高职院校。2015 年通过分类考试录取的学生占高职院校招生总数的一半左右，2017 年成为主渠道。

4. 深化高考考试内容改革。依据高校人才选拔要求和国家课程标准，科学设计命题内容，增强基础性、综合性，着重考查学生独立思考和运用所学知识分析问题、解决问题的能力。改进评分方式，加强评卷管理，完善成绩报告。加强国家教育考试机构、国家题库和外语能力测评体系建设。2015 年起增加使用全国统一命题试卷的省份。

（三）改革招生录取机制

1. 减少和规范考试加分。大幅减少、严格控制考试加分项目，2015 年起取消体育、艺术等特长生加分项目。确有必要保留的加分项目，应合理设置加分分值。探索完善边疆民族特困地区加分政策。地方性高考加分项目由省级人民政府确定并报教育部备案，原则上只适用于本省（区、市）所属高校在本省（区、市）招生。加强考生加分资格审核，严格认定程序，做好公开公示，强化监督管理。2014 年底出台进一步减少和规范高考加分项目和分值的意见。

2. 完善和规范自主招生。自主招生主要选拔具有学科特长和创新潜质的优秀学生。申请学生要参加全国统一高考，达到相应要求，接受报考高校的考核。试点高校要合理确定考核内容，不得采用联考方式或组织专门培训。规范并公开自主招生办法、考核程序和录取结果。严格控制自主招生规模。2015 年起推行自主招生安排在全国统一高考后进行。

3. 完善高校招生选拔机制。高校要将涉及考试招生的相关事项，包括标准、条件和程序等内容，在招生章程中详细列明并提前向社会公布。加强学校招生委员会建设，在制定学校招生计划、确定招生政策和规则、决定招生重大事项等方面充分发挥招生委员会作用。高校可通过聘请社会监督员巡视学校测试、录取现场等方式，对招生工作实施第三方监督。建立考试录取申诉机制，及时回应处理各种问题。建立招生问责制，2015 年起由校长签发录取通知书，对录取结果负责。

4. 改进录取方式。推行高考成绩公布后填报志愿方式。创造条件逐步取消高校招生录取批次。改进投档录取模式，推进并完善平行志愿投档方式，增加高校和学生的双向选择机会。2015 年起在有条件的省份开展录取批次改革试点。

5. 拓宽社会成员终身学习通道。扩大社会成员接受多样化教育机会，中等职业学校可实行注册入学，成人高等学历教育实行弹性学制、宽进严出。为残疾人等特殊群体参加考试提供服务。探索建立多种形式学习成果的认定转换制度，试行普通高校、高职院校、成人高校之间学分转换，实现多种学习渠道、学习方式、学习过程的相互衔接，构建人才成长"立交桥"。2015 年研究出台学分互认和转换的意见。

（四）改革监督管理机制

1. 加强信息公开。深入实施高校招生"阳光工程"，健全分级负责、规范有效的信息公开制度。进一步扩大信息公开的内容，及时公开招生政策、招生资格、招生章程、招生计划、考生资格、录取程序、录取结果、咨询及申诉渠道、重大事件违规处理结果、录取新生复查结果等信息。进一步扩大信息公开的范围，接受考生、学校和社会的监督。

2. 加强制度保障。健全政府部门协作机制，强化教育考试安全管理制度建设，构建科学、规范、严密的教育考试安全体系。健全诚信制度，加强考生诚信教育和诚信档案管理。健全教育考试招生的法律法规，提高考试招生法制化水平。

3. 加大违规查处力度。加强考试招生全程监督。严肃查处违法违规行为，严格追究当事人及相关人员责任，及时公布查处结果。构成犯罪的，由司法机关依法追究刑事责任。

（五）启动高考综合改革试点

1. 改革考试科目设置。增强高考与高中学习的关联度，考生总成绩由统一高考的语文、数学、外语3个科目成绩和高中学业水平考试3个科目成绩组成。保持统一高考的语文、数学、外语科目不变、分值不变，不分文理科，外语科目提供两次考试机会。计入总成绩的高中学业水平考试科目，由考生根据报考高校要求和自身特长，在思想政治、历史、地理、物理、化学、生物等科目中自主选择。

2. 改革招生录取机制。探索基于统一高考和高中学业水平考试成绩、参考综合素质评价的多元录取机制。高校要根据自身办学定位和专业培养目标，研究提出对考生高中学业水平考试科目报考要求和综合素质评价使用办法，提前向社会公布。

3. 开展改革试点。按照统筹规划、试点先行、分步实施、有序推进的原则，选择有条件的省（市）开展高考综合改革试点。及时调整充实、总结完善试点经验，切实通过综合改革，更好地贯彻党的教育方针，全面实施素质教育，增加学生的选择性，分散学生的考试压力，促进学生全面而有个性的发展。2014年上海市、浙江省分别出台高考综合改革试点方案，从2014年秋季新入学的高中一年级学生开始实施。试点要为其他省（区、市）高考改革提供依据。

三　加强组织领导

（一）细化实施方案

各地各有关部门要高度重视考试招生制度改革，切实加强领导。教育部等有关部门要抓紧研究制定配套文件。各省（区、市）要结合实际制订本地考试招生制度改革实施方案，经教育部备案后向社会公布。

（二）有序推进实施

要充分考虑教育的周期性，提前公布考试招生制度改革实施方案，给考生和社会以明确、稳定的预期。及时研究解决改革中遇到的新情况新问题，不断总结经验、调整完善措施。

（三）加强宣传引导

要加大对改革方案和政策的宣传解读力度，及时回应社会关切，解疑释惑、凝聚共识，营造良好改革氛围。

国务院

2014 年 9 月 3 日

辽宁省人民政府关于印发《辽宁省深化考试招生制度改革实施方案》的通知

（辽政发〔2016〕23号）

各市人民政府，省政府各厅委、各直属机构：

现将《辽宁省深化考试招生制度改革实施方案》印发给你们，请结合实际，认真抓好贯彻落实。

辽宁省人民政府

2016年4月1日

辽宁省深化考试招生制度改革实施方案

为贯彻落实《国务院关于深化考试招生制度改革的实施意见》（国发〔2014〕35号）精神，促进学生全面健康发展，科学选拔各类人才，维护社会公平公正，结合我省实际，制定以下实施方案。

一　总体要求

（一）指导思想

全面贯彻党的教育方针，培育践行社会主义核心价值观，坚持立德树人，适应经济社会发展对多样化、高素质人才的需要，以有利于促进学生全面健康发展、科学培养、选拔各类人才和维护社会公平公正为基本出发点，按照国家总体要求，实施考试招生制度综合改革，构建更加公平公正、科学高效和灵活多样的考试招生制度。

（二）基本原则

遵循教育发展规律和人才成长与选拔规律，深入推进素质教育，促进学生健康成长和全面而有个性的发展。

实施分类考试、综合评价和多元录取机制，增加学生的选择性，逐步建立多维评价体系。

加强政府宏观管理，健全社会监督机制，确保考试招生工作公平公正，有序实施。

正确处理教学、考试、招生、管理等关系，强化考试招生改革与人才培养的协同性。

（三）总体目标

按照国家部署，明确考试招生改革各项任务、时间和措施，研制并出台相关配套改革实施办法（方案），2017 年全面落实各项改革内容，到 2020 年基本建立符合教育规律、顺应时代和社会要求、具有我省教育特点的现代教育考试招生制度，形成分类考试、综合评价、多元录取的考试招生模式与机制，实现学生健康发展，促进教育公平、科学选才的总体目标。

二　主要任务

（一）落实和完善促进教育公平的相关政策

1. 做好国家重点高校面向农村学生单独招生和我省重点高校招收农村学生工作。明确国家重点高校面向农村学生单独招生在我省的实施区域和实施办法。在我省重点高校招生计划中专门安排一定比例的计划用于招收具有我省农村户籍的农村学生，进一步完善报考条件和录取办法，指导有关高校足额落实招生计划，逐步形成保障我省农村学生上重点高校的长效机制。

2. 完善中小学招生办法。完善义务教育免试就近入学制度，实行学区制和九年一贯制对口招生。各市、县（市、区）教育行政部门要根据适龄学生人数、学校分布、学校规模、交通状况等因素，按照相对就近入学原则为辖区内义务教育阶段公办学校合理划定招生范围，有序确定入学对象，规范办理入学手续，义务教育阶段学校不得通过考试方式选拔学生。各市、县（市、区）教育行政部门可按照地理位置相对就近、办学水平大致均衡的原则，试行学区化办学。

改进高中阶段学校考试招生方式。逐步建立基于初中学业水平考试成绩，结合综合素质评价的多元招生录取机制，积极稳妥地推进高中阶段考试招生制度改革。

实行优质普通高中招生名额合理分配到区域内初中的办法，促进义务教育均衡发展。促进高中阶段教育协调发展，采取有力措施，不断提高农村地区初中毕业生的升学比例。省示范性普通高中要从当年指标到校的招生计划中划出 10% 以上的招生指标，分配到初中，用于提前免试招收综合素质评价结果和学业考试成绩全优的学生。

3. 落实和完善进城务工人员随迁子女就学和升学考试政策措施。贯彻落实教育部关于进城务工人员随迁子女接受义务教育的各项政策措施，使在我省的进城务工人员随迁子女都能接受良好的教育。按照省政府相关文件要求，继续做好进城务工人员随迁子女在我省参加中考和高考工作，确保其享有公平的受教育权利和升学机会。

（二）改革考试形式和考试内容

1. 完善普通高中学业水平考试制度。贯彻落实《教育部关于普通高中学业水平考试的实施意见》（教基二〔2014〕10 号）要求，修订和完善《辽宁省普通高中学业水平考试实施办法》，从 2018 年秋季入学的高一学生开始实施。高中学业水平考试包括合格性考试和等级性考试两类，《普通高中课程方案（实验）》所设定的语文（含民族语文、汉语文）、数学、外语（含英语、日语、俄语）、物理、化学、生物、思想政治、历史、地理、信息技术、通用技术、体育与健康、音乐、美术等科目均设合格性考试，其中语文（含民族语文、汉语文）、数学、外语（含英语、日语、俄语）、物理、化学、生物、思想政治、历史、地理、信息技术科目的合格性考试成绩采用等级制呈现，设 A、B、C、D、E5 个等级，E 为不合格，通用技术、体育与健康、音乐、美术科目考试和物理、化学、生物科目的实验操作考查以合格和不合

格区分。思想政治、历史、地理、物理、化学、生物 6 个科目同时设
等级性考试，成绩按等级赋分。等级性考试暂提供一次考试机会，并
逐步过渡到条件成熟时，提供两次考试机会。将高中学业水平考试作
为衡量高中学生达到国家规定学习要求程度、保障教育教学质量的重
要制度，考试成绩作为学生毕业和升学的重要依据。坚持全面考核，
促进高中改进教学和全面健康发展。赋予学生更多选择权，发展学科
兴趣与个性特长，促进个性发展。服务高校选拔学生，促进高中、高
校人才培养模式的有效衔接。按照国家教育考试的标准和要求，全省
统一组织实施高中学业水平考试，严格考试管理，提高考试的权威性、
科学性和公信力。

2. 健全和完善高中学生综合素质评价制度。构建能够全面、客
观、真实反映学生德智体美全面发展状况的综合素质评价体系，并将
其作为学生毕业、升学的重要参考，合理确定评价的内容，将学生在
思想品德、学业水平、身心健康、艺术素养、社会实践等方面的具体
表现如实记录并提供给高校招生时使用。按照《教育部关于加强和改
进普通高中学生综合素质评价的意见》（教基二〔2014〕11 号）要
求，我省将在已经实施的普通高中学生综合素质评价的基础上，进一
步修订和完善《辽宁省普通高中学生综合素质评价实施办法》，并从
2018 年秋季入学的高一新生开始实行新的实施办法。

3. 推进职业院校分类考试和招生。积极推进高等职业院校考试招
生与普通高校相对分开。按照构建衔接沟通各级各类教育、认可多种
学习成果的终身学习"立交桥"改革目标，完善"文化素质＋职业技
能"的评价方式，为学生接受高等职业教育提供多样化的入学形式。
中职学校毕业生报考高职院校，参加文化基础与职业技能相结合的测
试。普通高中毕业生报考高职院校，参加职业适应性测试，文化素质
成绩使用高中学业水平考试成绩，参考综合素质评价。学生也可参加
统一高考进入高职院校。改进单独考试招生办法，依据教育部规定的
条件，扩大单独考试招生院校范围和招生规模；完善综合评价招生办

法，依据普通高中学业水平考试成绩和综合素质评价结果，综合评价、择优录取。在已出台《辽宁省高等职业教育分类考试招生实施方案》的基础上，2017年，通过分类考试方式录取的学生数达到当年高职院校招生总数的60%以上。

4. 深化高考考试内容改革。为提高高考试题质量和考试内容设计的科学性，增强试题的基础性、综合性，着重考查学生独立思考和运用所学知识分析、解决问题的能力，从2015年高考起，我省高考统考科目全部使用全国命题试卷。同时改进评卷方式、加强评卷管理，完善成绩报告。

（三）改革招生录取机制

1. 严格规范高考加分项目和分值。按照《教育部、国家民委、公安部、国家体育总局和中国科学技术协会关于进一步减少和规范高考加分项目和分值的意见》（教学〔2014〕17号）要求，经省政府同意并报教育部备案，我省出台了《辽宁省进一步减少和规范高考加分项目和分值工作实施方案》（辽教发〔2015〕64号），将进一步加强对加分考生资格审核和信息公示工作，完善违纪举报和申诉受理机制，严肃处理资格造假考生，依法健全责任追究制度。同时加强统筹协调，做好宣传解读，确保我省减少和规范高考加分工作平稳实施。

2. 完善高校招生选拔机制。高校要将涉及考试招生的相关事项，包括标准、条件和程序等内容，在招生章程中详细列明并向社会公布。加强学校招生委员会建设，在制定学校招生计划、确定招生政策和规则，决定招生重要事项等方面充分发挥招生委员会作用。调整学校招生委员会人员构成，增加教师、学生及校友代表，充分发挥他们在民主管理和监督方面作用，同时高校也可通过聘请社会监督员巡视学校测试、录取现场等方式，对招生工作实施第三方监督。建立考生申诉机制，及时回应处理考试录取有关问题。建立招生问责制，2015年起，由校长签发录取通知书，对录取结果负责。

3. 改进高校招生录取方式。继续实行高考成绩公布后填报志愿方式。改进投档录取模式，推进并完善平行志愿投档方式。逐步取消高校招生录取批次，从 2016 年起，取消一批本科 A、B 段的设置，统一为一批本科；三批本科合并到二批本科。

4. 拓宽社会成员终身学习通道，构建人才成长"立交桥"。积极探索并试点宽进严出的学习方式，中等职业学校面向社会人员实行注册入学，成人高等学历教育实行弹性学制，便于社会成员终身学习。积极探索并制定多种形式学习成果的认定转换制度，试行普通高校、高职院校、成人高校之间学分转换，实现多种学习渠道、学习方式、学习过程的相互衔接。2016 年出台相关政策和方案，2017 年进行试点，待成熟后全面实施。

（四）改革监督管理机制

1. 加强考试招生信息公开。继续实施高校招生"阳光工程"，进一步健全分级负责、规范有效的招生信息公开制度，明确高校招生信息公开责任主体和范围，规范公开程序和内容，提高信息公开时效，接受广大考生、学校和社会的监督，确保考试招生公平、公正、透明。

2. 加强考试安全制度和体系建设。完善考试安全体系，加强标准化考点建设，完善应急指挥系统、考场视频及网络监控系统、作弊防控系统、考生身份验证系统，提升考试实时监控能力。按照《国家教育考试突发事件应急处置预案》要求，建立健全我省考试突发事件应急处置预案，细化操作规程，提高应急处置能力。按照国家教育统一考试环境综合治理和考试安全工作要求，强化政府部门协作机制，形成联防联控、齐抓共管的工作格局，综合治理考试环境，通过开展专项整治行动，严厉打击各种形式的考试作弊、替考和群体性舞弊行为，切实维护公平、有序、高效的考试秩序。严格落实考试安全责任制，明确省、市、县（市、区）三级考试安全主体责任，逐级签订考试安全责任书，把责任落实到岗到人。健全考试招生诚信制度和工作运行机制，加强对考生的诚信教育，建立考生诚信档案，构建正面教育、制度约束、违规处罚为一体的高校考试招生诚信体系。

3. 加大违规违纪行为查处力度。按照国家有关教育考试、招生违规处理办法要求,建立责任追究制度,严肃查处在考试招生中存在的违法违规违纪行为,依法追究当事人及相关人员责任。同时要加强对考试招生工作的监督管理,充分发挥社会监督作用,共同维护考试招生秩序,保证公平、公正。

(五) 稳步推进统一高考综合改革

1. 改革统一高考考试科目设置。从 2018 年秋季入学的高一年级学生起,调整我省统一高考考试科目。考生总成绩由统一高考的语文、数学、外语 3 个科目和高中学业水平考试 3 个等级性考试科目构成,满分为 750 分。保持统一高考的语文、数学、外语科目不变、分值不变,各为 150 分。不分文理科,外语考试提供两次考试机会。计入考生总成绩的高中学业水平考试科目,由考生根据自身兴趣特长和报考高校要求,在思想政治、历史、地理、物理、化学、生物 6 个等级性考试科目中自主选择 3 个科目,每个科目满分均为 100 分。统一高考的语文、数学、外语科目考试按照全国统一高考时间施行,2018 年 6 月底前,制定《辽宁省高考综合改革方案》报教育部备案后向社会公布。

2. 改革统一高考招生录取机制。实行基于统一高考和高中学业水平考试成绩,参考综合素质评价的多元录取机制。在我省招生的高校要根据自身办学定位和专业培养目标,研究提出对考生高中学业水平考试科目报考要求和综合素质评价使用办法,提前向社会公布。

三 保障措施

(一) 加强组织领导,强化制度落实

各级政府及教育行政主管部门要切实转变管理观念,改进管理方式,提高管理能力。各地区、各有关部门要结合本地区、本部门工作实际,认真制定综合改革的各项细则,建立健全管理制度、基础教育评估体系和督导制度,将我省考试招生制度改革各项内容真正落到实处，引导学校积极推进素质教育。

（二）加强软硬件建设，强化条件保障

各高中学校要合理优化教育教学资源配置，解决好教学人员结构性缺编和教学设施、场地不足问题，确保学校能够按照正常教学要求，开足、开齐全部课程。明确政府与高校在考试招生中的权责关系，在发挥高校招生评价选拔主体作用的同时，完善监督管理体系。各级教育招生考试机构和高校要加强考试招生工作专业化队伍建设，完善标准化考点建设，合理设置考试收费项目和标准，提高统一高考、高中学业水平考试、职业院校分类考试等科学化管理水平。

（三）加强宣传指导，做好咨询服务

各级教育行政部门要切实加强对各项政策、方案的宣传和解读，解疑释惑，凝聚共识，营造良好氛围。各级教研部门和高中学校要加强对学生学业规划指导，培养学生自主选择能力，发展学生兴趣特长。各级招生考试机构和高校要主动创新咨询服务形式，努力提高咨询服务质量，为学生报考和录取提供方便。

发表论文一　现阶段我国普通高中教育功能定位的研究

（《辽宁师范大学学报》2016 年第 3 期）

摘要：近年来，由于我国普通高中教育的规模不断扩大，学生在校人数也在快速增加，普通高中教育已经关系到我国国民教育的质量和国民素质的问题，因此，重新思考现阶段我国普通高中教育功能定位已势在必行。本文通过对当前我国普通高中教育现状的问题分析，结合国外高中的发展趋势，提出"升学＋就业＋育人"应是普通高中教育功能的应然选择，"多样＋特色"的办学模式应成为其教育发展的形态定位，"生涯规划＋指导服务"应成为普通高中学校为学生提供的必备的课程职能。在普通高中教育阶段使学生既能完成作为合格公民的基本素养培养，又能正确规划人生、发展自我。使普通高中教育功能最终实现"育人"的价值追求，回归教育的本质和原点。

关键词：普通高中教育；功能定位；办学模式；生涯指导

普通高中教育作为连接九年义务教育和高中后教育的纽带，在整个教育体系中起着承上启下的特殊作用，直接关系到一个国家国民教育的质量和国民素质问题，其发展状况也成为衡量一个国家综合经济实力和教育发展水平的重要标志。目前，普通高中教育普及程度得到了极大发展，重新审视普通高中教育的功能定位，探索适应我国国情需要，适应全球化、信息科技急速发展及当今日益多元化价值社会的普通高中教育，就成为今后中国教育发展与人力资源开发所面临的紧迫性任务。注重升学、就业、个性发展三维目标的统一和强调学校类型的多样化、特色化和课程结构的多元化，已成为世界各国普通高中教育改革与发展的一个共同趋势。基于我国普通高中学校发展过程中显现的突出问题和国外发达国家高中教育的发展现状，需要对于我国普通高中教育功能的定位重新思考和研究。

一　"升学＋就业＋育人"，普通高中教育功能的应然选择

我国普通高中于 1922 年开始建立，在我国普通高中教育前八十余年的发展历程中，普通高中一直被视为大学的预备教育，主要发挥着甄别和选拔精英人才的功能。直到 1993 年中共中央、国务院颁布了《中国教育改革和发展纲要》，使得九年义务教育快速普及，高等教育也急剧扩招，这一时期的普通高中才得到了迅猛发展。1995 年我国高中阶段学生的毛入学率为 33.6%，其中普通高中在校生为 713.76 万人[①]；到了 2014 年，我国高中阶段学生的毛入学率为 86.5%，普通高中在校生已达到 2400.47 万人[②]，是 1995 年的三倍（见表 1）。可见，今天的普通高中教育早已结束了精英教育的历史，正快速步入为大众服务的国民教育。如果根据近年来高中阶段教育毛入学率增长速度推算，在不久的将来普通高中教育普及化将成为不争的事实。

表 1　　　　　　　　　全国普通高中学生数量统计

年份	普通高中招生人数（万人）	普通高中在校人数（万人）	高中毛入学率（%）
1995	273.65	713.76	33.6
2000	472.69	1201.26	42.8
2005	877.73	2409.09	52.7
2010	809.46	2427.34	82.5
2014	796.60	2400.47	86.5

但是，正是由于我国普通高中在校生数量的急剧增多，学校平均规模也在迅速地扩张，随之而来的经费、设备等物质方面问题，

---

① 国家教委计划建设司编：《中国教育事业统计年鉴 1995》，人民教育出版社 1996 年版，第 15—17 页。

② 《2014 年全国教育事业发展统计公报》，http：//www.chinanews.com/gn/2015/07 - 30/7437057. shtml。

还有普通高中自身功能定位问题，以及国家对创新型后备人才的殷切希望等一系列问题接踵而出，我国普通高中教育目前正面临着因社会和自身的双重转型而引发的各种困难。首先，普通高中同质化严重，学校缺乏内涵建设。我国普通高中教育由于受到升学竞争和各种复杂的因素的影响，生存与发展面临着巨大的压力。升学率成为衡量教育发展的重要指标，普通高中都将升学作为办学的唯一目标，几乎完全忽略了学生健全人格和个性等方面的发展。那些所谓的教育教学改革、创建特色学校和让每个学生得到全面而个性地发展，只停留在表面，不能够真正付诸实施和探究。普通高中在性质定位、办学目标、培养模式和课程设置等内涵建设诸多方面，缺乏创新和突破。正是由于普通高中办学规模的扩大、片面追求升学率，直接导致普通高中学校"千校一面"。其次，政策引领滞后，制约学校教育的发展与转型。纵观近 20 年来我国的教育政策，战略重点一直放在"普及、提高九年义务教育，大力发展职业教育，提高高等教育质量"等方面，而在众多教育政策中对于高中阶段教育却没有得到相应程度的重视。普通高中教育的教育功能也一直没有明确，如何突破单一追求升学率的目标束缚，如何承担起培养创新型人才和输送大众化人才的双重任务，如何协调同质化和多样性的矛盾等一系列深层次发展的困惑都亟待解决。

世界各国在规划教育发展的过程中，都将高中教育作为其关注的重点。例如，美国在 2008 年推出了《促进议程：改进高中行动计划》和《为美国未来作准备：高中改革计划》；法国教育部在 2009 年颁布了《面向 2010 年的新高中》；英国教育与技能部颁布《一个新的特色体系：改革中等教育》。这些改革措施的出台其内容都围绕以下三个重要方面：一是对于高中教育的价值取向站在国家发展战略的高度重新定位，强调高中教育在国民基本素养方面的培养和国家竞争力的增强方面都起到重要作用；二是对于高中教育的内涵发展极为关注，逐渐转变了以往单纯以升学为目标的工具化倾向，强调了学生健全人格的培养和个性化发展在高中教育中的首要地位；三是对于高中教育质量追求卓越发展，积极推进多样化和特色化学校建设，加强普通教育和职业教育的融通，以及高中教育和中学后教育的衔接。

在全球化的大背景下，根据国际社会全民终生教育的理念，我国需要重新思考和探究普通高中发展的新功能。2010 年中共中央国务院颁布了《国家中长期教育改革与发展规划纲要 （2010—2020 年)》，首次将"高中阶段教育"单列，其中第五章"高中阶段教育"系统而全面地论述了我国高中阶段教育改革与发展的任务与要求：一要全面提高普通高中学生综合素质，创造条件开设丰富多彩的选修课，为学生提供更多选择，促进学生全面而有个性的发展；二要推动普通高中多样化发展，鼓励普通高中办出特色。[①] 可见，普通高中教育一方面肩负着为高等教育选拔和输送具备优秀学术基础的生源的任务；另一方面要为社会培养和输送具备一定职业能力的建设者的任务；同时还要培养全面又不失个性发展的优秀的社会公民的任务，即承担着升学、就业和育人三大功能。[②] 普通高中教育的功能定位在实现"升学"和"就业"的功能是新时期最为基本的任务，但新时期普通高中教育在人本主义思想、终身教育思想的影响之下，其中内在的"育人"功能应该更加受到重视，育人是本质，育人功能蕴含在升学功能和就业功能之中，新时期普通高中的教育功能无论是升学还是就业都离不开其育人的本质，因此，育人功能应该作为新时期普通高中教育的根本功能，即真正考虑人的发展，才能更好地达成升学及就业的功能，只有育人功能的达成，才能促进新时期普通高中教育升学功能和就业功能的实现。

二　"多样 + 特色"，普通高中教育发展的必然趋势

我国普通高中教育的对象一般是 15—18 岁的青年，正是他们彰显

---

① 人民出版社编：《国家中长期教育改革和发展规划纲要 （2010—2020 年)》，人民出版社 2010 年版，第 10 页。
② 卢立涛：《全球视野下高中教育的性质、定位和功能》，《外国教育研究》2007 年第 4 期。

个性与才能的重要阶段，也是完成基础教育并决定他们未来职业生涯规划的关键时期。然而长期以来，我国的普通高中教育一直按照相同的评价标准、相同的培养模式和相同的课程结构，对所有的学生实施统一的教育，完全没有考虑学生个体的兴趣、特长、潜能等异质问题。在实际教育效果上，不但没有有效地达成促进学生全面发展的教育任务，反而影响了其个体的发展。使得一些学生缺乏对人生理想和信念的追求，缺乏对社会的责任感，缺乏对人生的自我规划能力，缺乏与他人的合作能力等。唯有将普通高中教育定位于培育具有独立、健全人格的公民，才能体现其教育的内在价值，才能改变由"千校一面"带来的"千人一面"的现状，才能使普通高中教育彻底走出工具化的模式。另外，由于长期以来我国普通高中办学模式单一，课程结构设置趋同，虽有一些特色高中，但他们也往往是借"特色"来谋求学生的"曲线升学"，其培养目标并没有发生转变。可见，普通高中单一的办学模式已经无法提供给学生适合其个性发展的培养途径，阻碍了学生自主发展的选择性，拔尖和创新人才更是难以脱颖而出。这种办学模式对于当前社会发展的变化已不再适合学生群体的教育需求，而多样化、特色化办学模式必将成为普通高中教育改革发展的必然趋势。

随着时代的发展，国外普通高中学校类型也呈现多样化的局面，即使相同类型学校在具体培养目标和培养模式等方面也存在着很大差异，主要可以分为学术型和综合型两种。学术型高中是以为高等院校选拔人才、培养社会精英为目标，如美国、法国等单独设置的普通高中，英国的文法中学（含公学）等。[1] 在学术型高中毕业的学生基本上都能进入高等院校继续进一步学习深造。综合型高中的培养目标是多元的，既担负着为大学输送人才的任务，又担负着为社会培养各种中等技术人才的任务。20 世纪初期，美国最早出现了综合高中，二战

---

[1]　霍益萍、朱益明：《中国高中阶段教育发展报告 2012》，华东师范大学出版社 2013 年版，第238—239 页。

后广泛传播到英、法、德、瑞士等国家。综合高中实质上是将普通教育与职业教育融为一体，校内既开设普通课程，又开设职业课程。纵观今天美国高中课程结构，我们大致可以概括为"必修 + 选修 + 计划"的课程设置。必修课程主要指核心基础课程，选修课程既包括学生为升入大学做准备的高级课程，也包括实用的社会与生活课程。另一部分计划课程则是以活动或项目的形式出现的，旨在通过这些计划和项目培养学生的情感品质、促进学生的个性发展、提升学生的创新能力。[①]

在我国，普通高中与其他学段最大的不同就是学生要在结束高中教育前思考：是继续选择精深的学术之路，还是选择直接就业或高等职业技术教育，因此我们要关注普通高中学生的个体差异性，即要考虑使之具备作为公民的基本素养，又要考虑如何提升他的职业素养。在尊重学生个体发展的需求的前提下，普通高中教育必须在制度层面为学生提供多元化选择的机会，以满足其多元化的发展，进而构建一个多样、开放、灵活的普通高中教育体系。[②] 综合有关教育理论和实践研究以及国内外高中教育的发展现状和趋势，笔者认为现阶段我国的普通高中教育模式应向以下几种办学模式进行转变，即升学高中、特色高中以及综合高中。同时，课程结构的多元化发展也是普通高中内涵建设的核心任务。学校一定要创建具有自身特色的校本课程体系，专家和研究教育的工作者认为，在课程体系的建设中，必须通过必修课程设置的基础性和广泛性来培养公民基本素养；同时加大选修课在总课时中的比例，课程结构的设置要有利于学生发展个性特点，形成分水平的学术课程、兴趣拓展课程、职业准备教育课程以及部分学科的大学先修课程等选修课程系列。[③] 学生可以在高中阶段通过制定多

① 杨光富：《国外普通高中教育多样化特色比较》，《外国中小学教育》2014 年第 3 期。
② 霍益萍、黄向阳、李家成：《多样、开放、灵活：普通高中教育体系的构建》，《教育发展研究》2009 年第 9 期。
③ 吴德文、张岩：《学生全面而有个性的发展是普通高中特色化发展的出发点和落脚点》，《吉林省教育学院学报》2012 年第 4 期。

样化的课程，定向选修适合自身个性发展和能力结构的课程体系，为今后人生目标的达成做基础性的规划与铺垫，也为未来的人生发展选择可能的方向与路径。

另外，2014 年国务院发布了《关于深化考试招生制度改革的实施意见》，对普通高中的学生发展也有着深远的影响。实施意见提出要在现行的普通高中取消文理分科，要求学生统一参加全学科的学业水平考试。学生可根据自身的学习规划，想进入高等院校进一步深造，可自主选择三门学科参加等级考试，计入高考成绩。而且，在学生选考的 3 门科目中，只需 1 门符合报考高校选考科目要求，即可报考该校相关专业（类），这样可增加选择专业和学校的覆盖面，有助于扩大考生选择权。实施意见的出台既能引导学生认真学好每门基础课程，满足学生学习的基本需求，又能让学生在高中阶段的学习过程中发现自身性向和潜能，并通过选修课程的学习发挥自己所长，由于对未来学习、生活的合理规划，促进了学生全面而有个性的发展。普通高中阶段是学生个性和才能发展的关键阶段，针对学生发展的多元和学生未来的分化，应着眼于为学生的个性差异和身心发展提供多种选择。普通高中教育多样化就是为每个人提供适合的基础教育，在普高与职校、大学以及社会之间建立联系和对接的途径与机制，以为其未来发展奠定坚实的基础。培养发展全面的、富有个性和创造性的人才，是 21 世纪中国社会发展对普通高中教育提出的新目标。加快发展特色化普通高中教育，推进高中人才培养模式多样化，满足不同学生的发展需求，从而服务于学校发展的个性化追求，服务于国家政治经济社会发展对人才的多样化诉求已是当务之急。

三　"规划＋指导"，普通高中学校教育的必备职能

普通高中学生正值青春期，在成长过程中会面临来自于社会、经济、家庭等多方面的烦恼，学生会急需来自学校、教师的帮助和指导。

而现阶段普通高中在学生生涯规划与指导方面功能缺失，几乎所有的学校都没有提供专业的职业规划指导和有效的学习、生活指导，目前的指导仅限于学校教师在高三时给学生提供填写高考志愿的建议。无法面对大众化阶段普通高中学生的异质化和多元选择需求，不是一个履行学生指导职责的机构。因此，在普通高中就出现了学生没有明确的生活目标，不了解自己的兴趣潜能，职业认知水平和职业抉择能力不高，不能很好地规划自己未来要从事的职业。然而，高中阶段既是学生个性初显、才华初露的时期，也是学生世界观、人生观、价值观形成的关键期，面临着自主决定自己今后不同生活道路的第一次重大抉择。但现阶段我国普通高中学校学生发展指导功能总体缺失，使学生没有明确的生活目标，不了解自己，缺乏职业认知和规划，造成了学生未来发展目标迷失，不利于学生全面发展。因此，建立健全学生生涯规划和指导制度是我国当前普通高中教育改革的一项重要内容，也是我国普通高中在向大众化转型和发展过程中亟待解决的一个重要问题。

学生生涯指导制度，主要在于引导和促进高中学生的全面发展，帮助他们对自身发展的学业、生涯和生活等各个方面有正确的认识和合理的选择。国外普通高中的学生指导源于 19 世纪末 20 世纪初的欧美国家，至今已有 100 多年的历史，最初主要涉及的是职业指导和心理辅导，但现已逐渐扩展到学生生活、学业等诸多方面，现阶段各国均建立了一支专业化的学生生涯指导队伍，指导人员素质普遍较高。成为一种与教学和管理并重的学校职能。国外高中一般都不设班主任，而设有咨询教师，主要为学生提供思想与心理辅导、学习与升学辅导等。一般情况下，咨询教师担当一种顾问的角色，负责帮助学生安排学业规划、学期选课、课外活动、升学指导等一系列与个人成长相关的事情。[①] 目前，日本的学生指导主要涉及六个方面内容：教育指导、

---

① T. Husen, *The International Encyclopedia of Education Vol.* 7, Oxford: Pergamon Press, 1985: 1075.

生涯指导、个性指导、社会指导、闲暇指导和健康安全指导。^① 最近，
美国 "21 世纪技能合作组织" 提出了学生适应不断变化的社会和科技
的 21 世纪技能框架（见图 1）。美国教育界根据 21 世纪技能的理念，
进一步提出了现代生涯教育的思想。现代生涯和技术教育是面向所有
学生、所有生涯，与学术联合，高中和学院共同实施的教育。^② 毫无
疑问，普通高中教育需要在其中发挥主要作用。

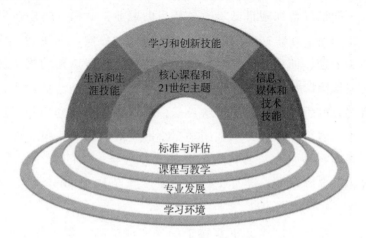

图 1 21 世纪学生学习技能框架

普通高中不同于同级其他类系的学校，学生的发展方向尚不确定，
他们需要在不断认识自己、认识教育、认识职业的基础上逐渐完成人
生首次重要抉择。因此，在这个阶段尤其需要学校向高中生提供专业
化、个性化的生涯规划与指导服务，且这种规划与指导要持续而系统
的发展。《规划纲要》也特别指出要建立学生发展指导制度，加强对
学生的理想、心理、学业等多方面指导。^③ 普通高中学校对学生发展

---

① 教师养成研究会：《教育原理：教育の目的・方法・制度》，东京学芸图书株式会社，平成
15 年，第 3—89 页。

② ［美］伯尼・特里林、查尔斯・菲德尔：《21 世纪技能：为我们所生存的时代而学习》，天津
社会科学出版社 2011 年版，第 43 页。

③ 人民出版社编：《国家中长期教育改革和发展规划纲要（2010—2020 年）》，人民出版社 2010
年版，第 11 页。

进行有针对性的规划和指导，可以帮助学生对自己有个清晰的定位，并充分利用学校和社会的优质教育资源发展自己的兴趣和特长，可以助力学生尽早规划人生、明确目标、少走弯路，成为对社会有用且有价值的人。同样，生涯指导也是课程实施的重要途径。由于课程选择性的增加倒逼高中必须开设生涯规划指导课程，帮助学生认清自身优势，科学选择适合自身发展的课程，令学生终身受益。同时，对于整个普通高中的课程改革，也起到很好的推动作用。当然，普通高中教育大众化使学生的成分变得复杂多样，学生的学习能力和学业成绩相差甚大，对学校的环境感受各不相同，异质的学生群体对学生指导课程的建设提出很大挑战，师资从何而来，课程资源如何吸引，都将对学校的真正实施提出很大挑战。总之，建立健全生涯规划与指导制度是普通高中必须具备的一项专门的教育职能，是学校必须为学生提供的一种常规性教育和服务工作，是学科教学、学校管理等其他教育工作无法代替的工作职能，他发挥着帮助学生了解自己、了解社会、规划人生、发展自我等方面的重要作用，是普通高中教育发展与创新的强有力的抓手。学习规划和生涯指导作为学校必须为学生提供的一种服务，最能体现学校的育人功能，丰富学生生活阅历，是现代学校必备的基本职能和不可推卸的重要任务。普通高中教育在发展过程中，要回归育人的原点，必须尽快弥补学生生涯规划与指导的职能。

结　语

随着我国经济社会的快速发展，进入 21 世纪以来，我国普通高中在普及程度、投入水平以及师资队伍等各个方面都有了明显的提高。普通高中的教育功能呈现多样化发展态势，普通高中教育功能在未来改革的趋势下逐步凸显更为细腻的发展要求。普通高中教育不再只是一种单纯的"过渡型"教育，而是注重升学、就业和育人这三大功能有效融合，让每个学生都获得学习与成长的快乐。现阶段我国普通高中教育要处处体现"育人"的本质，处处以学生终身发展为准绳、以学生全面发展为依据，使新时期普通高中的教育更加具有基础性与发展性、均衡性与综合性、选择性与多样性，从而使新时期普通高中教育对学生基本素养的培养更加宽泛和深入。把培养公民作为普通高中教育的基本功能，把发展学生特长与个性作为高层次的基础教育的重要功能，使普通高中教育最终回到教育的本质和原点。因此，只有重新认识新形势下普通高中的教育功能，准确定位其办学模式，科学设置课程体系，并加强生涯指导等方面的服务，才能真正实现当前我国普通高中教育多样化和特色化的发展，逐步达到《规划纲要》提出的"全面提高普通高中学生综合素质"和"推动普通高中多样化发展"的目标，实现普通高中教育功能的释放。

发表论文二　我国高中英语课程的功能定位研究

——来自教研一线的思考

（《课程·教材·教法》2016 年第 6 期）

摘要：随着社会生活和经济活动日益全球化，英语已经成为我国公民必备的基本素养之一，而高中阶段的英语教育是培养公民外语素养的重要过程。本文通过对我国高中英语教育的发展分析，结合国内外语言学家对外语教育的研究，提出关于当前我国高中英语课程定位及其功能的思考，即高中英语课程应回归育人的本质。

关键词：高中；英语课程；功能定位

引　言

在经济日趋全球化、教育发展国际化的背景下，我国中学英语教学已成为举国关注的教育问题。近年来社会各界都在指责中国教育过分强调英语的地位，忽视中文素质的培养。人们对"为什么要学英语"提出了质疑。事实上，学习英语既有利于我们经济、文化、科学技术、国家安全等领域开展对外交流与合作，又有利于我们通过英语来学习科学文化知识。从事多年基础教育教学和教研的一线工作者认为，中小学英语课程的价值，除了使学生把英语作为交流工具来学习以外，更多地应注重其育人价值，对促进人的全面发展具有重要的意义。如今我们应该思考的不是为什么要学英语，而是如何让英语课程的开设更有效地为我们所用。

一　我国高中英语课程功能定位的发展演变

纵观我国近 30 年高中英语教育发展，历经了恢复、发展与提高的过程。20 世纪七八十年代，随着改革开放政策的实施，高中英语教学开始逐渐发展起来。尤其是 1978 年中学英语教学大纲的颁布带来了中学英语教学的新时代。① 1977 年恢复高考制度以来，英语成为高考的必考科目之一，高中英语课程的地位不断提高，这对高中英语教学起到了极大的推动作用。这一阶段是中国中学英语教学的恢复和调整的重要时期，中学英语开始为人们所重视。对于那个时代的人来说，人们在实际工作和生活中几乎没有使用英语的机会，关于英语学习的理念，更多的是停留在如何背单词、如何抠语法、如何考高分这些基础层面上。因此，对于高中英语课程的定位一直被认为是应试的工具，中小学开设的英语课程在内容选择和目标设置方面具有明显的功利性。

随着改革开放的推进，我们国家越来越开放，经济、政治、文化等方方面面与国际接轨。我国学者也更多地参与了交际法、第二语言得理论及心理语言学和社会语言学等方面的研究。他们意识到，要搞好外语教学和改革，应对教学大纲进行编写和修订。② 为此，国家教委在 1986 年颁布了《全日制中学英语教学大纲》。1990 年，教委根据国家教育委员会印发了《现行普通高中教学计划的调整意见》的要求，组织专家对《全日制中学英语教学大纲》进行了修订。大纲将高中课程分为必修课和选修课两部分。对于这一时期的高中英语课程的定位演变为交流的工具，人们开始感觉到无论是升学、找工作还是与外国人交流，英语都是有用的。

进入 21 世纪，世界政治多元化和经济全球化的发展态势日趋明显，我国也确立了"科教兴国"的国策，英语教育改革不断深入。教育部先后颁布了中小学英语课程标准，2003 年教育部颁布的《普通高中英语课程标准（实验）》成为指导高中英语教学的纲领性文件，并作为全国普通高等学校招生考试测试内容的重要依据。③ 这次课改的

---

① 舒白梅：《外语教育学纲要》，华中师范大学出版社 2005 年版。
② 介为一：《中国高中英语教学 30 年历史概述》，《英语教师》2009 年第 1 期。
③ 周淑英：《高中英语新课程实施情况及反思》，《山东师范大学外国语学院学报》（基础英语教育）2007 年第 1 期。

重点是改革以往传统的重语言知识、轻语言能力的倾向。它强调英语学习既是实践活动，又是提高人文素质的过程，要为学生终生学习和发展打好基础。[①] 这一时期可以说是我国英语教学史上发展最快的时期。英语教学的规模之大，范围之广是前所未有的，而且这种发展的态势还在持续。在这一时期，对于高中英语课程的定位，一方面促进学生心智、情感、态度与价值观的发展和综合人文素养的提高，即人文性；另一方面，掌握一门国际通用语种可以为学习国外先进的文化、科学、技术和进行国际交往创造条件，即工具性。人们已经逐渐意识到，英语不再仅是交流的工具，更多的是在英语课程学习的过程中，逐渐提升了人文素养。

二　高中英语课程功能定位的现状分析

目前，随着社会生活和经济活动日益全球化，外语已经成为各国公民必备的基本素养之一。高中阶段的外语教育是培养公民外语素养的重要过程，既要满足学生心智和情感态度的发展需求以及高中毕业就业、升学和未来生存发展的需要，还要满足国家的经济建设和科技发展对人才培养的需求。因此，高中阶段的外语教育具有多重的人文意义和社会意义。

（一）来自教研一线的困惑

现阶段，我国高中英语教学受高考压力的影响，英语课程的功能作为升学的工具性显著，教学目标直指"育分"，缺乏"育人"功能的体现。在教研活动中经常倡导英语教学要关注，但在实际课堂教学中得不到贯彻和实施。原因之一，教师担心成绩下滑；之二，习惯于陈旧的教学模式，不愿创新；之三，职业倦怠，满足现状。

（二）来自国内外专家的思考

然而，从 20 世纪 80 年代开始，国内外外语教育界一些学者就从

---

① 张慧军：《高中英语新课程标准的特点及在贯彻中应注意的问题》，《陕西教育学院学报》2004 年第 3 期。

教育学的角度讨论外语课程的目标定位。英国著名语言学家 H. G.
Widdowson① 从社会需求和个人发展的角度讨论语言教育的目标，认
为实际是语言教育的人文性与工具性的问题。他认为，教育的目的
是给学生正确的思想、培养他们的态度、影响他们的行为、树立自
己的信仰等，以使学习者能得到发展，为今后参与社会生活做好准
备。2006 年，欧盟提出作为终身学习和教育与培训学习参考框架的
八大核心素养之一就是使用外语交流，他们把外语教育定义为"在
适当范围的社会文化情境中理解、表达与解释的能力；跨文化理解、
交流与协调能力"②。其中涵盖了知识、技能、态度三个层面，知识
包括外语词汇、语法及语言表达形式和社会习俗与文化方面的知识；
技能包括口语会话、阅读、理解文本、使用词典等辅助工具及自学
外语；态度包括欣赏文化多样性、对语言和跨文化交流的兴趣和好
奇心。

　　国内的一些英语教育专家们对我国英语教育的发展也有各自的理
念。龚亚夫老师认为，作为基础教育的英语课程，应设定"多元目标
英语课程"，即"社会文化目标"、"思维认知目标"和"语言运用目
标"。③ 这三个目标自成体系，但又相互融合、相互影响。个体的思维
指导行动，行动影响习惯，习惯形成品格，品格决定命运。同样，品
格也影响人的思维，思维又通过语言影响与他人的交往。国家教育部
正在修订的高中英语课程标准提出了英语学科素养的概念，即英语学
科核心素养旨在培养和发展学生的"语言能力"、"文化意识"、"思维
品质"和"学习能力"④，这些核心素养形成相互渗透、融合互动、

---

① H. G. Widdowson. Educational and pedagogical factors in syllabus design. In C. J. Brumfit（Ed.），
Grneral English Syllabus Design：*Curriculum and SyllabusDesign for the General English Classroom.*
Oxford：Pergamon Press，1984，pp. 23 - 27.

② 裴新宁、刘新阳：《为 21 世纪重建教育：欧盟"核心素养"框架的确立》，《全球教育展望》
2013 年第 12 期。

③ 龚亚夫：《英语教育新论：多元目标英语课程》，高等教育出版社 2015 年版，第 183—184 页。

④ 王蔷：《从综合语言运用能力到英语学科核心素养——高中英语课程改革的新挑战》，ht-
tp：//www. wtoutiao. com/p/Q23Ept. html，2015。

共同发展的协同关系，即要为提高学生多元文化背景下的交际能力奠定良好的基础；要为不同学生的发展需要提供多种选择，适应个性需求；要优化学习方式，提高自主学习能力；要关注学生情感，提高人文素养。北京师范大学的程晓堂教授也认为："新一轮的高中各学科课程标准修订有一个共同特点，即各学科都以核心素养为基础来设置课程的内容和目标。这一举措与以往的课程内容和目标的主要区别在于，除了重视发展学生的学科能力以外，还凸显了课程的育人价值。甚至可以这样说，育人价值是学科核心素养的基础，英语学科也不例外。"①

三　高中英语课程功能定位的应然选择——回归育人的本质

纵观国内外专家对外语课程功能定位的多角度思考，笔者认为新一轮的课程标准的修订，为我国高中英语教育的发展与英语课程的功能定位指明了方向。高中英语课程无论是关注工具性、人文性、思维性，还是核心素养，其最终发展都应回归育人的本质，即教育的源点。工具性和人文性是英语学科教学的基础，语言能力是英语学科素养的最基本维度。学习能力和思维品质是语言能力的拓展和延伸，反过来又促进语言知识学习和语言技能的提高，有助于更高级语言能力的生成。情感态度和文化意识是英语课程"树德立人"的价值目标体现，贯穿于教学过程始终。教育的最终理想都是要实现"育人"的目标，为学生的终身学习和终身发展奠定坚实的基础，这也是教育的初衷。

为了能够使高中英语课程实现其应有的育人价值，英语教师在实施教学过程中必须充分注重以学生为本的教学理念，努力通过教学来提升学生对于事物的判别能力以及独立思维能力，使学生能够通过英语学习掌握足够的跨文化交际的认知能力以及实践能力，从而帮助学生实现在生活和学习中与他人之间的良好合作以及沟通，最终成为具有较强社会责任感以及较高人文素养的人才。下面结合辽宁省目

① 程晓堂、赵思齐：《英语学科核心素养的内涵解读》，《课程教材教法》2016 年第 4 期。

前高中英语教学现状，分析实现高中英语课程育人功能相关路径的初步思考。

（一）依托语言本身，形成语言能力和思维品质

语言既是交流的工具，也是思维的工具。大部分人离开语言是无法思维的。学习和使用语言要借助思维；同时，在学习和使用语言的过程中又能够进一步促进思维的发展。高中英语课程具有工具性，在一定程度上是用来培养学生的语言能力和思维品质的。

1. 英语作为交流的工具——形成语言观

英语课程承担培养学生基本英语素养和发展学生思维能力的任务，即学生通过英语课程的学习掌握基本的英语语言知识，发展基本的英语听说读写技能，初步形成用英语与他人交际的语言能力。语言基础知识（语音、词汇、语法、语篇）是英语学科基本素养的内核，是培养语言技能的载体。而语言基本技能（听、说、读、写）是英语学科基本素养形成的载体，是学习和应用语言知识的途径，是形成语言理解能力和语言表达能力的方式。它们互为依托、相互促进，任何脱离基础知识的技能培养都是无法实现的。语篇知识在新修订的课程标准中被首次提出，语篇知识这一提法对广大英语教师来说略嫌陌生，实质上就是我们对一篇文章阅读之后，往往并不是要停留在语篇浅层意思的理解上，而是读者要与文本互动，体现语篇的人际意义，要对语篇内容所蕴含的深层含义有自己的思考、判断和分析。语言能力是在语言学习和应用的实践中逐渐形成和发展的，是高中学生英语语言素养的直接体现。

2. 英语作为思维的工具——形成思维观

思维品质反映了每个个体智力或思维水平的差异，而思维品质是人的思维的个性特征，是学生个体在思维活动中智力特征上的差异，是衡量一个人思维发展水平的重要指标。主要包括深刻性、灵活性、独创性、批判性、敏捷性和系统性六个方面。应该说思维品质是英语学科素养的最高层次。不同于一般意义的思维能力，它反映学生的逻

辑思维、批判性思维和创造性思维等方面的能力。作为一线教师现在已经逐渐意识到在英语教学中对学生进行思维品质的培养是一个特别重要的问题，合理的教学对思维的发展有着重要的作用。学生在学习英语的过程中主要通过思维去掌握语言的本质，不善于运用思维就不能很好地掌握语法概念、理解教材内容、深层次挖掘阅读文本的内涵等，良好的英语思维品质是我们学好英语的前提。思维品质的形成与发展是英语课程育人价值的内涵体现。

（二）挖掘语篇内涵，形成文化品格

随着新课程的实施，高中英语课程标准更多的加入了对于学生情感态度、文化意识这些人文素养的关注。英语教材为了充分地实现课程目标，所选语篇内容便承载着国家文化、文明成果、思想情感、人文态度等相关方面的人文价值属性。学生通过英语课程能够开阔视野，丰富生活经历，形成自己的文化立场与态度，增强爱国主义精神，发展创新能力，形成良好的文化品格和正确的人生观与价值观。

1. 课程蕴含的文化异同——形成价值观

一种语言总是和特定的文化紧密地联系在一起的，语言背后含有丰富的文化。同时，语言也是文化的载体，各个社会所具有的独特的文化也蕴藏在语言中。因此，英语课程的学习过程也是接触和认识另一种社会文化的过程。而文化差异是影响语言进行有效交流的重要因素，课程本身也有意识地向学生传递一定的社会文化知识和跨文化意识。课程要求学生要增强对西方文化和本土文化差异的敏感性，使之具备文化比较能力，最终达到自如进行跨文化交流的目的。因此，英语教师在教学中必须帮助学生构筑求同存异、兼容并包、和谐共存的理念，引领学生从英语这门语言所特有的本质文化底蕴以及它与本土文化之间的差异出发，强化国际理解和本土文化的融合。教师必须引导学生既学习理解英语国家文化，尊重和包容与本土文化的差异，又能坚持和弘扬本土文化，吸纳英语文化中的优秀成果，形成海纳百川的国际理解态度。这是英语课程中十分丰富的德育内容，也是实现育人价值的重要途径。另外，英语教师要善于将课外的英语教学资源整合进教学中，通过对教材进行文化补足，使学生在秉承本国文化理念的基础上，达到对英语国家文化的全方位的认知以及掌握。使学生在学习过程中逐步形成自己的文化品格、道德标准、行为准则和价值观念。

2. 课程渗透的情感态度——形成人生观

英语课程的人文性就要求英语教师培养学生阅读理解、参与体验、感悟积淀、实践创新等能力与感恩、爱人等思想情怀，在潜移默化中学会做人与处世。情感态度作为一种特殊的课程目标可以通过教学中的长期渗透和课堂教学得以贯彻和实施。教师应让学生了解英语所反映的丰富多彩的社会生活及人们的思想、情感和态度，从而丰富学生的生活经历，增强学生的学习兴趣和动力。教师还要善于发掘英语教材中的人文精神和思想精髓，引导学生体悟语言文字背后深厚的哲学思想，体会学习乐趣，提高人文素养。另外，教师也可以对教学内容进行情感处理，教师要善于引导学生去感悟语言中所蕴含的独特情感，可从情感维度着眼对教学内容进行加工、组织，使教学内容在向学生呈现的过程中充分发挥其在情感方面的积极作用。教师还要善于将教材中蕴含的各种人文内涵与当前社会所面临的生态危机、环境污染、资源短缺等问题相结合，通过课程的情感培育，塑造学生正确的人生观和价值观，促进英语学科素养的形成与发展。这也是英语课程实现育人价值的首要途径。

（三）完善教学策略——形成学习能力

学习一门外语不仅能够与人交流，还能够促进人的心智发展，有助于学生认识世界的多样性。因此，英语课程标准中的工具性不局限于语言作为交流和思维的工具，而且还包括语言作为促进心智发展、提升学习能力的工具。学习能力是通过语言知识学习和语言能力发展而形成的意识品质，是英语学科基本素养的内在表现。好的学习能力标志着学习者能够积极调试学习策略，促进学习效率和学习品质的提升。英语教师要通过学科教育实现育人功能，就必须能够在教学中调动学生学习的积极性以及学生的自主能动性进行研究探讨的学习，使学生在育人这一目标实现的过程中，发挥应有的作用。因此，教师要努力改善其教育教学的方法以及策略，使教学方式能够为目标的达成提供助益。英语教师对于教学方式的变革还必须尊重学生的认知规律，使教学的开展能够有助于满足学生主动学习的要求，如教师可以借助于分析、归纳以及比较、综合等学习方式来提升学生对语言的综合运用能力，帮助学生构筑起完善的认知规律。同时，教师还可以根据英语语言教学的特点，创设良好、互动的课堂教学情境来激发学生的兴趣与激情，增强学生的自信心，使学生获得积极的情感体验。教师要把形成学生主动、健康发展的意识和能力作为核心价值，并贯彻于教学全过程，让学生通过感知、体验、实践、参与和合作等方式实现任务目标、感受成功，这是英语课程实现育人价值的最根本途径。

四　结语

综上所述，高中英语课程既具有工具性，又具有人文性特征，同时承担着培养具有较强的语言综合运用能力和较高的综合人文素养的学生的任务，使其成为全面发展的人，能更快地适应社会变化，更好地服务于社会，实现其育人价值的本质。但是教育从理想的课程到学生实际掌握的过程需要层层传递，我们如何通过课程方案、课程标准、教材、教学和评价等多个纬度入手，转变学生的学习内容和学习方式？如何将知识学习与技能发展融入主题、语境、语篇和语用之中，实现对语言的深度学习？如何促进学生对文化意识的理解和思维品质形成，引导学生学会学习，最终指向核心素养的培养？这些都值得我们教师在一线教学实践中进一步思考和探索。

后　记

　　本书是在我的博士论文《现阶段我国普通高中教育功能研究》的基础上修改、完善而成的。博士答辩完成后一直想把我的博士论文整理出版，今天在中国社会科学出版社的大力支持下，这一愿望终于得以实现。博士论文的撰写、答辩、修改、完善到以专著的形式出版，这段经历成为我独特的人生体验，是一笔巨大的人生财富。

　　依然记得 2012 年 9 月，一个难忘的金秋时节，我走进了辽宁师范大学教育学院，师从教育专家周浩波教授，成为一名教育学原理博士研究生。田家炳教育书院，梧桐掩映，书声琅琅，一个让我永远留恋和梦想的地方。寒来暑往，匆匆走过了 4 年的时光，最难忘的是在博士站里上课的情景，与同学们围坐在老师的身边，在知识的海洋中徜徉。老师们精彩的讲授，使我得到很多的教益，无论从理论还是实践上都有了很多收获，为做好教育工作奠定了重要的基础。

　　我的指导教师周浩波教授，治学严谨，豁达睿智，在教育哲学和教育行政学研究方面有很高的建树。他看问题高屋建瓴，讲课理论联系实际，从学前教育到高等教育目前存在的问题及今后发展的趋势分析透彻，为我从事的教研工作理清思路、指明方向，使我受益匪浅。老师严谨的学术风格，时刻激励着我前进，我深知自己的功底薄，对于教育哲学方向更是一个新手，老师不嫌弃我愚笨，对于高深的理论书籍，都能以最通俗的语言给我讲解出来。论文的完成得益于老师的细心指导，论文从文字到表达、到理论，一字一句都浸满老师的心血。能够遇到这样的老师，令我终身受益！

辽宁师范大学的傅维利教授是一位我非常尊敬的师长，他在教育学学术研究上有很深的造诣，他讲课时善于创新，围绕教育实践的各个环节，深入浅出，循循善诱，能够把大理论讲成小故事，使我受到了很大的启发。傅老师在我开题和答辩前都对我的论文提出了很多的建议和思路，明晰了我的研究方向，拓展了我的研究视野，丰富了我的研究内容。傅老师每一次睿智的点拨与指导，都让我感到拨云见日的透亮，这份恩情我永生难忘！还有朱宁波教授、陈大超教授、张桂春教授、杨晓教授、李德显教授等多位老师在教育学研究方面都有很深的功底。他们丰富的学识、闪光的才智、严谨的科学精神和正直的人格操守，构成了一种特殊的精神力量，一直不断地激励我在教育的沃土上努力耕耘。在教育学院求学的四年里，离不开各位恩师的谆谆教导。

除此之外，在书稿写作过程中，还受到许许多多人的支持与关爱。感谢沈阳师范大学张君教授、周润智教授、经柏龙教授在教育学方面给予的倾心指导；感谢张国林博士、孟宪彬博士、王芳博士、高扬博士，他们独特的思路和见解都对我的书稿有很大启示；感谢我所在单位的关松林校长、刘莉主任，以及部门的同事、朋友们在学习过程中的鼓励和帮助；还要感谢我挚爱的亲人们对我学习的鼎力支持。这些支持和鼓励都成为我顺利完成学业与书稿的精神支柱和动力，拥有你们是我一生的幸运。

尽管文章中有许多观点或许还透漏出些许稚嫩，但都是我不断探索和努力的见证。教育是本永远读不完的书，人生终有走完的路，我将行走在教育之路上，不忘初心，砥砺前行，努力成就无悔的人生。

李　静

2017 年 1 月于沈阳师范大学